青年乡村振兴创业实践手册

策略与行动

夏云忠 徐 萌 史震雷 /主编

吉林大学出版社
·长春·

图书在版编目（CIP）数据

青年乡村振兴创业实践手册：策略与行动 / 夏云忠，徐萌，史震雷主编. --长春：吉林大学出版社，2024. 12. -- ISBN 978-7-5768-4239-5

Ⅰ. D699. 2-62

中国国家版本馆 CIP 数据核字 2024226A8P 号

书　　名　青年乡村振兴创业实践手册：策略与行动
　　　　　QINGNIAN XIANGCUN ZHENXING CHUANGYE
　　　　　SHIJIAN SHOUCE：CELÜE YU XINGDONG

作　　者　夏云忠　徐　萌　史震雷
策划编辑　李承章
责任编辑　杨　平
责任校对　高珊珊
装帧设计　贝壳学术
出版发行　吉林大学出版社
社　　址　长春市人民大街 4059 号
邮政编码　130021
发行电话　0431-89580036/58
网　　址　http：//www. jlup. com. cn
电子邮箱　jldxcbs@sina. com
印　　刷　华睿林（天津）印刷有限公司
开　　本　787mm×1092mm　1/16
印　　张　19. 75
字　　数　350 千字
版　　次　2024 年 12 月　第 1 版
印　　次　2024 年 12 月　第 1 次
书　　号　ISBN 978-7-5768-4239-5
定　　价　98. 00 元

编 委 会

主　编： 夏云忠　徐　萌　史震雷

副主编： 方富城　张　艺　单瑞琦

编　委：（以章节为序）

徐建芬　傅许坚　翁盛槟　唐　瑶

项慧玲　俞霖捷　梁陈岑　王笑言

王卓嘉　闫雪珂　赵荣新

编者序

乡村振兴,是中国新时代发展的重要战略，更是实现全社会共同富裕的关键环节。当下，乡村既面临着空前的挑战，也迎来了重塑的机遇。城市化进程、人口老龄化和资源流失对传统乡村发展模式带来了冲击，但与此同时，技术进步、绿色发展理念的兴起以及政策的强力支持，又为乡村振兴提供了崭新的解决方案。在这样的背景下，作为创新的主力军，也作为这一伟大战略的践行者，当代青年肩负着特殊的历史使命。他们不仅是乡村经济发展的主力军，也是文化复兴与生态保护的推动者。如何让青年人才在乡村振兴中充分发挥作用，如何推动青年创业与乡村发展的深度融合，已成为当前学术界和实践领域的关注焦点。

本书正是在这一背景下应运而生。作为面向青年创业者的实战手册，本书既是一份行动召唤，也是一份实践指南。本书旨在为立志扎根乡村、振兴乡土的青年提供清晰的方向和有效的工具，帮助青年创业者将梦想转化为实践。从规划到执行，本书提供切实可行的思路与行动指南。全书内容既有理论框架的支撑，也融入了大量案例和实操方法，确保读者不仅能够构想解决方案，更能将之付诸实践。

全书内容共分为九章，每一章都具有明确的主题与导向：

第一章　政策篇：乡村振兴的宏观视野

本章从国家战略的高度出发，深度解析乡村振兴的背景、意义与政策内涵，并结合国内外典型案例，探讨青年创业如何融入乡村振兴的大格局。

第二章　修炼篇：青年创业者的自我修炼

创业并非一蹴而就，而是一个需要长期磨炼与学习的过程。本章聚焦创业者的自我评价、心态调整、创新思维和团队领导力等方面，为青年创业者的能力培养提供理论和方法支持。

第三章　项目篇：寻找并确定创业机会

创业成功的基础是找到适合的项目。本章系统阐述了市场分析、项目选择、商业模式设计和法律责任等内容，为创业者提供全面的项目规划思路。

第四章　运营篇：创业实施与运营策略

从商业计划的制定到市场推广、风险管理与资金规划，本章详解创业实施过程中需要关注的关键环节，帮助创业者更有效地进行项目运营。

第五章　实战篇：农业创业实战

乡村振兴的核心在农业。本章结合特色农产品开发、农业科技创新、品牌建设等实际案例，为农业创业提供切实可行的指导。

第六章　乡村文创篇：乡村旅游与文创产业的创业实践

随着乡村经济与文化产业的融合发展，乡村文创与旅游已成为新的经济增长点。本章重点探讨文创产品设计、乡村旅游资源开发及产业融合的策略。

第七章　农村电商篇：农村电商创业实战

农村电商是乡村经济现代化的重要手段。本章剖析了电商平台选择、网络营销策略及物流体系建设的关键点，帮助创业者抓住数字经济带来的发展机遇。

第八章　农村金融篇：农村金融服务与政策支持

创业离不开资金支持。本章聚焦农村金融服务体系，详述创业贷款、融资政策、税收优惠及创业补贴等，为创业者提供资金方面的全面指引。

第九章　实战案例与经验分享

实战经验是青年创业者最宝贵的财富。本章通过对成功案例的深度剖析和创业者的心路历程分享，帮助读者汲取经验、少走弯路。

本书在撰写过程中秉持实用性、系统性和创新性的原则，力求为读者提供全面、深入且富有启发性的内容。其特点主要体现在以下几个方面：

1. 注重实践指导

本书不仅包含政策理论的解析，还着眼于实际操作的指导。通过提供丰富的案例分析、方法论和工具介绍，帮助读者在乡村振兴和创业实践中找到切实可行的解决方案。

2. 注重青年视角

本书特别关注青年在乡村振兴中的独特价值和作用。从青年的使命担当到创业能力培养，从创新思维塑造到产业融合发展，力求为青年创业者量身打造具有针对性的内容。

3. 注重理论与实践结合

本书既涵盖乡村振兴的政策背景和理论基础，又深入探讨如何将这些理论落地为实际操作方案。通过理论支撑与案例剖析的有机结合，为读者提供全景式的视野。

4. 注重跨学科融合

乡村振兴涉及农业、经济、文化、社会等多个领域。本书在撰写过程中充分吸收了多学科知识，涵盖农业科技、文创产业、农村电商、金融服务等，体现了系统性和全面性。

5. 注重实战经验分享

本书特别设置了实战案例与经验分享章节，通过成功创业者的真实故事和操作经验，为读者提供借鉴与启发。这些案例不仅展示了创业的多种可能性，也总结了应对挑战的实际策略。

6. 注重逻辑清晰与结构严谨

全书按照从政策、能力、项目到运营的逻辑展开，内容层次分明，结构紧凑。读者可以从宏观的战略高度到微观的实操细节，逐步深入地掌握乡村振兴与青年创业的关键要素。

7. 注重乡村特色与本土化

在内容设计上，本书结合我国乡村发展的实际情况，深入挖掘乡村特色产业与资源的潜力，提供本土化的指导方案，体现了扎根中国实际的特色。

通过这些特点，我们希望以翔实的研究、清晰的框架和实用的指导，为关注乡村发展的读者搭建起理论与实践之间的桥梁。为青年创业者、政策制定者以及关注乡村振兴的研究者提供系统的理论框架、实用的工具方法和丰富的实践案例，为新时代乡村振兴事业贡献智慧和力量。本书不仅是一份指南，更希望成为青年创业路上的伙伴。无论是初学者还是有经验的创业者，都可以从中找到启发，并将其转化为推动乡村振兴的行动力。未来的乡村振兴，需要每一个有志之士共同努力；未来的希望，更寄托于充满创造力与责任感的青年之上。

本书的编写工作得到了衢州学院、龙游溪口镇大力支持，同时邀请了浙江财经大学多位乡村振兴领域的专家和学者共同参与编写工作，感谢所有为本书付出心血的编者、作者以及支持者。由于编写时间紧张，书中如有疏漏之处，敬请广大读者批评指正。也期待大家对本书提出宝贵的意见，以便在未来的版本中进一步完善内容。

愿本书能为青年创业者、政策制定者和研究者提供启发与助力，为中国的乡村振兴事业贡献一份微薄之力！

编　者

2024 年 12 月 5 日于浙江

目　录

绪　论　青年与乡村振兴的共舞

【学习目的】

1. 理解乡村振兴战略的背景和必要性；

2. 认识青年在乡村振兴中的使命与作用；

3. 了解乡村振兴为青年创业提供的机遇和平台；

4. 理解促进乡村振兴与青年创业协调发展的机制。

【学习重点】

1. 国家“三农”政策演变；

2. 青年在乡村发展中的具体担当表现；

3. 乡村振兴与青年创业的互动机制。

概　述

乡村振兴是党的十九大作出的重大决策部署，也是实现中华民族伟大复兴的一项重大任务。作为新时代背景下的重要发展战略，乡村振兴不仅关乎农村的繁荣和农民的幸福生活，更是国家现代化建设的重要组成部分。在这一背景下，当代青年被寄予厚望。作为国家的未来和民族的希望，他们肩负着推动社会进步、实现民族复兴的重要使命。本章旨在探讨当代青年在乡村振兴中的作用和使命，激励更多青年投身到这项伟大事业中来，为实现中华民族伟大复兴贡献力量。

第一节　乡村振兴的时代呼唤与青年使命

> 青年强，则国家强。当代中国青年生逢其时，施展才干的舞台无比广阔，实现梦想的前景无比光明。
>
> ——习近平总书记在中国共产党第二十次全国代表大会上的报告

一、我国“三农”政策的变迁

作为农业大国，我国的“三农”问题一直伴随国家建设和改革的全过程，是党和政府的一项极其重要的工作。21 世纪以来，党中央紧扣我国“三农”发展所面临的关键核心问题，颁布了一系列相关政策，助力我国“三农”事业的不断突破，也为乡村振兴这一伟大战略的提出奠定了重要基础。

2003 年开始，我国将“三农”问题作为工作重点，并提出了“两个趋向”理论，强调在工业发展到一定程度后，应实行工业反哺农业、城市支持农村的方针。在教育、医疗、税收减免、农业补贴、农产品价格保护等方面，国家采取了一系列政策措施，旨在促进农村发展、增加农民收入、改善农村基础设施和公共服务。2004 年开始，国家实行了包括良种补贴、种粮农民直接补贴、农机购置补贴和农资综合补贴在内的“四大补贴”政策，并实施了主要农产品的最低收购价格政策。此外，国家还推行了农村教育免费政策、农村低保制度及新型农村社会养老保险试点，以提升农村社会保障水平。这些措施共同构成了乡村振兴战略的重要组成部分，旨在推动农村经济的持续健康发展。党的十八大期间，中央一号文件提出“健全城乡发展一体化体制机制”“开展村庄人居环境整治”“推进城乡基本公共服务均等化”“围绕城乡发展一体化，深入推进新农村建设”“加快建设社会主义新农村”“社会主义新农村建设水平进一步提高”等方案，在推动新农村建设、城乡统筹和美丽乡村建设等方面做了大量有益探索和改革创新。

2017 年习近平同志在党的十九大报告中提出乡村振兴战略，指出要全面建成小康社会和全面建成社会主义现代化强国，“最艰巨、最繁重的任务在农村，最广泛最深厚的基础在农村，最大的潜力和后劲也在农村”[1]，农业、农村、农民问题是关系国计民生的根本性问题，必须始终把解决好“三农”问题作为全党工作的重中之重。中国特色社会主义进入新时代，中国社会主要矛盾的“历史性变化”对中国将来的发展提出了新要求、新指引。在新的历史时期，必须坚持以人民为中心的发展思想，实施乡村振兴战略，不断促进人的全面发展、实现全体人民共同富裕。

二、实施乡村振兴战略的必要性

当今世界正经历百年未有之大变局，新一轮科技革命正蓬勃兴起，国际形势错综复杂，大国之间的博弈愈发激烈，地缘政治冲突屡见不鲜，全球经济复苏面临重重困难，不稳定性和不确定性因素显著增多。这些变革和挑战不仅影响着国际政治经济格局，也对各国的发展道路和战略选择提出了严峻考验。目前我国开启了全面建设社会主义现代化国家新征程，经济发展基本向好，潜力大，韧性强，回旋余地大。同时，我国又处于转变发展方式、优化经济结构、转换增长动力的攻关期，结构性、体制性、周期性问题相互交织，亟须实施乡村振兴战略以应对外部与内部因素的复杂影响。

（一）外部因素影响

1. 外部环境复杂多变

在全球贸易环境日趋复杂多变的背景下，农业技术进口面临着诸多挑战。因此，亟须加强农业科技创新和自主研发能力，提高我国农业技术的自给自足水平。

2. “一带一路”建设助推农业国际合作深化

自共建“一带一路”倡议提出以来，我国与共建国家的农产品贸易规模持续扩大。通过加强农产品贸易通道建设、推进基础设施一体化、提升贸易便利化水平等方式，农产品出口市场优势逐步扩大，现代农业等乡村产业得到了更为快速的发展。同时，我国与共建国家的农业科技交流合作成果日益显著，在提升共建国家的农业综合发展能力的同时，也促进了我国农业科技进步，为农业农村现代化提供支撑。

（二）国内因素影响

1. 城乡发展不平衡

长期以来，我国城乡发展不平衡问题一直存在，农村地区的基础设施建设、公共服务水平、经济发展水平等方面与城市存在明显差距。农村青壮年劳动力大量外流，导致农村劳动力短缺，农村人口老龄化也加剧了农村养老、医疗等社会问题的凸显，影响了农民的生活质量，也制约了农村地区的可持续发展。在此背景下，乡村振兴战略的实施不仅有助于缩小城乡差距，提高农民的生活水平，还有助于推动农村地区的经济转型升级。

2. 科学技术发展

当前，新一轮科技革命正以前所未有的速度蓬勃兴起，引领着全球科技和产业变革的新浪潮。新一代信息技术、人工智能作为核心科技以其数字化、网络化、智能化的特质，正在改变着人类的生产和生活方式。在这一大背景下，乡村产业领域也迎来了前所未有的发展机遇，必将经历一场深刻的产业变革，实现现代化转型。通过科技的力量，打破城乡之间的壁垒，实现资源的优化配置和产业的协同发展，推动城乡经济的共同繁荣。

实施乡村振兴是新时代背景下的必然选择。在新的历史起点上，我们需要准确把握时代脉搏，坚持农业农村优先发展，全面推进乡村振兴工作。只有这样，我们才能不断缩小城乡差距，实现农村的全面振兴，进而为实现中华民族伟大复兴的中国梦奠定坚实基础。

三、当代青年的使命担当

“一代人有一代人的使命，一代人有一代人的担当”。当代青年的使命担当与乡村振兴紧密相连，在乡村振兴的征程中发挥着不可或缺的作用。当代青年应投身乡村振兴，引领产业发展、参与生态治理、助力文化传承、推动乡村治理和带动共同富裕。（见图 0－1）

（一）引领产业发展，注入创新活力

当代青年应充分利用自身的知识、技能，积极投身乡村产业发展，推动农业产业升级和转型，并打造具有竞争力的乡村特色产业。同时，青年应基于新的时代背景着力发展农村电商、乡村旅游等新兴产业，为乡村经济发展注入新的活力。

（二）参与生态治理，守护绿水青山

青年应积极参与乡村生态治理，推动绿色乡村建设。通过宣传生态环保理念，倡导和普及绿色生活方式等，守护乡村的绿水青山，为子孙后代留下宜居宜业的生态空间。

（三）助力文化传承，弘扬乡村文明

乡村文化是中华民族文化的重要组成部分。当代青年应积极参与乡村文化的传承和弘扬工作，积极倡导现代文明与乡村文化的融合，推动乡村文化创新发展，提升乡村文化软实力。

(四)推动乡村治理,实现民主自治

当代青年应在乡村治理中发挥积极作用,推动乡村治理体系的现代化。青年可通过参与村民自治、民主协商等活动,促进乡村治理的民主化、法治化、规范化。同时,可引导青年成立各类相关"协会",探索创新农村基层组织模式,促进村民有效自治。

(五)带动共同富裕,助力全面振兴

乡村振兴的最终目标是实现全体村民的共同富裕。青年应积极投身到乡村振兴的实践中来,并通过创办企业、合作社等经济组织,提升村民的就业创业能力,带动村民增收致富。

综上,青年是乡村振兴的生力军和重要力量,乡村振兴为青年提供了广阔的舞台和机遇。如图 0-1 所示。在新时代的征程中,青年应该肩负起自己的历史使命和责任担当,积极参与到乡村振兴中来,为推动乡村的全面振兴作出自己的贡献。

图 0-1 当代青年的担当与使命

第二节 青年创业在乡村振兴中的独特价值

> 乡村振兴,关键在人、关键在干。
>
> ——2020 年 12 月 28 日,习近平总书记在中央农村工作会议上的讲话

一、乡村振兴离不开青年人才

乡村振兴的关键在于人才，尤其是作为推动乡村振兴重要力量之一的青年人才。2018 年，中央一号文件《中共中央　国务院关于实施乡村振兴战略的意见》提出，要畅通智力、技术、管理下乡通道，培养更多本土人才，强化乡村振兴的人才支撑。2018 年 9 月，中共中央和国务院发布了《乡村振兴战略规划（2018—2022 年）》，强调实施更加积极、开放和有效的人才政策，以促进乡村人才振兴，让各类人才在乡村施展才华、发挥作用。习近平总书记也多次在重要讲话中强调人才在乡村振兴中的关键作用。2019 年，共青团中央发布的《关于深入开展乡村振兴青春建功行动的意见》明确指出，要引导、支持和服务高校毕业生和外出务工青年返乡就业创业，培育乡村振兴的新动能。特别是通过“外出青年返乡创业‘燕归巢’工程”，力争到 2020 年服务 10 万在外青年返乡就业创业。这一系列政策的实施，极大地增强了我国农村发展的信心，凸显出国家对乡村振兴和青年人才创业的高度重视。

当前，青年创业创新人才正逐渐成为乡村振兴的主力军。他们充满朝气、敢于创新，是社会的活力和希望；他们有敢为人先、敢于突破的胆量，也拥有担当大任、报效祖国的抱负，是推动创新创业的中坚力量。大力培养和造就一批有志向、有能力、能扎根乡村的青年人才，不仅是推进“大众创业、万众创新”的重要举措，更是实现乡村振兴的重要路径。这些努力既能促进农村青年成长成才，实现其人生价值，又能为乡村振兴提供强有力的支撑。乡村振兴的未来，需要更多有志青年返乡创业，共同打造一个充满生机与活力的新农村。[2]因此，必须在留住人才、培养人才和引进人才方面下足功夫，以破解乡村振兴中的人才瓶颈，重构科学合理的农村居民结构，为乡村振兴战略的实施提供坚强有力的人才保障。[3]

二、乡村振兴与青年创业的互动

（一）乡村振兴为青年创业提供机遇和平台

乡村振兴战略的实施，为青年创业提供了广阔的机遇和平台。政策支持、市场需求、资源优势和社会环境的改善，使青年在农村创业的条件越来越好。通过充分利用这些有利条件，广大青年可以在农村广阔的天地中施展才华，实现创业梦想，为乡村振兴注入新的动力和活力。[4]

1. 政策支持

政府在乡村振兴战略中提出了多项支持青年创业的政策措施，这些政策为青年提供了坚实的保障和有力的支持。政府通过财政补贴、税收减免、低息贷款等方式，降低青年创业的成本和风险。同时，各地政府也在不断完善基础设施建设，如修建公路、改善通信网络等，为青年创业创造了良好的基础环境。一些地方政府还设立了创业培训机构和孵化基地，为青年提供技术培训、创业指导和项目孵化服务，使青年创业更加专业化和系统化。

2. 市场需求

随着乡村振兴战略的推进，农村市场需求也在不断增长。城乡融合发展，带动了农村消费市场的扩大，为青年创业提供了广阔的市场空间。农村电商、乡村旅游、农产品深加工等新兴产业不断涌现，为青年创业提供了丰富的机会。随着农村居民生活水平的提高，对优质农产品和现代服务的需求也在增加，青年可以通过如线上线下结合等创新的商业模式，满足这一市场需求。此外，乡村旅游的兴起也为青年在文化创意、民宿经营、旅游策划等方面提供了广阔的创业空间。

3. 资源优势

农村地区拥有丰富的自然资源和人文资源，这些资源为青年创业提供了独特的优势。农村的土地资源、生态资源和特色农产品，都是青年创业的重要基础。通过开发和利用这些资源，青年可以开展多种形式的创业活动，如有机农业、生态养殖、农产品加工等。许多青年创业者通过开发有机农产品，不仅满足了市场对绿色健康食品的需求，也提高了农产品的附加值，带动了当地经济的发展。除此之外，农村的传统文化和民俗风情，也是青年开展文化创意产业的宝贵资源，通过挖掘和传承这些文化资源，青年可以打造具有地域特色的文创产品，吸引更多的消费者和游客。

4. 社会环境

随着社会对乡村振兴的关注度不断提高，青年创业的社会环境也得到了极大的改善。媒体对乡村振兴和青年创业的宣传报道，使社会各界对青年返乡创业的关注和支持不断增加。各类社会组织、企业和高校也积极参与到乡村振兴中，为青年创业提供了多方面的支持。例如，一些社会组织通过举办创业大赛、创业论坛等活动，为青年提供展示和交流的平台，激发他们的创业热情。一些企业通过与青年创业者合作，提供技术支持和市场渠道，共同推动乡村产业的发展。高校也通过开设乡村振兴相关课程和实践项目，培养青年创业人才，促使他们在农村开展创业活动。

（二）青年创业为乡村振兴注入生机与活力

乡村振兴的关键在于人才振兴，而人才振兴则离不开青年的支撑。青年创业不仅为乡村带来了新技术、新理念和新资源，也为乡村注入了生机与活力。通过创新创业，青年不仅推动了农村经济的发展，促进了农村社会的变革，还助力乡村文化传承，加强乡村生态环境的保护。

1. 推动经济发展

青年创业对乡村经济的发展具有重要推动作用。通过创新创业，青年能够带动农村产业结构的调整和升级，促进农村经济的多元化发展。一些青年创业者通过发展现代农业和特色农业，提高了农产品的附加值并增加了农民的收入。另外，一些青年创业者利用互联网技术，开展农村电商，拓宽了农产品的销售渠道，使农民的产品能够直接面向全国甚至全球市场。青年创业者还积极探索农村新兴产业，如乡村旅游、休闲农业、文化创意等，这些新产业不仅增加了农村的经济收入，也吸引了更多的人才和资源流向农村，为乡村经济发展注入了新的活力。

2. 引领社会变革

青年创业者往往在思想上更具活力和创造力，这些人带来的新观念、新技术和新管理模式，容易促进农村的传统生产和生活方式的改变。一些青年创业者通过引进先进的农业技术和设备，提高了农业生产效率，改善了农民的生产条件，使农业增产增收。还有一些青年创业者通过建立合作社或产业联盟，推动农民抱团发展，提高了农民的组织化程度和市场竞争力。又或者是创办各种社会服务机构，如培训中心、医疗站、文化活动中心等，将现阶段更先进的公共服务设施引入乡村，从而提高农村的公共服务水平，改善农民的生活质量。

3. 促进文化传承

农村的传统文化和民俗风情，是乡村振兴的重要资源和特色，而青年人是文化传承的新生力量。青年创业者通过挖掘和传承这些文化资源，开发出具有地方特色的文化产品和服务，既保留了乡村的文化底蕴，又增加了经济收入。青年创业者可以通过开发传统手工艺品、特色食品、民宿等产品，吸引大量游客和消费者，从而促进当地文化产业的发展。或是组织文化活动和节庆活动，增强村民的文化认同感和自豪感，促进农村的文化繁荣和社会和谐。最重要的是青年创业者可以学习农村传统文化，使自身成为传播农村传统文化的载体，让传统文化代代相传，并为之不断注入新的活力。[5]

4. 加强生态保护

随着人们环保意识的增强，绿色发展理念深入人心。现如今，有机农业成为青年农村创业的一大热点，这一创业过程有利于加强生态环境的保护，推动绿色产业的发展。例如，一些青年创业者通过发展有机农业、生态养殖等绿色产业，有助于减少农业生产对环境的污染，保护农村的生态环境。还有一些青年创业者通过开发生态旅游项目，推广环保理念，带动了当地生态环境的改善。另外，青年创业者还积极参与农村环境整治和生态修复工作，如植树造林、河流治理、垃圾分类等，改善了农村的人居环境，提升了农村的生态质量。

5. 优化治理结构

青年创业者返乡不仅带来了经济活力，还通过引入现代管理理念和信息技术，推动了乡村治理结构的优化。青年创业者往往拥有较高的知识水平和管理能力，他们可通过参与村民自治组织和合作社建设，促进村民自治和基层治理的现代化，构建合理的乡村治理结构。此外，青年创业者的创新实践，如共享经济模式、社区电商平台等，为乡村治理提供了新的思路和路径，能够进一步推动乡村治理的有效性和现代化。

6. 推动产业融合发展

青年创业者在推动乡村产业融合发展中发挥了独特的作用，他们通过引领现代农业、开发乡村旅游、拓展农村电商、延伸产业链等多种方式，实现了乡村产业的多元化和高质量发展。接受过高等教育的青年创业者可以利用互联网技术和市场营销手段，将乡村产品推广到更广泛的市场，从而提高产品的知名度和附加值。这些举措不仅丰富了乡村产业类型，增强了农村经济的活力，也为农民提供了更多的就业机会和收入来源，加速了乡村产业振兴的进程。

（三）乡村振兴与青年创业的互动机制

乡村振兴和青年创业之间的关系，不仅体现在前述的双向促进上，还通过多种机制实现了互动和共赢。（见图 0－2）

1. 政策互动

政府在制定和实施乡村振兴战略时，特别注重青年创业的作用，各项政策不仅为青年创业提供支持，也通过青年创业的实际效果来调整和完善乡村振兴政策。部分政府会根据青年创业者反馈的实际困难和需求，调整相关政策措施，如加大财政支持力度、优化创业服务体系等。这种政策互动机制，既能确保乡村振兴战略的有效实施，又能最大限度地发挥青年创业的积极作用。

2. 资源共享

乡村振兴战略和青年创业项目在基础设施建设、市场开拓、技术支持等资源利用上具有很强的互补性和共享性。资源共享既可以降低双方的成本，又能提高资源利用效率。一些青年创业项目可以借助如农产品加工厂、物流中心等乡村振兴基础设施建设项目来实现自身的发展目标；反过来，这些创业项目的成功运营，也为乡村振兴提供了有力的支持和示范。

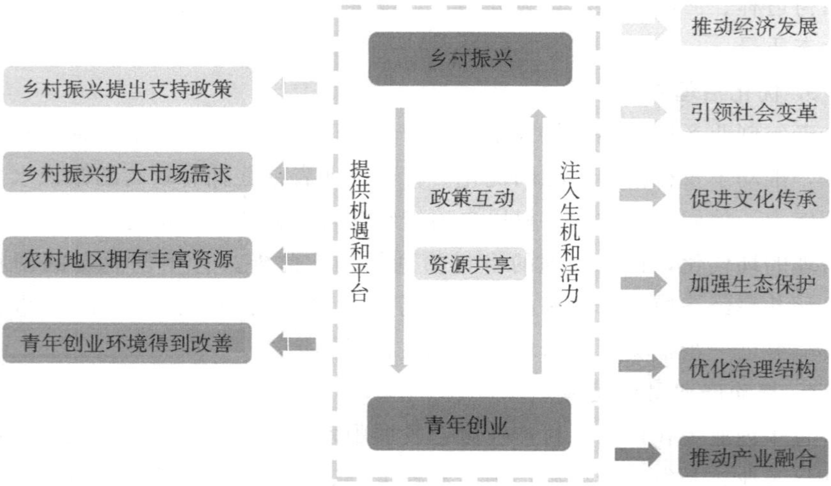

图 0－2　乡村振兴与青年创业的互动机制框架图

三、青年创业与乡村振兴的协调发展策略（见图 0－3）

（一）完善人才支撑政策，凝聚青年人才力量

青年创业是乡村振兴的重要动力源。为此，必须完善人才支撑政策，激发和凝聚青年人才的创业热情和活力。政府应实行更加积极、开放、有效的人才政策，确保各类人才在乡村有更大的施展空间和发展机会。这包括建立健全激励机制，研究制定符合实际的政策措施和管理办法，以吸引企业家、专家学者、医生教师、技术人才等投身乡村振兴事业。政策的设计应当灵活，允许符合条件的公职人员回乡任职，为乡村振兴注入更多专业知识和管理经验。要落实和完善融资贷款、配套设施建设补助、税费减免等扶持政策，以降低青年创业者的经营成本和创业风险。特别是在“三区”和贫困地区，应加大人才支持力度，深入推进大学生村干部工作和“三支一扶”计

划，为青年在乡村振兴中的创业提供更多的支持和帮助。[6]

（二）加大宣传力度，保障政策实施

为了确保乡村振兴政策的顺利实施，须加大宣传力度，提高政策的知晓度和吸引力。青年创业者和社会各界应充分了解和支持乡村振兴政策，认识到其对农村经济和社会发展的重要意义。政府可以通过如媒体报道、宣传片、网络平台等多种途径，向社会广泛宣传乡村振兴的政策措施和成效，激励更多青年和各类人才投身到乡村振兴事业中来。同时，要确保政策的落地实施，建立健全政策宣传和执行监督机制，及时收集和反馈青年创业者的需求和问题，为政策的调整和优化提供依据。只有通过全社会的共同努力，才能确保乡村振兴政策的有效实施，为青年创业提供更加稳定和可持续的发展环境。

（三）整合社会资源，优化人才环境

青年创业创新与乡村振兴密不可分，需要充分整合社会资源，优化乡村人才发展环境。农村社区管理机构在整合资源、促进共建中发挥关键作用，应当积极引导和支持农民自主参与乡村振兴事业，包括动员和激励村民参与合作社和集体经济的发展，形成多方参与、多方支持的良好局面。政府和社会应当共同致力于建立健全的服务体系，提升服务水平和质量，通过思想引领、精准培训、政策扶持、组织培养、结对帮扶等多种方式，全面提高青年投身乡村振兴的综合能力。同时，要建立和完善青年创业创新的平台和机制，为青年提供更多展示才华的机会，激励他们在乡村振兴中发挥更大的作用和影响力。[7]

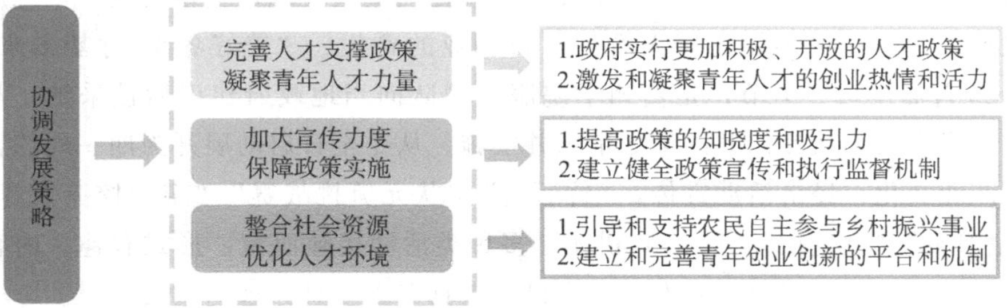

图 0-3　青年创业与乡村振兴的协调发展策略

强村富民需要一大批青创客来到农村、留在农村、扎根农村。为此，衢州学院高度重视新时代青年“上山下乡”双引双创工作，助力山区创新创业新潮，聚焦“大学生及青年就业难”，与当地政府合作参加浙江省大学生乡村振兴创意大赛、浙江省大学生电子商务大赛，共同举办“溪口杯”乡村未来社区创新创业大赛、“一盒故乡杯”溪口乡村未来社区直播大赛等创业赛事，吸引了不少创业团队和创业青年入驻龙南山区。同时，衢州学院通过“建设一个青年社群、开展一系列创业培训营、扶持一批青创客”三方面特色举措，真正做实青年回乡创业的前中后期服务，营造乡村青创好生态，成功铺就一条大学生及青年回乡创业之路。

青年愿意留在乡村，很重要的一点是让青年们觉得这里“有好玩的人、有好玩的事”，以社群方式增加黏性是很有效的做法。2022 年，在衢州学院浙江未来乡村学院服务团队的指导和参与下，溪口青春联合会成立，衢州学院教师史震雷以常务副会长身份入会进行常态化的组织指导，有 30 余位创业青年成为首批会员，搭建起青年创客群体常态化的交流平台。青创客们有了自己的社群组织，便有了凝聚力和活力。他们不定期地举办学习沙龙、相约踏春、围炉煮茶、小型论坛等活动，也在交流中产生合作意向，如副会长周寒梅的研学公司，把青创客曾庆的稻田作为主要研学基地之一。我们还结合青创培训，每期安排乡村青创围炉夜话，将青春联合会优秀成员的创业经验进行分享，为学员提供创业经验，提高青春联合会的知名度。

支持青春联合会积极参与当地大型活动策划组织。2023 年 9 月 26 日，在浙江龙游县大南门开幕的“龙游水脉艺术节”，有 130 余位国内外艺术家共同参加，现场展览共吸引了 50 多万人次参观和 100 多万人次参与到艺术节配套活动中。总策划人吴琴芬，也是青春联合会的副会长。她说：我作为龙游一名返乡青年，能有机会推介家乡，将千年古城、百年商帮的文化积淀及千万工程的龙游实践，通过水文化为依托向世人展现，我很自豪，也想用这种方式，让更多的年轻人看见乡村创业的希望。“美好冬至 竹梦未来”2023 首届溪口冬笋节，是衢州学院服务团队向当地政府建议后被采纳，与青春联合会小伙伴们共同策划组织并实施。从冬至日启动展开为期一周的竹笋产业文化、经济活动宣传，“竹运会”“状元笋挑战赛”“亲子挖笋大赛”“全笋宴”“竹论坛”“8090 宣讲团”多种类活动接踵而至，形式有趣、内容丰富，对于推动溪口旅游发展、乡村振兴具有重要且深远的意义。

会长姜鹏更是在团队里持续成长，陆续荣获全国文旅带头人、浙江省青年委员、浙江省青年创业导师、青牛奖获得者、省乡村运营十大教头、市人大代表、乡村振兴带头人、市 115 人才、乡村振兴领军人才等称号。因为有了青年自己的组织，也吸引了更多的毕业大学生、设计师、IT 人士、乡村运营师、艺术家等驻点、落脚，为乡村振兴注入源源不断的新鲜“血液”。近三年来，吸引创业团队 24 个、创业青年 120 余人，引育 4 家大学生创业公司注册入驻龙游溪口。目前，溪口青春联合会的会员已达97人。

在衢州市提出农业三大百亿产业暨共富合伙人计划之时，衢州学院主动参加，借助宣传部门、农业部门、群团等力量，充分用活用足各相关部门政策支持，以龙游溪口“浙江未来乡村学院”为基地，策划组织开展“青春共富合伙人培育”项目。该项目以共富合伙人助力乡村振兴为目标，以“乡村青创培训班”为载体，依托有意愿、有基础的农业生产经营主体，乡村特色产业“链主”提供的共富合伙人项目，广泛动员招募青年创业人才、大学生参与，打造“培训＋签约＋孵化＋落地”全链条创业服务体系。同时有效激发企业的主观能动性，已有多家企业主动申请合作开展培训、共建共创共享共富合伙人建设成果。

我们深知，想要真正有效破解乡村留才难、项目成活难、创业成功难等难题，只有全链条、全周期的创业服务体系，“调研＋培训＋签约＋孵化＋落地”全过程的精准赋能，才能真正让青年在乡村扎根，开花结果。青春共富合伙人培训目前开展了12期，直接参训学员390人左右，成功孵化创业项目6个，培育了20名以上青年成为合伙人和创业者。相关工作获省级媒体报道6次，国家级媒体报道13次。已基本形成衢州学院浙江未来乡村学院青春共富合伙人的创业培育品牌，得到政府、企业、青年的一致好评。

《衢州政研与改革》2023第28期刊登《关于高质量建设浙江未来乡村学院 助推衢州四省边际共同富裕示范区建设的对策建议》，得到市委书记高屹的批示：抓好功能定位研究、市级资源导入、协调相关事项等，把未来乡村学院办好办扎实，在乡村振兴中发挥积极作用。之后，徐利水副市长主持召开浙江未来乡村学院2.0建设工作推进会，明确浙江未来乡村学院要“立足乡村、服务乡村、引领乡村，打造学习运用‘千万工程’浙江经验的培训基地、乡村青创培训基地、未来乡村建设培训基地”。在市委、市政府的重视下，于2023年底前成立“浙江未来乡村学院发展工作小组”，市农业农村局、市人社局、市教育局、团市委等部门及龙游县政府为小组成员，这将有力推动衢州学院整合多方资源，助力乡村振兴。高校助力乡村振兴，这是一个非常有现实意义的课题，对于衢州学院这样一所地方应用型高校，更需要扎实深入地推进。下一步，我们将溪口经验拓展，服务更多乡村，让青年人的新活力和新思维不断打破农村传统的发展模式，用新技术、新模式，让乡村展现新的美好图景。

第三节　本书的目标与结构概览

一、本书目标

《青年乡村振兴创业实战手册：策略与行动指南》是一本专为青年创业者设计的实用手册，涵盖了从政策解读、自我修炼、项目选择到运营策略和实战案例等多个方面的内容。绪论部分揭示了乡村振兴的背景和青年在这一进程中的重要使命，强调了青年创业对乡村经济和社会发展的独特价值。政策篇深入解读了乡村振兴政策，并通过国内外案例对比分析了青年创业与乡村发展的融合趋势。修炼篇通过自我评价、心态塑造、创新思维和领导力培养，帮助创业者提高综合素质。项目篇指导创业者进行市场分析、项目选择和商业模式构建，确保创业初期准备充分。运营篇详细介绍了创业计划制订、市场营销、运营管理和资金计划等内容，提供了实际操作的策略和方法。整体上，本书通过系统的理论知识和丰富的实践案例，为青年创业者提供了全面的创业指导，助力其在乡村振兴的道路上实现创业梦想，本书的具体目标如下：（见图 0－4）

（一）引导青年积极参与乡村振兴

本书旨在引导和激励青年参与乡村振兴，通过创业实现个人价值与社会价值的双赢。它强调了青年在新时代乡村建设中的重要角色，旨在通过理论和实践相结合的方法，提升青年在乡村创业中的能力和信心，推动乡村经济的全面发展。

（二）深度解读乡村振兴政策

本书通过对乡村振兴政策的深度解读和国内外成功案例的分析，帮助青年创业者了解和把握政策导向与市场趋势。通过这些内容，青年创业者能够更好地融入乡村发展的大潮流，找到自身创业的最佳切入点和发展方向。

（三）培养青年创业者的综合素质

本书设置了一系列自我评价、心态塑造、创新思维培养及领导力提升等相关内容，旨在帮助青年创业者从多个维度提高自身素质。这些内容不仅有助于青年创业者自我修炼，还能为他们在实际创业过程中提供心理支持和思维工具，确保其在创业路上具备强大的内在驱动力。

（四）指导项目选择和商业模式构建

通过市场分析、项目选择、商业模式构建等内容，本书为青年创业者提供了系统的项目策划指南。这些内容能够帮助创业者从实际需求出发，找到最适合的创业机会，并通过科学的商业模式设计实现可持续发展，确保创业项目具有清晰的定位和强大的竞争力。

（五）提供创业运营与管理的实战策略

本书涵盖了创业计划制订、市场营销、运营管理与风险控制等方面的内容，为青年创业者提供了全方位的运营指导。通过学习这些内容，创业者能够科学制订运营计划，有效推广产品与品牌，并在实际操作中规避风险、优化管理，提高创业成功率。

（六）实战经验与案例分享

书中收录了众多成功与失败的案例，通过深度剖析这些案例，创业者能够获得更为丰富的经验教训。这些真实的创业故事和心路历程分享，不仅为创业者提供了宝贵的实践参考，也能激励他们在创业道路上坚持不懈，勇于面对挑战，实现自我突破与成长。

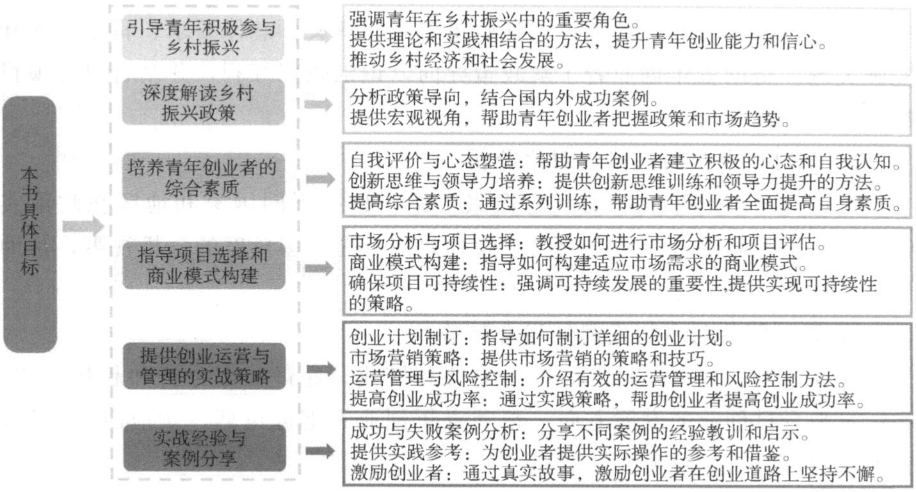

图 0－4　本书具体目标框架图

二、本书结构概览（见图 0－5）

（一）绪论：青年与乡村振兴的共舞

1. 乡村振兴的时代呼唤与青年使命

在这一部分，我们将探讨我国“三农”政策的变迁及实行乡村振兴战略的必要性，尤其关注政策出台的原因及其对社会和经济的深远影响。我们还将讨论青年在这个过程中承担的重要使命，他们如何通过自身的活力、创新力和执行力推动乡村振兴进程。

2. 青年创业在乡村振兴中的独特价值

首先，乡村振兴离不开青年人才，青年人才能够引领乡村创新，带动地方经济发展，为乡村振兴注入生机与活力。其次，乡村振兴也为青年创业提供了机遇和平台，形成良性的互动机制，两者协调发展，能够促进城乡融合发展。

3. 本书的目标与结构概览

本书旨在为有志于投身乡村振兴的青年提供全面的指导和支持。通过结构化的内容安排，从政策理解到创业实战，从项目选择到运营管理，全方位覆盖创业所需的知识和技能，帮助青年创业者在乡村振兴的大潮中找到自己的舞台和方向。

（二）政策篇：乡村振兴的宏观视野

1. 乡村振兴政策的深度解读

详细解析乡村振兴政策，包括政策背景、意义、总体要求、科学内涵和实施关键。帮助青年创业者了解政策导向，识别政策红利，并结合自身项目特点进行有效利用。

2. 国内外乡村振兴案例对比分析

通过对比国内外成功的乡村振兴案例，总结不同国家和地区在政策实施、项目执行和效果评估方面的经验和教训。提供多角度的分析视野，帮助创业者找到适合自己乡村发展的创新路径。

3. 青年创业与乡村发展的融合趋势

探讨青年创业在乡村发展中的趋势和模式。通过数据分析和趋势研究，展示未来乡村创业的发展方向，帮助青年创业者把握机遇，顺应时代潮流，实现自身价值与乡村振兴的双赢。

（三）修炼篇：青年创业者的自我修炼

1. 自我评价：判断你是否适合创业

创业是一条充满挑战的道路，适合创业的人需要具备特定的素质和能力。本节通过一系列自我评价工具和方法，着重介绍 SYB 自我评价法，帮助读者判断自己是否适合创业，找到自己的优势和不足。

2. 心态塑造：创业心态的塑造与调整

探讨成功创业者必须具备的心态特质，了解如何在创业过程中保持积极心态，提升抗压能力，学会在困难面前保持冷静和决心，从而提高创业成功的可能性。讲述了创业心态的意义与影响因素，从而更利于创业者心态的塑造与调整。

3. 创新思维：创新思维与创业精神的塑造

创新是创业的灵魂。通过本节内容，读者将学会如何培养创新思维，如何在创业过程中不断进行创新，保持竞争力。内容涵盖创业思维的基础理论、创业精神的塑造、互联网思维与创新创业的结合。

4. 领导科学：团队协作与领导力的培养

创业不仅需要个人能力，更需要团队的力量。本节讲解了如何培养领导力，如何组建和管理团队，如何通过有效的团队协作实现创业目标。内容包括领导力理论、团队建设方法及团队管理技巧。

（四）项目篇：寻找并确定创业机会

1. 市场分析：市场的深度调研与角色识别

创业项目的选择必须基于市场需求。本节学习如何进行市场调研，如何分析市场需求和竞争环境，如何识别目标客户和市场角色，为创业项目的选择奠定基础。

2. 项目选择：创业项目的选择与定位

通过对市场分析的结果，本节指导读者选择适合自己的创业项目，明确项目的市场定位和发展方向。内容包括创业项目的分类、项目选择原则、创业项目获取渠道及如何评估创业项目。

3. 项目模式：商业模式与盈利模式的构建

介绍商业模式的定义与构成、设计方法，帮助读者构建可持续的商业运营方案。通过成功的乡村文创设计案例，展示乡村振兴中文创产业的不同商业模式的特点和适用场景，指导读者设计出具有竞争力和盈利潜力的商业模式，强调创新和独特价值主张。

4. 股权结构与法律责任

创业过程中，合理的股权结构和明确的法律责任是成功的基础。主要讲解了如何设计合理的股权结构，如何分配股权和利益，如何明确合伙人的法律责任，确保创业项目的合法合规运行。

（五）运营篇：创业实施与运营策略

1. 商业计划：创业计划的制订与执行

本节详细讲解了商业计划的定义、类型、作用，以及商业计划书如何撰写与执行，通过科学合理的商业计划，确保创业项目有序推进，稳步发展。

2. 营销与推广：市场营销与品牌推广策略

成功的创业项目需要有效的市场营销和品牌推广。本节讲解了市场营销策略、品牌建设方法、推广渠道选择等，帮助创业者扩大市场影响力，提高品牌知名度和美誉度。通过具体案例，展示如何利用多种渠道和方法提升产品和品牌的市场影响力。

3. 运营与风险：运营管理与风险控制

讲解运营管理和风险控制的基本原则和实践方法。帮助读者在创业过程中有效管理和应对各种风险，确保企业的稳定运营和长远发展。通过案例分析，展示风险控制的具体措施和成功经验，包括财务风险、市场风险和运营风险的管理。

4. 资金与利润计划：启动资金、财务预测与财务控制

提供资金规划和管理的方法，帮助创业者合理安排启动资金，进行投资预测，制订销售和成本计划，确保企业健康运转和可持续发展。讲解如何制订详细的现金流量计划，保障企业财务的稳健性，并提供融资和成本控制的实用建议。

（六）实战篇：农业创业实战

1. 特色农产品开发与推广

本节介绍了特色农业与农产品的内涵、类型及特点，探讨了如何开发具有地方特色的农产品，如何通过线上和线下的方式进行市场推广，以及特色农产品开发与推广的意义，通过特色农产品开发与推广提升乡村经济效益。

2. 农业科技创新与应用

科技是现代农业发展的重要驱动力。本节讲解了农业科技的创新与应用，包括农业科技创新的内涵、特性、意义及模式，关于科技的应用分为现实应用和路径选择，从而帮助创业者提升农业生产效率和竞争力。

3. 农业品牌建设与市场营销

本节介绍了农业品牌建设的内涵与重要性，以及如何加强农业品牌建设的途径，探讨农业品牌建设和市场营销的方法，帮助创业者树立品牌形象，开拓市场，提高产品的知名度和美誉度，提升农产品的市场竞争力。

（七）乡村文创篇：乡村旅游与文创产业的创业实践

1. 乡村旅游资源的开发与利用

乡村旅游是乡村经济的重要组成部分。本节探讨了乡村旅游资源内涵、分类、特点，以及乡村旅游资源开发模式与独特意义。帮助创业者挖掘和整合乡村独特的旅游资源，打造有吸引力的旅游项目。

2. 乡村文创产品的设计与营销

本节讲解了乡村文创产品设计的内涵与意义、路径与未来发展趋势、营销渠道与方法，帮助创业者将乡村文化元素转化为具有市场价值的创意产品。通过成功案例，展示如何利用创意设计提升产品的市场吸引力和附加值，推动乡村文创产业的发展。

3. 乡村旅游与文创产业的融合发展

本节探讨了乡村旅游与文创产业的融合发展的意义与路径，帮助创业者实现多元化经营，通过文化和旅游的有机结合，推动乡村经济和文化的协调发展。

（八）农村电商篇：农村电商创业实战

1. 农村电商平台选择与运营

农村电商是现代农业的重要渠道。本节讲解了电商平台发展现状、类别及特点，如何选择和运营农村电商平台、电商平台运营特点等，帮助创业者理解农产品的高效销售和市场拓展技巧。

2. 农产品网络营销策略

网络营销是农村电商的核心。本节介绍了农产品主要网络营销模式，以及目前农产品网络营销所面临的困境，探讨了农产品网络营销关键，以及如何制定农产品网络营销提升策略，如何通过社交媒体、电商平台等渠道进行推广以提升农产品的知名度和销量。

3. 农村电商物流配送体系建设

物流配送是农村电商的关键环节。本节介绍了农村电商物流配送模式及农村电商物流配送体系要素，讲解了如何建设高效的农村电商物流配送体系，确保农产品及时、安全送达消费者手中。

（九）农村金融篇：农村金融服务与政策支持

1. 农村金融服务体系概述

金融服务是乡村振兴的重要支持。本节概述了农村金融服务体系，包括农村金融服务体系概述、主体构成、金融机构等，为创业者提供金融支持和服务指导。

2. 创业贷款与融资政策

资金是创业的基础。本节讲解了创业贷款和融资政策，帮助创业者了解和利用各类金融产品和服务，解决资金短缺问题。

3. 税收优惠政策与创业补贴

税收优惠和创业补贴是国家对创业者的支持措施。本节详细介绍了各类税收优惠政策和创业补贴，帮助创业者减少创业成本，提高创业收益。

（十）实战案例与经验分享

1. 成功创业案例的深度剖析

通过对多个成功创业案例的深入剖析，本节总结了创业项目获得成功的关键要素和经验，使读者能够从中学习和借鉴。

2. 青年创业者的心路历程与经验交流

本节记录了多位青年创业者的心路历程和经验交流，通过他们的真实故事和感悟，为读者提供启示和激励。

附录

1. 乡村振兴相关政策汇编

本节收集和整理了最新的乡村振兴相关政策文件，并提供政策解读和参考资料，帮助创业者全面了解现有的相关政策支持。

2. 创业资源与服务机构名录

本节提供包括政府部门、金融机构、技术服务机构等创业资源和服务机构的详细名录，为创业者提供全面的资源支持。

3. 青年创业成功案例集锦

本节汇集了青年创业的成功案例，通过案例展示和经验分享，提供实际操作的指导和启发。

4. 青年乡村振兴创业实践基地介绍

本节介绍了青年乡村振兴创业实践基地的基本情况和服务内容，通过基地介绍和服务指南，帮助创业者找到合适的实践平台和支持体系。

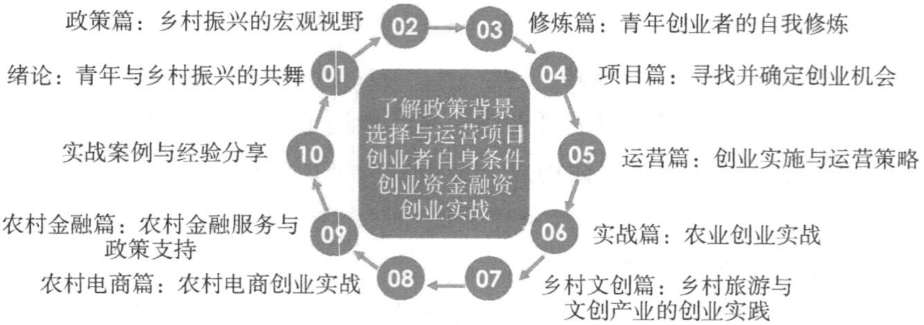

图 0－5　本书结构框架图

本章参考文献：

[1] 陆超．读懂乡村振兴［M］．上海：上海社会科学院出版社，2020.
[2] 孔祥智，张怡铭．三农蓝图 乡村振兴战略［M］．重庆：重庆大学出版社，2022.
[3] 许维勤．乡村治理与乡村振兴［M］．厦门：鹭江出版社，2020.
[4] 张丽萍．青年创业创新与乡村振兴耦合发展及对策［J］．创新与创业教育，2022，13（2）：36－40.
[5] 丛书编写组．深入实施乡村振兴战略［M］．北京：中国市场出版社，2020.
[6] 王美玲，李晓妍，刘丽楠．乡村振兴探索与实践［M］．银川：宁夏人民出版社，2020.
[7] 林龙飞．乡村振兴背景下青年返乡创业的内隐逻辑——基于个人意义构建视角的多案例研究［J］．中国青年研究，2019（10）：62－68.

第一章　政策篇：乡村振兴的宏观视野

【学习目标】

1. 理解乡村振兴战略的背景、意义、总体要求、科学内涵和关键问题；
2. 通过案例分析了解国内外乡村振兴异同点；
3. 认识目前青年创业与乡村发展的融合趋势。

【学习重点】

1. 乡村振兴战略的基本原则和科学内涵；
2. 国内外乡村振兴的异同点；
3. 青年创业与乡村发展融合趋势。

概　述

乡村振兴是我国新时代发展的重要战略，旨在推动农业农村现代化，实现城乡协调发展。本章主要对乡村振兴政策的背景、内容、意义等进行深入解读，并对国内外乡村振兴案例进行对比，最后简要介绍目前国内青年创业与乡村发展的融合趋势及未来展望。通过本章的学习，读者将深入理解和把握乡村振兴战略的丰富内涵，共同助力乡村振兴战略的全面实施。

第一节 乡村振兴政策的深度解读

> 实施乡村振兴战略，是党的十九大作出的重大决策部署，是决胜全面建成小康社会、全面建设社会主义现代化国家的重大历史任务，是新时代“三农”工作的总抓手。
>
> ——2018年1月2日中共中央 国务院关于实施乡村振兴战略的意见

一、乡村振兴战略的背景及重要意义

（一）乡村振兴战略的背景

1. 农业与工业关系变迁

过去，我国相关政策以农业支持工业为主要方向，资金主要来源于农业。2002年，党的十六大首次提出“统筹城乡发展”，2003年后，政策逐步转向解决“三农”问题，强调工业反哺农业、城市支持农村、实现城乡经济社会协调发展的重要性。

2. “三农”工作的成效

（1）粮食产量稳步增长

2004年以来，我国粮食生产连续丰收，连续9年保持在1.3万亿斤以上。

（2）农村居民收入提升

党的十八大以来，中国农村居民的人均可支配收入保持稳步增长，2014年首次突破1万元，2022年突破2万元。

（3）脱贫攻坚成效显著

2013年以来，每年减少贫困人口1000万以上，完成了易地扶贫搬迁等重大任务，提升了农村生活质量和基础设施建设水平。

3. 当前面临的发展挑战

（1）农业供给侧结构性改革问题

我国农业面临库存积压、生产成本上升、国际竞争压力增大等问题，亟须进行供给侧结构性改革。

（2）资源环境问题

我国农业面临水土资源紧张、环境污染等挑战，亟须采取可持续的发展策略。

（3）新常态下的经济发展挑战

我国经济增速放缓，财政运行面临挑战，农村人口老龄化和城乡二元结构问题突出，亟须发展创新模式和相关政策支持。[1]

（二）新时代实施乡村振兴战略的重大意义

乡村是具备多种功能的地域综合体，与城镇共同构成人类主要活动空间，其发展状况能够直接影响国家的兴衰。我国社会主义初级阶段的特征在乡村最为突出，全面建成小康社会和社会主义现代化强国的最艰巨任务也在农村。[2]

自党的十八大以来，在以习近平同志为核心的党中央坚强领导下，我们把解决好"三农"问题作为全党工作的重中之重，不断加大强农惠农富农政策力度，积极推进农业现代化和新农村建设，全面深化农村改革，取得了历史性的农业农村发展成就，为党和国家事业全面开创新局面提供了重要支撑。在乡村振兴战略下，我国粮食生产能力不断提升，农业供给侧结构性改革取得进展，农民收入增长，农村民生改善，脱贫攻坚取得决定性进展，农村生态文明建设不断推进，农民获得感显著提升，农村社会稳定和谐。实施乡村振兴战略是解决不平衡不充分发展和美好生活需求之间的矛盾、实现"两个一百年"奋斗目标、实现共同富裕的必然要求，[3]具有重大现实意义和深远历史意义：

1. 建设现代化经济体系的重要基础

实施乡村振兴战略是建设现代化经济体系的关键一环，而农业经济则是现代化经济体系的重要组成部分。乡村振兴战略以产业兴旺为重点，通过深化农业供给侧结构性改革，构建现代农业产业体系、生产体系、经营体系，推动农业由增产导向向提质导向转变。这不仅提升了农业的创新力和竞争力，还为全面建成社会主义现代化强国奠定了坚实基础。

小任务 1： 请列举我国在提升农业质量方面的一些措施。
推广绿色农业技术、提高农产品质量标准、________、________。

2. 建设美丽中国的关键举措

乡村振兴战略在提升农村生态宜居性方面具有重要意义。农村是生态产品的主要供给者，乡村振兴强调生态宜居的建设，通过统筹山水林田湖草系统治理和推行绿色发展方式，改善农村人居环境，实现人与自然的和谐共生。这不仅有利于农村生态环境的保护和修复，也促进了乡村经济的可持续发展，实现了百姓富与生态美的统一。

小任务 2： 请列举乡村振兴战略在改善农村环境方面的一些举措。
农村垃圾分类与处理、推广生态农业、________、________。

3. 传承中华优秀传统文化的有效途径

实施乡村振兴战略是传承中华优秀传统文化的重要途径。乡村振兴强调乡风文明的培育和传承，通过挖掘和创新性发展农耕文化的精神内涵和道德规范，使其与时俱进，赋予新时代的乡风文明新的内涵。这不仅有利于提升农民的精神文化素质，也丰富了社会的文化底蕴。

小任务 3： 请列举在乡村振兴战略中传承传统文化的一些做法。

举办乡村文化节、保护传统村落建筑、________、________。

4. 健全现代社会治理格局的固本之策

乡村振兴战略是健全现代社会治理格局的基础性战略。通过加强农村基层基础工作和健全乡村治理体系，保障广大农民的安居乐业和农村社会的安定有序。这有利于实现共建共治共享的现代社会治理格局，提升国家治理体系和治理能力现代化水平。

小任务 4： 请列举乡村振兴战略在健全乡村治理体系方面的一些具体做法。

建立村民自治制度、加强农村基层党组织建设、________、________。

5. 实现全体人民共同富裕的必然选择

实施乡村振兴战略是实现全体人民共同富裕的战略选择。通过不断拓宽农民增收渠道、改善农村生产生活条件，促进社会公平正义，推动农村生活富裕化。这有利于让亿万农民走上共同富裕的道路，为建设社会主义现代化强国增添巨大动力和能量。[4]

小任务 5： 请列举乡村振兴战略在帮助农民增加收入方面的一些措施。

发展乡村旅游、推广农产品电商平台、________、________。

二、乡村振兴战略的总体要求

（一）指导思想

全面贯彻党的十九大精神，以习近平新时代中国特色社会主义思想为指导，加强党对“三农”工作的领导，坚持稳中求进工作总基调，牢固树立新发展理念，落实高质量发展的要求，紧紧围绕统筹推进“五位一体”总体布局和协调推进“四个全面”战略布局，坚持把解决好“三农”问题作为全党工作重中之重，坚持农业农村优先发展，按照产业兴旺、生态宜居、乡风文明、治理有效、生活富裕的总要求，建立健全城乡融合发展体制机制和政策体系，统筹推进农村经济建设、政治建设、文化建设、社会建设、生态文明建设和党的建设，加快推进乡村治理体系和治理能力现代化，加快推进农业农村现代化，走中国特色社会主义乡村振兴道路，让农业成为有奔头的产业，让农民成为有吸引力的职业，让农村成为安居乐业的美丽家园。

（二）基本原则

1. 坚持党管农村工作

毫不动摇地坚持和加强党对农村工作的领导，健全党管农村工作领导体制机制和党内法规，确保党在农村工作中始终总揽全局、协调各方，为乡村振兴提供坚强有力的政治保障。

2. 坚持农业农村优先发展

把实现乡村振兴作为全党的共同意志、共同行动，做到认识统一、步调一致，在干部配备上优先考虑，在要素配置上优先满足，在资金投入上优先保障，在公共服务上优先安排，加快补齐农业农村短板。

3. 坚持农民主体地位

充分尊重农民意愿，切实发挥农民在乡村振兴中的主体作用，调动亿万农民的积极性、主动性、创造性，把维护农民群众根本利益、促进农民共同富裕作为出发点和落脚点，促进农民持续增收，不断提升农民的获得感、幸福感、安全感。

4. 坚持乡村全面振兴

准确把握乡村振兴的科学内涵，挖掘乡村多种功能和价值，统筹谋划农村经济建设、政治建设、文化建设、社会建设、生态文明建设和党的建设，注重协同性、关联性，整体部署，协调推进。

5. 坚持城乡融合发展

坚决破除体制机制弊端，使市场在资源配置中起决定性作用，更好地发挥政府作用，推动城乡要素自由流动、平等交换，推动新型工业化、信息化、城镇化、农业现代化同步发展，加快形成工农互促、城乡互补、全面融合、共同繁荣的新型工农城乡关系。

6. 坚持人与自然和谐共生

牢固树立和践行绿水青山就是金山银山的理念，落实节约优先、保护优先、自然恢复为主的方针，统筹山水林田湖草系统治理，严守生态保护红线，以绿色发展引领乡村振兴。

7. 坚持因地制宜、循序渐进

科学把握乡村的差异性和发展走势分化特征，做好顶层设计，注重规划先行、突出重点、分类施策、典型引路。既尽力而为，又量力而行，不搞层层加码，不搞“一刀切”，不搞形式主义，久久为功，扎实推进。

（三）目标任务

按照党的十九大提出的决胜全面建成小康社会、分两个阶段实现第二个百年奋斗目标的战略安排，实施乡村振兴战略的目标任务是：[5]（见图 1－1）

到 2035 年，乡村振兴取得决定性进展，农业农村现代化基本实现。农业结构得到根本性改善，农民就业质量显著提高，相对贫困进一步缓解，共同富裕迈出坚实步伐；城乡基本公共服务均等化基本实现，城乡融合发展体制机制更加完善；乡风文明达到新高度，乡村治理体系更加完善；农村生态环境根本好转，美丽宜居乡村基本实现。

到 2050 年，乡村全面振兴，农业强、农村美、农民富全面实现。

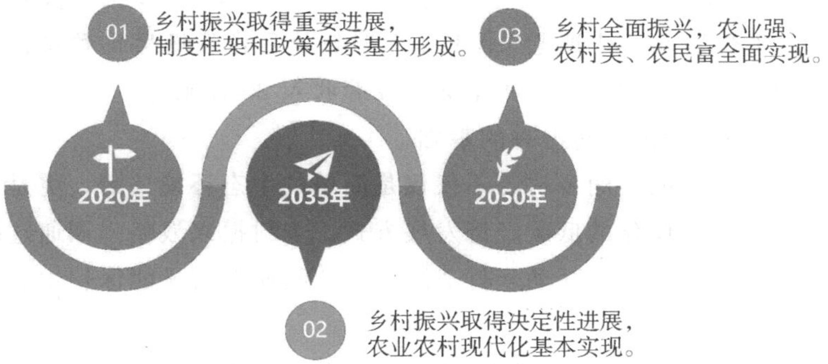

图 1－1 实施乡村振兴战略的目标任务

三、乡村振兴战略的科学内涵（见图 1－2）

（一）产业兴旺是乡村振兴的核心

农村产业发展是实现乡村可持续发展的关键。从过去的生产发展转向今天的产业兴旺，体现了对农业农村现代化的追求和需求。这不仅要求从数量增长到质量提升，还需要实现从粗放型到精细型的经营转变，以及从低端供给向高端供给的转型。产业兴旺不仅仅关注农业发展，更注重农村产业的多元发展和一、二、三产业的融合，以提升农业农村发展的质量和效益，实现农民增收和农村经济的整体提升。

案例拓展阅读 1：湖南省永州市东安县乡村振兴驻南桥镇曹木村工作队利用该村风力、水能发电的资源优势，打造风力发电、抽水储能发电、“农发鲜”农产品深加工等特色产业，做大做强光伏电产业、“农发鲜”农民专业合作社等一批新兴产业，以产业兴旺促美丽乡村。[6]

案例拓展阅读2：湖南省永州市东安县鹿马桥镇立足实际，把发展产业作为推进乡村振兴的重要抓手。该镇通过落实党政同责，全面推行“田长制”，完成耕地恢复图斑整改，培育种粮大户，创建示范片，推广水稻＋荷花鱼模式，引进烤烟种植，持续培育柑橘、油茶、香猪、特色水果等畜牧业、种植业发展，开展高标准农田建设项目土地平整示范区建设，积极探索发展壮大村级集体经济的新路径，有效激活村级集体经济发展的“一池春水”。[7]

案例拓展阅读3：江苏省南通市海门区大力实施乡村振兴战略，锚定“产业振兴”头号工程，千方百计实现农业增效、农民增收、农村繁荣。其中，悦来镇保民村依托高标准农田，延伸产业链，2023年小麦亩产超900斤，水稻亩产超1200斤，大米年销售额达200万元。四甲镇头桥村打造“民宿＋生态”新模式，集民宿、团建、简餐于一体，2023年村营收入突破300万元。正余镇昌盛村创建“盛和斋”联盟特色酱菜规模化种植、品质化加工、品牌化销售新模式，每年增加村经营收入20万元。[8]

（二）生态宜居是乡村振兴的基础

建设生态宜居的美丽乡村，不仅仅是简单的生态环境整治，更是实现生产、生活、生态一体化的低碳经济发展方式。乡村振兴战略强调通过绿色发展实现生态与经济的良性互动，打造既能创造物质财富又能保护生态环境的乡村发展新路径。

案例拓展阅读4：上海市奉贤区西北部的存古村，是上海市生态清洁小流域优秀案例之一。该村通过全覆盖治理、标准化示范、田林水联动等措施，提升河湖环境，防治面源污染，促进水土保持，多维度建设修复了生态基底，高质量推进改善了人居环境。这些措施使得存古村成为上海市周边重要的乡村休闲体验与旅游的示范地之一。[9]

（三）乡风文明是乡村振兴的关键

传承和培育文明乡风是乡村文化建设和精神文明建设的重要内容。文明乡风的培育不仅涵盖家庭教育和家风家训的传承，还包括对乡村社会治理有效性和社会风气的净化与培养。良好的乡风文明不仅可以推动乡村生态文明建设，还能促进农村社会的和谐稳定和乡村产业的发展。

案例拓展阅读5：河南省南阳市高度重视农村精神文明建设，以培育和践行社会主义核心价值观为主线，坚持守正创新、弘扬良好风尚。南阳市持续弘扬文明新风，针对农村存在的铺张浪费、大操大办、厚葬薄养等陈规陋习，引导和鼓励村民委员会把红白喜事规范纳入村规民约，推广文明、简约、环保的殡葬礼仪，改变订婚彩礼、婚庆大办等传统观念，倡导时代新风。如今，婚事新办、丧事简办、孝老爱亲、勤俭节约等文明风尚更加浓厚，乡风文明呈现新气象。[10]

案例拓展阅读6： 安徽省临泉县邢塘街道郭营社区坚持以移风易俗、典型选树和文化建设为基础，持续焕发治理活力，让乡风文明新风气进入“寻常百姓家”。郭营社区党支部以新时代文明实践站为依托，积极组织理论微宣讲志愿者开展乡风文明宣讲，利用村头群众会、党员活动日、乡村大讲堂、理论微宣讲等形式，宣传党的路线方针政策，宣传先进典型和移风易俗新榜样。此外，郭营社区还成立了“村民议事会、红白理事会、禁赌禁毒会、道德评议会”，积极开展婚丧嫁娶简办、殡葬改革、拒绝毒品集中宣传工作，对红白喜事进行登记造册，现场监督，同时积极选树典型，用身边例子“现身说法”，让移风易俗诸多举措家喻户晓、入脑入心。[11]

（四）治理有效是乡村振兴的保障

健全自治、法治、德治相结合的乡村治理体系，是实现乡村振兴战略的重要保障。有效的乡村治理可以为产业兴旺、生态宜居和乡风文明提供制度保障，推动乡村社会的有序发展和长期稳定。

案例拓展阅读7： 浙江省的“千万工程”是一个长期的乡村建设项目，它通过省管县、县管乡、乡管村的安排，实现了多层次领导力供给，坚持规划引领，注重共识凝聚，从小切口出发、循序渐进地推进乡村建设。该项目展示了如何更好地实现共建共享，成为全国城乡差距和区域差距最小的省份之一。[12]

（五）生活富裕是乡村振兴的根本

实现农民的生活富裕是乡村振兴的根本目标。这不仅仅是解决农民的物质需求问题，更是提升农民的幸福感和获得感，消除农民的“被剥夺感”。通过产业兴旺和生态宜居的建设，激活乡村的增量发展空间，从而实现农村经济的持续增长和农民生活水平的全面提升。

案例拓展阅读8： 贵州省安顺市西秀区大坝村通过引进蚂蚱养殖项目，采用“支部＋合作社＋基地＋农户（贫困户）”的模式，实现了农民的就地就业和脱贫致富。此外，大坝村还发展了农家旅馆、农家乐等多种业态，形成了“入一份股、打一份工、创一份业、建一亩园”的增收模式，使得村民的人均收入显著提高。[13]

案例拓展阅读9： 河北承德市隆化县七家镇的西道村的承德市草莓公社通过发展草莓种植和乡村旅游，成功转型为一个充满活力的乡村社区。这个项目不仅提高了农民的收入，还有助于改善当地的基础设施和服务，吸引游客，促进当地经济的发展[14]。

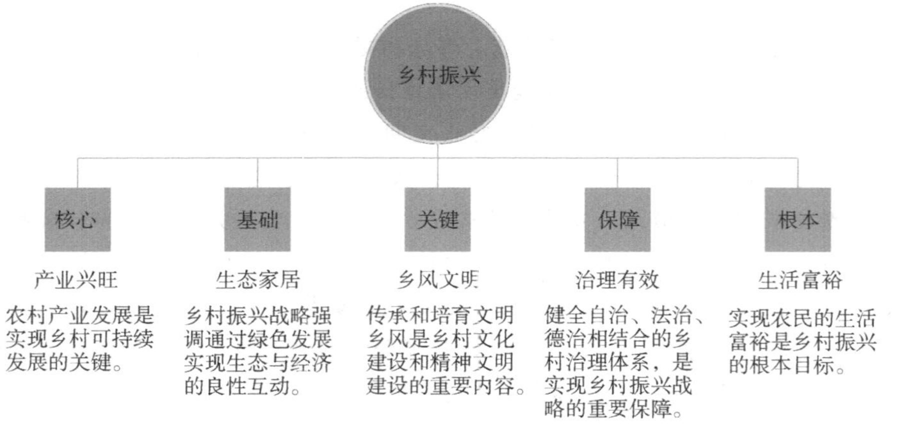

图 1-2　乡村振兴战略的科学内涵

四、乡村振兴战略的关键（见图 1-3）

（一）建立完善乡村振兴与城乡融合的联动机制

乡村振兴战略旨在实现农业、农村现代化，要求在乡村建设中坚持优先发展，达到“五位一体”的总目标。这一战略不仅需要乡村自身的努力，还应借助新型城镇化的东风，实现城乡融合。城乡融合既需要以乡村为主体，也需要以城市为主体，通过一系列理论和实践探索，推动城乡协调发展。

案例拓展阅读 10：山东省济宁市任城区深入贯彻落实市委、市政府全面推进乡村振兴“13588”工作部署，以“百区千村”三年行动为抓手，坚持以城带乡、城乡共进，统筹推进五大振兴，打造乡村振兴齐鲁样板先行区、都市型现代农业样板区、和美乡村示范区，走出了一条“城乡融合、共富共美”的乡村振兴“任城路径”。[15]

案例拓展阅读 11：广西壮族自治区百色市田东县通过聚焦交通枢纽功能、城市承载功能和“三农”创新发展，探索实现城乡融合发展新突破。目前，田东县已开展农村公路“三项工程”项目 352 个，公路养护里程 1450.14 公里，完成 80 公里管网改造等工作，促进了城乡一体化进程。[16]

小任务 7：你认为城市如何更好地带动周边乡村的经济社会发展？

（二）坚持目标导向与现实国情协调发展

坚持走中国特色社会主义乡村振兴道路必须立足中国现实国情，充分考虑地区间发展水平的差异，以现实目标为方向采取差异化、协调性的策略，避免一刀切。同时，协调性也强调城乡一体化建设，推动制度、经济、社会、文化等领域的变革，构建城乡一体化的服务体系，促进城乡资源、人口和环境的均衡发展。

小任务8：举例说说应如何根据不同地区发展水平的差异制定差异化的乡村振兴战略？

（三）经济、社会与生态效益统筹兼顾

经济效益、社会效益与生态效益统筹兼顾是乡村振兴战略的关键因素，也是乡村振兴战略的价值归宿。没有经济效益的乡村振兴是不可持续的，没有社会效益的乡村振兴是不稳定的，没有生态效益的乡村振兴是不健康的。为此，一要调整产业结构，优化经济增长方式，在提升乡村工业核心竞争力的同时，推进一、二、三产业融合发展。二要走内涵式、集约型经济发展道路，积极构建环境友好型的生态产业体系，发展以低能耗、零污染、低排放为基础的经济模式，提高能源利用率。三要实现社会效益，进一步缩小城乡差距，推进基础设施和社会保障体系建设，提升乡村居民的归属感和幸福感。

小任务9：举例说明应如何平衡经济发展与资源环境的协调关系，才能避免对生态环境造成较大破坏？

（四）正确把握政府引导与市场主导的基本原则

乡村振兴战略要正确处理好政府与市场之间的关系。乡村振兴战略的总体格局、结构设计应该由市场主导，遵循市场规律，发挥市场机制在资源配置中的基础性作用，促进乡村与城市在物质、产业、人才方面的良性互动和相互支撑。乡村振兴战略更离不开政府在宏观调控方面的巨大优势，政府要努力创建一个良好的制度环境，创新管理方式；积极引导乡村振兴主体，规范参与者行为；加大基础设施建设力度，建设全面覆盖、公平公正、城乡一体化的公共服务体系。[17]

案例拓展阅读12：浙江省安吉县鲁家村的案例展示了政府、市场、农民“三位一体”的乡村振兴机制。政府通过政策制度供给和专项资金投入推动资源资产化，市场通过市场化经营实现资源资本化，农民通过参与产业发展获得收益。这种机制有效地推动了乡村振兴，实现了农民生活富裕的目标。[18]

案例拓展阅读13：黑龙江农村产权交易中心（以下简称“黑龙江农交中心”）是一个典型的政府引导与市场主导相结合的乡村振兴案例。该中心坚持

“政府主导、市场运营、公益服务”的发展理念，通过农村产权交易市场和体系建设，实现了农村集体资源的有效流转和增值。自 2018 年成立以来，黑龙江农交中心累计成交项目超过 28000 宗，成交额超过 6.8 亿元，溢价 1.48 亿元，溢价率达到 27.7%。这些交易数据反映了市场在资源配置中的决定性作用，同时也显示了政府在推动农村产权交易市场发展中的引导作用。[19]

小任务 10：你认为如何在乡村振兴过程中有效引导市场机制发挥作用？

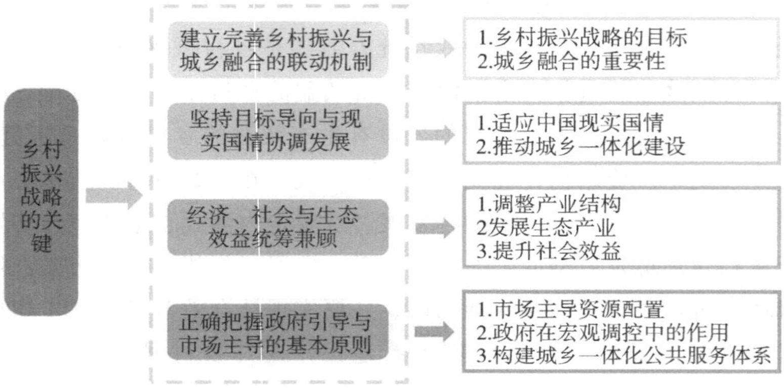

图 1-3　乡村振兴战略的关键

第二节　国内外乡村振兴案例对比分析

党中央高度重视“三农”工作，一定会采取切实有力的政策举措，回应老百姓的关切和需求，把乡村振兴的美好蓝图变为现实。

——2024 年 3 月 18 日至 21 日习近平总书记在湖南考察时的讲话

相对于我国，部分欧、美、亚洲国家较早开始探索乡村振兴的路径，并积累了丰富的经验和成果，也为我们提供了一定的启示。同时，我国的乡村振兴面临独特的国情和挑战，国内的先行成功案例也为我们提供了切实可行的借鉴。本节通过对美国、荷兰、日本的乡村振兴案例及中国浙江省安吉县、粤北石塘村、北京德青源案例的对比分析，尝试凝练国际先进经验，规避可能的误区，并寻找更适用于中国乡村发展的有效途径，推动乡村振兴战略的深入实施，助力中国乡村实现更高质量的发展。

一、国外乡村振兴案例

（一）美国乡村治理：完善基础设施和法律保障

美国作为农业农村现代化的先行者，积累了丰富的乡村振兴经验。在其发展过程中，完善的基础设施建设和完备的法律体系成为推动农业发展的重要支柱。美国政府早期通过出售公有土地和大力开展基础设施建设，推动了农业的发展。1862 年颁布的《宅地法》允许移民以低廉的手续费获得土地，使大规模种植成为可能。这一政策奠定了集约化和机械化农业的基础，同时促进了家庭农场的普及。随着铁路、公路和运河等交通网络的建设，城乡之间的资源流动更加便利，进一步推动了农业的规模化和集约化经营。1933 年美国第一部系统的农业法——《农业调整法》颁布，规定了政府对休耕土地的补贴、农产品价格保护和农民信贷支持等措施。此后的《农村发展法》《1985 年食品保障法》等法律不断完善，为农业生产提供了法律保障。2014 年的《农业法》进一步涵盖商品计划、环境保护、贸易、营养、信贷、农村发展等多个方面的内容，形成了完备的法律体系以保障农场主的基本利益、稳定农业生产。[7]

除此之外，美国高度重视科技在农业中的应用，科技进步对农业增长的贡献率高达 80%。各州立大学和农业合作推广站等机构成为承担农业科技推广主要责任方，通过推广“互联网＋”、生物技术、基因工程、遥感和 GPS 等先进技术提高农业生产效率，并通过教育和培训提高农民的科技运用能力，推动科技成果的转化应用。

另外，美国政府还尝试通过如价格损失保障补贴和农业风险保障等财政补贴对农业生产进行支持。自 1933 年以来，美国对农业的财政补贴逐年增加，补贴政策涵盖粮食、畜产品、乳制品等多种农产品，极大地减轻了农民的经济负担，整体上促进了农业的规模化经营，增强了农业的市场竞争力。

小任务 1：美国在农业发展中通过发展铁路、公路等基础设施极大地促进了农产品的流通和市场化。请举例说明基础设施的改善如何帮助提升农产品的销售和运输效率？

（二）荷兰乡村振兴：农地整理与景观规划

荷兰通过农地整理实现了乡村景观的重塑和农业经济的腾飞，成为世界第二大农业出口国。其成功经验对全球乡村振兴具有重要借鉴意义。荷兰国土面积仅有 4 万多平方公里，但其农业生产效率极高。

1924年和1938年，荷兰政府颁布了两版《土地整理法》，通过土地置换和规整实现了土地的相对集中，改善了农地利用，促进了农业发展。这一时期的土地整理主要集中在改善水资源管理、优化土地划分和建设道路基础设施等方面，提高了农业生产效率，但也在一定程度上破坏了乡村的传统景观。1954年，荷兰颁布的第三版《土地整理法》在解决粮食短缺问题的基础上，开始预留部分土地用于农业生产之外的自然保护、休闲娱乐和村庄改造。自此，乡村景观规划在荷兰获得合法地位。这一时期，乡村景观规划的目标从单一的农业生产转向包括户外休闲、景观管理和自然保育在内的多重目标。1970年后，荷兰政府进一步转变发展路径，推行可持续农业发展，注重提升自然环境景观质量，推进乡村旅游和服务业的发展，提高乡村生活质量。1985年，荷兰政府颁布的《土地使用法案》进一步拓展了乡村发展目标，将娱乐、自然和历史景观保护置于与农业生产同等重要的位置。

通过农地整理，荷兰的农业经济实现了高度专业化和规模化。乡村不仅环境良好、景观美丽，农民的生活条件也得到了显著改善。因此，通过乡村精耕细作、多重精简利用等方式，有助于在资源有限情况下实现农业和社会效益的最大化[20]。

小任务2：荷兰通过土地整理法实现了农地的优化配置，提升了农业生产效率和乡村景观的保护。请尝试列举一种农地整理的方式，阐述其如何在促进农业发展的同时改善乡村景观？

（三）日本“造村运动”

日本的造村运动始于20世纪70年代末，通过“自下而上”的方式推动乡村的振兴。第二次世界大战后，日本城市化进程加快，农村人口大量流向城市，导致农业生产力下降和农村危机。为了应对这一挑战，日本启动了“造村运动”。

造村运动的主要举措包括现代化带动战略、推动农村与农业的平衡发展和城乡互动融合。通过设立“农村建设专项费”，日本政府逐步加大对山区农民粮食生产的财政补贴，支持农村的个性化发展；同时，通过《景观法》等法案扶持特色自然景观建设，鼓励非农产业的发展，促进农业和农村的并行发展。另外，日本政府也鼓励农村开展绿色观光事业和生活体验活动，增强城乡之间的双向互动交流，建立长效机制，促进城乡联动发展。

日本造村运动有助于缩小城乡差距，提高农业和农村的现代化治理水平，提高农民收入，激发农村消费潜力并推动工业和农村相关产业的发展。

同时，乡村振兴是一个循序渐进的长期过程，需要从消除城乡差距、整治农业生产环境、营造农村景观、提高生活质量到高度关注生态环境等多个方面的综合推进。

(四) 国外乡村振兴的启示

1. 基础设施建设

完善的基础设施是乡村振兴的重要支柱。美国的交通网络建设和荷兰的农地整理都表明基础设施的先行建设能够显著提升农业生产效率和农村生活质量。基础设施不仅包括道路和交通网络，还包括水利设施、电力供应和通信网络等，只有完善的基础设施才能为农业生产提供稳定的支持，促进农村经济的发展。

2. 法律保障

健全的法律体系能够稳定农业生产，保障农民利益。美国和日本通过一系列农业法律法规的颁布和完善，为农业和农村的发展提供了法律保障，确保政策的连续性和稳定性。

3. 科技应用

科技进步是推动农业现代化的关键。美国通过推广先进农业技术，提高了农业生产效率。荷兰和日本也通过科技手段优化农地利用和推动农业现代化，提升了农业的市场竞争力。农业科技的应用不仅能够提高生产效率，还能够降低农业生产的风险和成本，促进农业的可持续发展。

4. 政策支持

政府的支持政策在乡村振兴中发挥了重要作用。无论是美国的农业补贴、荷兰的农地整理政策，还是日本的现代化带动战略，都体现了政策支持对于农业和农村发展的巨大推动力。

5. 城乡融合

促进城乡互动和融合能够增强农村的吸引力。美国和日本通过发展农村社区、绿色观光等方式，增强了城乡之间的联系，促进了城乡的共同发展。通过促进城乡之间的资源流动和互动，能够实现城乡之间的协调发展，共同提高城乡居民的生活质量。

6. 多元化发展

乡村振兴需要多元化的发展路径。荷兰通过农地整理和景观规划，发展乡村旅游和服务业，提高了农村的经济活力。日本通过造村运动，推动了农业和非农产业的并行发展，实现了乡村的多元化发展。多元化发展不仅有助于提升农村的经济活力，还能够增强农村的社会和文化吸引力，促进乡村的全面振兴。

二、国内乡村振兴案例

（一）浙江省安吉县：绿水青山就是金山银山

安吉县是习近平总书记“绿水青山就是金山银山”理念的发源地。安吉县以绿色发展为引领、农业产业为支撑、美丽乡村为依托，探索了三产联动、城乡融合、农民富裕、生态和谐的发展道路，实现了绿水青山向金山银山的转化。2020年，全县休闲农业与乡村旅游总产值达46.6亿元，接待游客1056万人次，营收21.48亿元。

安吉县坚持一张蓝图绘到底，实施统一规划、品牌和运营管理。通过编制《安吉县休闲旅游业规划（2011—2020年）》《安吉县休闲农业与乡村旅游规划》和《安吉县乡村旅游发展专项规划》，初步形成了三大中心、十个聚集地的乡村休闲旅游格局。除此之外，安吉县因地制宜赋能“休闲农业+”，推动乡村休闲旅游与农业产业交叉融合。通过深化“千万工程”，推进“三大革命”，实现美丽乡村建设全覆盖，打造县域大景区。注重保护和传承农耕文明、田园风光、村落建筑、乡村生活等乡土元素，强化经营乡愁、经营文化理念，建立了26个村落文化博物馆，丰富乡村休闲旅游的内涵和人文体验。依托农业产业资源和山水风光，延伸乡村旅游产业链，发展研学旅行、农事体验等分享经济、体验经济，形成了“春赏花、夏戏鱼、秋品果、冬食笋”的四季休闲农业模式。

政策保障也是乡村振兴必不可少的举措。安吉县通过创新要素供给，加强政策引导和人才保障，激发产业发展的内动力。积极探索农村闲置农房（宅基地）流转、农业标准地等改革举措，在全国率先推出农业产业融合项目建设“标准地”和农业“标准地”抵押贷款，县内农业“标准地”实施主体整体授信额度达5亿元，有效解决了产业发展“用地难、贷款难”的问题。通过实施人才储备培养计划，融合部门优势，加强校地合作，联合开展从业人员培训，提升从业者的归属感和荣誉感。每年举办“过个安吉年”“畲村三月三”等系列特色乡村节庆活动，推动本地特色文化活动进入旅游市场，打造乡村品质游。

小任务3：在浙江省安吉县案例中，乡村振兴强调绿色发展和生态保护。请查找资料并列举你认为可以利用的安吉县当地可再生资源，并说明如何利用这些资源促进乡村振兴？

（二）粤北石塘村：保护历史文化，振兴乡村经济

石塘村位于韶关仁化县，旅游文化资源丰富，拥有清光绪年间建立的巨型寨堡“双峰寨”，以及大革命时期遗留的红色文化。该村以古村落为名，拥有浓厚的历史文化底蕴。石塘村凭借独特的历史文化和建筑特色，走出了一条提升、改造、扩大的特色产业道路。

21世纪初，政府开始采取措施保护并修复石塘村，使其重焕生机。2008年，韶关市政府开始对石塘村历史文化进行保护研究。2010年，石塘村成功申报为“中国历史文化名村”，并着力探讨如何处理好保护与发展的关系。在建筑遗存方面，保持历史建筑的真实性和完整性，积极修复和活化利用传统风貌建筑。在空间格局上，增强传统街道的空间活力，对公共空间的农业景观进行整改，恢复历史水系。在文化传承上，保护和传承堆花米酒酿造技艺，同时成立合作社对堆花米酒进行规模生产，形成特色产业链条。同时，鼓励村民利用闲置的宅基地改造民宿，恢复传统饮食制作，吸引游客，逐步形成建筑特色鲜明、村民热情好客、堆花米酒香飘千里的乡村旅游景点。

石塘村的振兴为特色保护类村庄的发展开辟了新的道路，即通过以保护为主、修复为辅的微更新手段，充分调动地方村民积极性，利用各类社会资源，将村落打造为人文、地产、自然等相互融合的形态，为广大传统村落的发展提供了新思路。

小任务4：在粤北石塘村的保护与发展过程中，如何在保护历史建筑的同时引入新的特色业态？请查阅资料简要描述石塘村的做法。

（三）北京德青源：企农资产联合发展

北京德青源农业科技股份有限公司是中关村自主创新示范区的国家高新技术企业和农业产业化国家重点龙头企业。该企业通过机制创新，以蛋鸡产业为抓手，探索形成了一套“三权分置”（项目资产所有权归地方政府，经营权归德青源集团，收益权归农民）、合作共赢的发展模式，推动了产业发展带动农民就业增收的良性互动格局。

德青源公司首先通过整合县域设立的农财政专项资金，将资金分配到乡镇主导管理的专业合作社，依据农户数量折股量化农民股权，让农民获得股权收益，并在征得农民同意的基础上，将股金作为合作社的资本金投入金鸡项目，打造金鸡产业园，并通过租赁固定资产和支付租金确保农户获得稳定股权收益。目前，德青源公司在14个省地共投产20多个金鸡项目，雇佣农村劳动力1600多人，并设置爱心岗位专门招收建档立卡脱贫群众，鼓励通

过技术培训的致富带头人在企业从事技术管理岗位，通过智慧和劳动获取市场化的薪资。此外，金鸡产业园还通过玉米订单种植、物流运输、包装材料、临时劳务等上下游产业，提供稳定的采购订单，带动农民围绕产业链充分创业就业。

小任务 5：北京德青源通过蛋鸡产业推动的乡村经济涉及上下游产业链的整合和发展。请以蛋鸡产业链中的一个环节为例，描述它如何带动农民就业和增收？

（四）国内乡村振兴的启示

1. 科学规划

科学规划是乡村振兴的基础。安吉县通过统一规划和创新管理，形成了科学的休闲农业与乡村旅游模式，确保资源的合理利用和服务质量的提升。石塘村通过历史文化保护规划，推动了旅游业发展，增强了乡村的吸引力。因此，科学规划能明确乡村发展的方向和路径，提高农业生产和乡村建设的效率。

2. 政策扶持

政策扶持是乡村振兴的关键。安吉县、石塘村和德青源的发展都得益于各级政府的政策支持。安吉县通过财政支持和标准化管理，提升了乡村旅游和农业产业的质量。石塘村通过文化保护政策，吸引了游客，带动了经济发展。德青源通过整合涉农资金，带动了农村就业和增收。政府的政策扶持和财政支持为乡村振兴提供了有力保障。

3. 企农合作

企农合作共赢是推动乡村发展的有效模式。德青源通过“三权分置”模式，整合财政资金，设立平台公司，带动农民就业增收，形成了良性互动格局。企农合作不仅提升了农民的经济收入，还推动了乡村产业的发展。通过合作可以实现农村资源的有效配置，增强农民的经济自主性和发展信心。

4. 基础设施建设

完善的基础设施是乡村振兴的重要支撑。安吉县通过财政投入，改善了乡村旅游基础设施，提升了服务质量。石塘村通过历史建筑修复和公共空间改造，改善了乡村环境，吸引了更多游客。基础设施建设不仅包括道路和交通网络，还包括旅游配套设施、农业生产设施等。完善的基础设施能够提高农村的生产效率和生活质量，促进农村经济的发展。

5. 人才培养

人才培养是乡村振兴的动力源泉。安吉县通过人才引进和培训，提升了乡村旅游从业者的服务水平和管理能力。德青源通过爱心岗位设置和技术管理培训，提升了农村劳动力的技能和就业能力。石塘村通过传承和发扬传统技艺，保护了乡村文化，增强了乡村的吸引力。人才的引进和培养不仅提高了乡村的综合竞争力，还推动了乡村文化的传承和创新。

三、国外乡村振兴与国内乡村振兴异同点分析

国外与国内乡村振兴的相同点和不同点，既反映了各国在政策、技术和社会经济发展上的差异，也为我们提供了宝贵的经验与启示。（见图 1-4）

（一）相同点

1. 基础设施建设的重要性

基础设施建设是乡村振兴的共同支柱之一。无论是美国、荷兰还是国内，都充分认识到健全的基础设施对于农业生产和农村居民生活质量的重要性。良好的交通网络、水利设施、电力供应和通信网络不仅提高了农产品的运输效率，也提升了农村居民的生活便利性，为乡村经济发展奠定了坚实基础。

2. 政府政策的支持

政策的有效实施能够为农村经济提供坚实支持和动力。国外及国内的乡村振兴都普遍采取各类政策激励措施，如提供财政补贴、税收优惠和政策激励，以鼓励农村基础设施建设、农业技术创新和农民收入增加。这些政策不仅推动了农业现代化和农村产业多元化发展，还增强了农民的发展信心，提升了整体农村经济的竞争力。政策的连续性和稳定性为乡村振兴提供了长期可持续的发展环境，为农村经济的转型升级提供了重要保障。

3. 科技应用的推广

科技的应用有利于提升农业生产效率和品质，首先，通过先进的农业技术、精准的农业管理和智能化农业设备，使农民能够更高效地种植和管理作物，提高农产品产量和质量，从而增加农民收入。其次，科技的进步促进了农村产业的多元化发展，例如通过生物技术、新材料和能源技术的应用，推动了包括生态旅游、绿色食品加工等农村新兴产业的崛起，为乡村经济提供了新的增长点。

（二）不同点

1. 法律保障体系的差异

国外如美国和日本在农业发展中具有完善的法律保障体系，这为农业生产和乡村发展提供了稳定的法律环境和持续的政策支持。这些法律体系不仅确保了农民的权益，还促进了农业技术的创新和应用。相比之下，国内在法

律保障体系的建设上还存在一定的不足，农村土地使用权和农业产权保护等问题亟待完善，这在一定程度上制约了乡村经济的健康发展。

2. 城乡融合的深度和方式

国外的乡村振兴往往强调城乡融合和资源共享的理念，通过发展乡村社区和绿色观光等方式，增强了城市与乡村之间的联系和互动。例如，美国通过推动农村旅游和生态农业，促进了城乡经济的协同发展。相比之下，国内在城乡融合的实践中，更多关注于城市向乡村的资金流入和产业转移，尚未充分发挥城市与乡村互动的潜力，导致一些地方的乡村发展仍显单一和局限。

3. 社会文化背景的影响

国内外的乡村振兴战略在社会文化背景上也存在差异。国外如美国和欧洲国家注重农村社区的自治和民主参与，倡导民间社会组织在乡村发展中的角色，通过社会资本的积累促进了乡村治理的有效性和社区凝聚力。而国内在乡村治理结构和社会组织建设方面相对滞后，导致一些乡村振兴战略在实施过程中面临着政策执行不到位和社区参与度不高等问题。

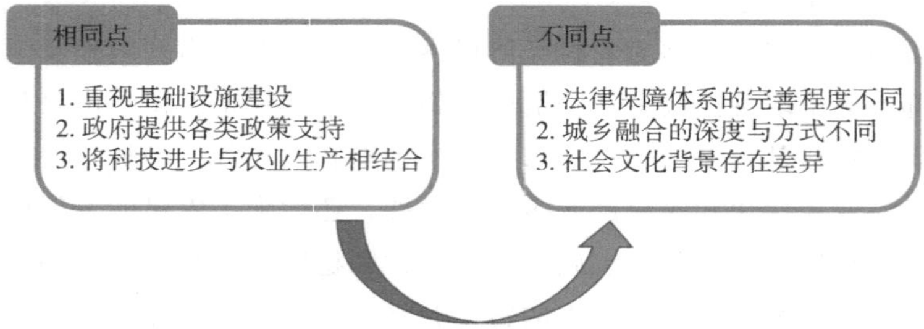

图 1－4　国内外乡村振兴异同点对比归纳图

第三节　青年创业与乡村发展的融合趋势

> 广大青年要坚定不移听党话、跟党走，怀抱梦想又脚踏实地，敢想敢为又善作善成，立志做有理想、敢担当、能吃苦、肯奋斗的新时代好青年，让青春在全面建设社会主义现代化国家的火热实践中绽放绚丽之花。
>
> ——习近平总书记在中国共产党第二十次全国代表大会的报告

一、青年创业的新舞台

近年来，随着国家对乡村振兴战略的持续推动，乡村正逐渐成为青年创业者的新热土。乡村以其独特的优势和政府政策支持，吸引着越来越多的青年创业者前来扎根创业，共同描绘乡村经济繁荣发展的新篇章。乡村对青年创业者究竟有何吸引力呢？

（一）乡村独特的优势

乡村在农业、旅游、文化传承等领域具有得天独厚的优势。农业领域，乡村提供丰富的自然资源和土地，为农业创业提供了广阔的空间；旅游领域，乡村的自然风光、人文景观和民俗文化等吸引了大量游客，为乡村旅游业的发展提供了良好的机遇；文化传承领域，乡村的非物质文化遗产和民俗活动等也是创业的重要资源。

（二）政府政策的支持

随着国家对乡村振兴战略的推进，政府出台了一系列扶持政策，鼓励青年返乡创业。这些政策包括税收减免、资金扶持、土地政策等，为青年创业者提供了更多的创业支持和保障。同时政府还积极推动创业服务体系的建设，为青年创业者提供创业培训、创业指导、创业孵化等全方位的服务。这些服务有助于提升创业者的创业能力和成功率。

（三）社会关注度高

乡村创业已经成为社会关注的热点话题，各级政府和社会各界都给予了高度关注和支持，越来越多的资本、人才、技术等逐渐流向县域，这也驱使更多青年选择返回县域进行创业活动。

案例拓展阅读1：2020年10月，衢州学院与龙游县政府签订校地合作协议，共建浙江未来乡村学院，这是衢州学院与地方政府深度合作的有益探索与尝试。浙江未来乡村学院立足衢州，辐射浙江，面向全国，依托衢州学院人才、学科资源及校地深度融合、地方应用型办学实践经验，整合当地政府乡村建设资源力量及企业运营机制，以乡村全面振兴战略为方向，以强村富民为着力点，筑牢校地发展共同体，有效助力山区乡村振兴与共同富裕。经过三年多的实践，在创业团队吸纳、青创客创业辅导培训、新型农民职业转型等方面获得明显效果。

《衢州政研与改革》2023年第28期刊登《关于高质量建设浙江未来乡村学院 助推衢州四省边际共同富裕示范区建设的对策建议》，得到市委书记高屹的批示：抓好功能定位研究、市级资源导入、协调相关事项等，把未来乡村学院办好办扎实，在乡村振兴中发挥积极作用。之后，徐利水副市长主持召开浙江未来乡村学院2.0建设工作推进会，明确浙江未来乡村学院要“立足乡村、服务乡村、引领乡村，打造学习运用‘千万工程’浙江经验的培训基地、乡村青创培训基地、未来乡村建设培训基地”。在市委、市政府的重视下，于2023年底前成立“浙江未来乡村学院发展工作小组”，市农业农村局、市人社局、市教育局、团市委等部门及龙游县政府为小组成员，这将有力推动衢州学院整合多方资源，助力乡村振兴。

在衢州市提出农业三大百亿产业暨共富合伙人计划之时，衢州学院主动参加，借助宣传部门、农业部门、群团等力量，充分用活用足各相关部门政策支持，以龙游溪口“浙江未来乡村学院”为基地，策划组织开展“青春共富合伙人培育”项目。该项目以共富合伙人助力乡村振兴为目标，以“乡村青创培训班”为载体，依托有意愿、有基础的农业生产经营主体，乡村特色产业“链主”提供的共富合伙人项目，广泛动员招募青年创业人才、大学生参与，打造“培训＋签约＋孵化＋落地”全链条创业服务体系。同时有效激发企业的主观能动性，已有多家企业主动申请合作开展培训、共建共创共享共富合伙人建设成果。

“青春共富合伙人培育”项目为大学生就业创业搭建了一个好平台。2024年3月的一天，衢州荷鹭牧场会议室里一场精彩的创业策划比赛正在进行中，青年人的奇思妙想、脑洞大开，博得了评委们连连赞叹。最后以双向选择的方式，确定了周思讯等8名青年学员为浙江荷鹭乳业有限公司的共富合伙人。周思讯就是衢州学院的在校大学生，签约之后，荷鹭公司立即与签约大学生们密切交流，探讨共富合伙项目的推进。5月27日，荷鹭公司与衢州学院大学生合股成立的“一鹭同行”合伙创业公司注册成立。不仅如此，在第三期、第六期、第七期培训中，有11名我校大学生与企业达成就业意向。

“青春共富合伙人培育”项目为青年回乡创业保驾护航。云南省兴滇英才晏钢教授是第七期的特邀讲师，他全程参与了三天培训，他说：“我参加过全国创业培训班不计其数，但我真没想到，你们能做得如此扎实，非常意外！这支团队太用心了。”是的，看起来只有三天的培训，但是从前期的深入调研、定向发动、定制课程与师资、创业实践推演到培训期间安排，再到事后导师跟进指导，一直到项目落地。第一期参训学员田雷说：“这次培训我非常幸运，朱海华老师成为我的创业导师，每一步的陪伴式指导，使我的公司得以顺利落地。”

我们深知，想要真正有效破解乡村留才难、项目成活难、创业成功更难等难题，只有全链条、全周期的创业服务体系，“调研＋培训＋签约＋孵化＋落地”全过程的精准赋能，才能真正让青年在乡村扎根，开花结果。青春共富合伙人培训目前开展了 12 期，直接参训学员 390 人左右，成功孵化创业项目 6 个，培育了 20 名以上青年成为合伙人和创业者。相关工作获省级媒体报道 6 次，国家级媒体报道 13 次。已基本形成衢州学院浙江未来乡村学院青春共富合伙人的创业培育品牌，得到政府、企业、青年的一致好评。

（四）自我价值实现

当代青年的劳动观念已然发生转变，主体意识的不断觉醒和对自由的需求让县域青年开始尝试摆脱固定化工作模式对自身的禁锢，而自主创业无疑是一种极具吸引力的方式。

小任务 1：除了以上提到的四点吸引青年前来乡村创业，你认为还有别的因素影响吗？

二、青年创业对乡村发展的重要性

（一）助力乡村经济发展

青年创业者的创业项目与当地的农业、林业、牧业等资源密切相关，通过发展特色产业、推广新技术、创新销售模式，能够提升农产品的附加值，推动乡村经济的多元化发展，进一步提高农民的生活水平。

（二）缓解青年的就业压力

青年创业者在乡村创业过程中，能够创造大量的就业机会，为当地青年提供就近就业的机会，缓解就业压力；同时，创业者的成功经历会激发更多青年人的创业热情，形成创业带动就业的良性循环。

（三）农村环境的改善

青年创业者在创业活动中，会将环保、生态建设等因素纳入考虑范围，提倡可持续发展的理念，有助于推动优质农产品的生产、改善农村环境、推进农村生态建设。

（四）农村社会的稳定

创业能够培养农村青年的责任感和使命感，促使他们更加关注家乡的发展，为农村社会的稳定作出积极贡献。同时，创业活动也能够吸引更多人才回流乡村，有助于增强乡村社会的凝聚力和向心力。

（五）促进城乡融合发展

青年创业者的创业活动有助于缩小城乡差距，促进城乡资源优化配置。同时，创业项目可以吸引城市居民到乡村消费，有助于促进城乡互动和文化的交流，形成独特的乡村文化新景观。

三、青年创业与乡村发展融合趋势

青年创业作为乡村振兴的重要引擎，正逐步促进政策引导、产业融合、就业带动、文化传承、技术创新与生态保护等多重趋势的深度融合与发展。（见图 1－5）

（一）政策引导与支持

传统融资渠道如银行贷款等对于初创企业而言门槛较高，导致融资难度大，限制了创业项目的启动。目前政府通过出台一系列扶持政策，提供创业资金、平台，鼓励青年返乡创业，为青年创业提供场地、设备、技术、信息等全方位服务，降低创业门槛。

案例拓展阅读 2：江苏省盐城市东台市富安镇为符合条件的返乡入乡创业企业提供创业担保贷款贴息支持，鼓励青年创业者积极申请补助，并提供“一站式”服务，对农机购置补贴内容、程序、申报方法等政策信息进行公布与宣传，让企业和农民充分享受农机购置补贴，助力农业增效，农民增收。[21]

（二）产业融合

传统的农业生产方式往往是单一的、分散的，而通过发展农村旅游、休闲农业等新兴业态，将农业与旅游、文化等产业进行融合，创造出更多的经济价值。

案例拓展阅读 3：河南省安阳市内黄县是一个农业大县，近年来，随着国家对乡村振兴政策的支持，越来越多的青年选择返乡创业，将现代农业、乡村旅游和农村电商等领域作为创业方向。同时，通过引进先进农业技术和设备，开展规模化、标准化的农产品种植、深加工，生产高品质的农产品加工品，如面粉、玉米油等，提高农产品的附加值。[22]

（三）创业带动就业

以往农村地区缺乏多元化就业机会，许多年轻人外出打工，导致农村地区劳动力短缺，农村地区的经济无法得到有效发展。目前青年创业不仅为自己创造了就业机会，还通过产业链上下游的带动效应，为乡村地区提供了更多的就业岗位，一些在外务工的乡村青年开始回流，选择在家乡创业就业。

案例拓展阅读4： 湖北省鄂州市汀祖镇是一个典型的乡村地区。近年来，随着乡村振兴战略的深入实施，当地政府积极鼓励青年返乡创业，通过创业带动就业，促进乡村经济发展。杨旭，一位“90后”大学生，毕业后选择回到家乡汀祖镇创办杨凤养殖场，其不仅为自己创造了更多就业机会，还通过产业链上下游的带动效应，解决了周边65名农民与8名贫困人员的就业问题。[23]

（四）注重文化传承

以往的乡村文化保护往往仅停留在以物质层面为主，忽视了村庄文化传承及内生价值等方面，没有充分利用乡村文化的价值来推动乡村经济的发展。当前的青年创业更加注重乡村文化的挖掘和传承，通过乡村旅游、民俗体验等方式，不仅能够提升乡村文化的知名度，也能够为乡村带来更多的经济收益。

案例拓展阅读5： 湖南省张家界市永定区主打乡村文化体验游，以户外“野”和现代“潮”为内核，以天门山镇新乡村、新风貌、新玩法为理念，打造有特色、有个性的乡村文化旅游节，深入挖掘和传承当地的乡村文化，让游客在旅游过程中深入了解乡村文化的内涵。[24]

（五）技术与市场融合

传统的农业生产方式主要依赖于人力和简单的机械工具，技术水平相对较低，导致生产效率低下。目前青年创业者积极引入新技术、新模式，提高农业生产效率，促进乡村经济的转型升级。通过创新经营模式，拓宽农产品销售渠道，提高农产品的市场竞争力。

案例拓展阅读6： 四川省眉山市青神县通过引入物联网技术，建立智能农业管理系统，实时收集土壤湿度、温度、光照等数据，帮助农民精确掌握农田环境信息，并使当地农作物产量提高15%，同时减少了化肥和农药的使用量，降低了生产成本。[25]

（六）注重生态建设与保护

传统的农业生产模式往往只关注短期的产量和经济效益，而忽视了生态环境的保护和长期的可持续发展，导致资源的浪费，也加剧了生态环境的恶化。目前青年创业者正积极推广生态农业、循环农业等绿色生产模式，减少化肥、农药的使用量，保护农村生态环境。在创业活动中，提倡可持续发展的理念，推动优质农产品的生产。

案例拓展阅读7：广东省河源市连平县隆街镇建立了“猪—沼—果”循环农业模式，即利用养猪产生的沼渣、沼液作为果树的有机肥料，同时利用果园的杂草、落叶等作为猪的饲料，实现资源的循环利用，带动整个地区的农业发展向绿色、环保、可持续的方向转变。[26]

小任务2：结合实际分析，你认为目前乡村青年创业向哪些方向发展呢？

四、未来展望

（一）数字化智能化驱动

随着互联网和大数据技术的深度融入，乡村产业将迎来数字化转型。国家鼓励建设打造一批国家级和省级农业科技园、一批科技创新联盟、一批农业科技资源开放共享与服务平台，培育一批农业高新技术企业，强化形成具有国际竞争力的农业高新技术产业。[1]青年创业者将借助“互联网+”和智能农业技术，构建线上线下相结合的农村电商生态圈，并依托“互联网+”农产品出村进城工程，加强农产品的品牌建设和营销推广，提高农产品的知名度从而加快解决乡村产业发展面临的销售难题。

（二）特色化产业发展

针对乡村青年创业容易同质化的问题，应因地制宜发展多样性特色农业，倡导“一村一品”“一县一业”，积极发展果菜茶、食用菌、杂粮杂豆、薯类、中药材、特色养殖、花卉苗木等产业，创新发展具有民族和地域特色的乡村手工业，创响一批“土字号”“乡字号”的特色产品品牌。

（三）绿色生态化引领

未来乡村青年创业将更加注重绿色生态发展，推广先进农作技术，使用高效、低毒、低残留的农药，努力实现农业生产结构合理化、生产技术生态化、生产过程清洁化、生产产品无害化，坚持在保护中发展、在发展中保护，让绿水青山带来源源不断的金山银山。[27]

（四）创新创业生态体系构建

未来乡村将构建更加完善的创新创业生态体系。政府将加大对乡村青年创业的支持力度，提供创业培训、创业资金、创业导师等全方位的服务；同时，还将加强与高校、科研机构的合作，引进更多的创新资源，为乡村青年创业提供更多的机会。

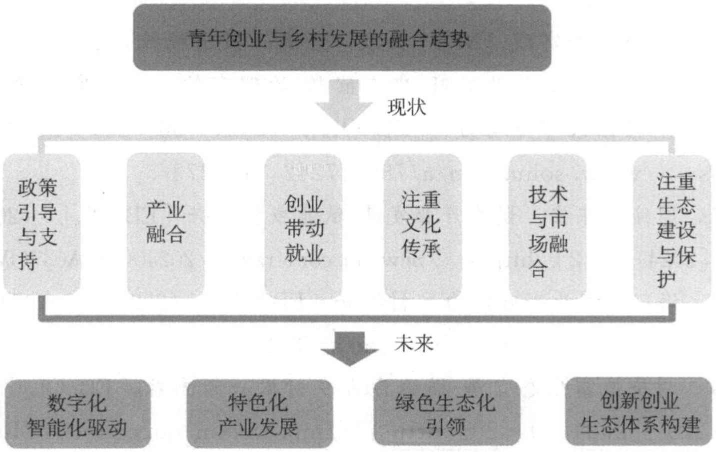

图 1-5 青年创业与乡村发展的融合趋势

小任务 1：请设想下未来乡村青年创业有哪些发展方向？

本章综合练习：

1. 乡村振兴战略的实施对你的家乡可能会带来哪些变化？请结合实际情况谈谈你的看法。

2. 如何理解乡村振兴战略中的“产业兴旺”？你觉得哪些产业在你的家乡最有发展潜力？

3. 在实施乡村振兴战略过程中，如何平衡经济发展与生态保护之间的关系？请谈谈你的观点。

4. 如果你是乡村振兴项目的负责人，你会如何利用乡村特色资源（如文化、自然景观）来促进乡村旅游的发展？

本章参考文献：

[1] 王美玲，李晓妍，刘丽楠．乡村振兴探索与实践 [M]. 银川：宁夏人民出版社，2020.

[2] 陈勇，唐洪兵，毛久银．乡村振兴战略 [M]. 北京：中国农业科学技术出版社，2018.

[3] 中国政策研究网编辑组编．乡村振兴 [M]. 北京：中国言实出版社，2019.

[4] 温婉华，张航．乡村振兴：规划·路径·案例 [M]. 北京：化学工业

出版社，2022.

[5] 梁策．乡村振兴实践［M］．北京：经济日报出版社，2022.

[6] 蒋东新，冯延祯．产业兴旺 生态宜居 治理有效——东安“党建＋”模式激活乡村振兴“源动力”［EB/OL］．（2024－06－18）［2024－9－2］．https：//www.sohu.com/a/786717242_160273/.

[7] 周芳，周纯．东安：聚力产业发展 赋能乡村振兴［EB/OL］．（2024－06－04）［2024－9－2］．https：//new.qq.com/rain/a/20240604A087OW00.

[8] 佚名．海门：产业兴旺助力乡村振兴［EB/OL］．（2024－06－07）［2024－9－2］．https：//www.sohu.com/a/784266496_121455647/.

[9] 佚名．村美民富生态宜居 描绘存古乡村振兴新画卷［EB/OL］．（2024－05－22）［2024－9－2］．https：//mp.weixin.qq.com/s/fYRcznXYpzQNVlx9Io25QQ.

[10] 南阳市文明办．河南南阳：以文明乡风赋能乡村振兴［EB/OL］．（2024－05－17）［2024－9－2］．https：//new.qq.com/rain/a/20240517A06ELA00.

[11] 陈晓萌．临泉县邢塘街道郭营社区：乡风文明 为和美乡村铸魂塑形［EB/OL］．（2024－06－05）［2024－9－2］．https：//new.qq.com/rain/a/20240605A07N1W00.

[12] 王亚华．“千万工程”和村超经验，以有效治理实现乡村振兴［EB/OL］．（2023－12－06）［2024－9－2］．https：//baijiahao.baidu.com/s?id＝1786347399134225165.

[13] 范成荣，古宇．大坝：乡村振兴的生动实践——生活富裕篇［EB/OL］．（2018－09－18）［2024－9－2］．https：//www.sohu.com/a/254675498_157031.

[14] 佚名．读道·乡村振兴十大经典案例——承德草莓公社：小草莓转动大产业［EB/OL］．（2019－02－12）［2024－9－2］．https：//www.sohu.com/a/294289539_120043926/.

[15] 佚名．济宁：走出“城乡融合、共富共美”的乡村振兴“任城路径”发展建设示范区［EB/OL］．（2024－06－15）［2024－9－2］．https：//www.sohu.com/a/786095628_120159294/.

[16] 周章师．田东县统筹城乡融合发展助推乡村振兴建设改造项目［EB/OL］．（2024－04－28）［2024－9－2］．https：//www.sohu.com/a/774980273_120578424.

[17] 赵振宇．乡村振兴与城乡融合发展［M］．杭州：浙江大学出版社，2020.
[18] 韩旭东等．政府、市场、农民“三位一体”乡村振兴机制探究——基于浙江省安吉县鲁家村的案例剖析［EB/OL］．（2023-07-25）［2024-9-2］．https：//mp. weixin. qq. com/s? _ _ biz=MzUzODQ0NDM3Mg==&mid=2247494736&idx=1&sn=0d9494d8f79a1a26ac678e74c7d6d2b6&chksm=fad53b6bcda2b27dd8c2ded442da22e170bcbc79248c784c8831dcb8cb331fb516c16f1dbad0&scene=27.
[19] 黑龙江农村产权交易中心贯彻落实《中共中央 国务院关于全面推进乡村振兴加快农业农村现代化的意见》文件精神的举措实例［EB/OL］．（2021-08-16）［2024-9-2］．https：//mp. weixin. qq. com/s? _ _ biz=Mzg2MzUxMDg0Nw==&idx=1&mid=2247488273&sn=0f0f8ecb9e91b913ccb5491f7a6860b2.
[20] 郑光豹．乡村振兴背景下的农村发展与人力资源开发研究［M］．长春：吉林人民出版社，2022.
[21] 包亚升，袁进华．富安镇：特色农机化赋能产业富民增收［EB/OL］．（2023-12-29）［2024-9-2］．https：//www. ycnews. cn/p/808530. html.
[22] 张雪．河南安阳内黄：“小菜篮”引领“大产业”［EB/OL］．（2024-01-22）［2024-9-2］．http：//www. ce. cn/xwzx/gnsz/gdxw/202401/22/t20240122 _ 38876115. shtml.
[23] 佚名．鄂州市“90后”大学生回乡创业，带动周边60位农民就业［EB/OL］．（2021-12-23）［2024-9-2］．https：//baijiahao. baidu. com/s? id=1719915071166792969&wfr=spider&for=pc.
[24] 佚名．永定区乡村文化旅游节要来了［EB/OL］．（2023-09-30）［2024-9-2］．https：//baijiahao. baidu. com/s? id=1778399511594852848.
[25] 余文，文佳玲．科技赋能“智慧”果园 青神特色产业跑出智能化加速度［EB/OL］．（2023-08-10）［2024-9-2］．https：//www. scjjrb. com/2023/08/10/99373509. html.
[26] 林鹏．种养循环，是农业绿色发展主抓手［EB/OL］．（2022-04-10）［2024-9-2］．https：//www. thepaper. cn/newsDetail _ forward _ 17539909.
[27] 中国政策研究网编辑组编．乡村振兴［M］．北京：中国言实出版社，2019.

第二章　修炼篇：青年创业者的自我修炼

【学习目标】

1. 能进行系统的自我评价；
2. 能塑造良好的创业心态；
3. 能说出创新思维的主要方法；
4. 能说出互联网思维的特点。

【学习重点】

1. 创业的自我评价；
2. 创业心态的塑造和调整；
3. 互联网思维与创业精神的融合。

概　述

本章介绍了青年创业者的自我评价、创业心态的调整与塑造，以及互联网思维与创业精神融合三大内容。通过本章的学习，读者将了解如何在国家鼓励创新创业的大背景下，通过对创业知识的理解，结合自身能力与互联网思维，推动青少年创业能力的提升，助力国家经济发展和就业增长。

第一节 自我评价：判断你是否适合创业

保持饥饿，保持愚蠢。

——苹果公司联合创始人史蒂夫·乔布斯

一、创业的概念、重要性及关键因素

（一）创业的概念

创业是指个人或团队在识别到商业机会后，通过创新、组织资源和承担风险来创建和运营一个新的企业或项目，旨在实现价值创造和经济效益的过程。创业活动涵盖了从初始的市场调研、商业计划制订，到后续的融资、产品开发、市场推广及企业管理的全过程。

创业是一个复杂而充满挑战的过程，需要创业者具备创新思维、风险承担能力、目标导向力、资源整合能力、团队协作能力和社会责任感等多方面的素质。创业不仅是为了实现个人或团队的商业价值，更是为了推动社会经济的发展和进步。通过创业，可以创造就业机会、促进技术创新、提高市场竞争力，为经济增长和社会发展作出贡献。[1]

（二）创业的重要性

1. 推动经济发展

创业是推动经济增长的强劲引擎，通过引入新颖的商业理念和技术创新，不断开拓新的市场领域，为经济体系注入源源不断的活力。这一过程不仅促进了产业升级和结构调整，还直接带动了就业市场的繁荣，为社会创造了大量高质量的就业机会。创业者们以其敏锐的市场洞察力和灵活的应变能力，成为连接市场需求与供给的桥梁，有效促进了资源的优化配置和经济的持续增长。

2. 推动创新与变革

在快速变化的时代背景下，创业成为推动社会创新和变革的重要力量。创业者们不畏艰难，勇于挑战现有规则和框架，通过不断探索和尝试，催生出新的商业模式、技术突破和产品服务。这些创新成果不仅丰富了市场供给，满足了消费者日益多样化的需求，还深刻改变了人们的生活方式和社会结构。创业活动所展现出的创新精神，成为推动社会持续进步的重要动力。

3. 个人实现与成长

创业为个体提供了实现自我价值、追求梦想的广阔舞台。通过创业，创业者们可以将自己的创意、激情和才华转化为实际的产品或服务，通过不懈地努力和奋斗，实现个人价值的最大化。创业过程虽然充满挑战和艰辛，但正是这些经历锻炼了创业者的意志品质、提升了他们的综合素质和能力。通过创业，个体不仅实现了自我成长和突破，还为社会贡献了自己的智慧和力量。

4. 解决社会问题

创业不仅关注经济效益的创造，还积极投身于社会问题的解决之中。面对环境污染、教育资源不均、医疗体系待完善等社会难题，创业者们利用自己的专业知识和创新思维，提出了许多切实可行的解决方案。这些方案往往具有高效、便捷、可持续等特点，为改善社会状况、提升民众福祉作出了积极贡献。通过创业活动，社会问题得到了更加有效的关注和解决。

5. 培养创业文化和精神

创业不仅是一种经济活动，更是一种文化和精神的体现。创业文化鼓励人们勇于尝试、敢于冒险、不断创新，这种精神成为推动社会进步的重要力量。通过培育和传播创业文化，可以激发更多人的创业热情和动力，吸引更多优秀人才投身于创业事业之中。同时，创业精神还促进了社会整体的创新氛围和创业生态的完善，为创业活动的蓬勃发展提供了有力保障。

（三）创业的关键因素

1. 自我评价

创业者需要对自己的能力、兴趣、价值观和长期目标有清晰的认识。自我评价有助于创业者选择适合自己的创业项目和方向，避免盲目跟风和不必要的风险。同时，它还能增强创业者的自信心和决心，使他们在面对困难和挑战时能够保持积极的心态。

2. 市场需求

市场需求是创业成功的基础。创业者需要对目标市场进行深入调研，了解市场需求、竞争态势和潜在机会。只有满足市场需求的产品或服务，才能吸引消费者并获得市场份额。因此，创业者需要密切关注市场动态，及时调整产品策略和市场策略，以应对市场的变化。

3. 创新能力

创新能力是指创业者能够发现新的机会、创造新的价值并解决问题的能力。在竞争激烈的市场环境中，创新能力是创业成功的关键。通过创新，创业者可以开发出具有竞争力的产品或服务，打破市场垄断，获得更大的市场份额。同时，创新能力还能帮助创业者应对市场变化，保持竞争优势。

4. 团队协作

团队协作是指团队成员为了实现共同目标而相互协作、相互支持的能力。一个优秀的团队是创业成功的重要保障。团队成员之间的协作和支持能够增强团队的凝聚力和战斗力，提高创业项目的执行力和效率。同时，团队成员之间的互补性还能够弥补彼此的不足，使团队更具竞争力。

5. 风险管理

创业过程中存在各种风险，如市场风险、技术风险、财务风险等。创业者需要具备一定的风险管理能力，能够识别和评估创业过程中可能面临的风险，并采取相应的措施进行防范和应对。通过制定风险应对策略、建立风险预警机制等措施，创业者可以降低风险对创业项目的影响，提高创业成功的概率。

小任务 1： 如果你是一名创业者，你觉得什么因素最为重要？

二、自我评价及其方法

（一）自我评价的概念

自我评价是指个体对自己的思想、愿望、行为和个性特点的判断和评价。这种评价是基于个体的自我观察、自我分析和自我反思，通过对照社会规范、价值标准或行为准则，对自己的能力、品德、行为等方面进行的评估。

自我评价是一个复杂而多维度的过程，它涉及个体对自己各个方面的认知和判断。在自我评价中，个体需要客观地审视自己的优点和缺点，明确自己的能力和局限性，以及自己的价值观、信念和动机。

（二）自我评价对创业的重要性

1. 明确创业动机和目标

自我评价是创业者明确创业动机和目标的重要工具。通过深入反思自己的兴趣、价值观、技能和资源，创业者可以探索自己的内在动力，明确自己想要通过创业实现的梦想或解决的问题。这种内在动机能够为创业者提供持久的动力，并帮助他们确定一个符合自己兴趣和能力的创业方向。同时，自我评价也能帮助创业者设定具体、可衡量、可实现的创业目标，确保他们在创业过程中保持专注并持续追求成功。

2. 识别自身优势和不足

自我评价是创业者识别自身优势和不足的关键环节。通过客观地评估自己的技能、经验、知识和人际关系，创业者可以清晰地认识到自己的长处和短处。了解自己的优势有助于创业者更好地利用这些资源来推动创业项目的成功，如发挥技术专长、独特的商业洞察力或强大的人际网络。同时，认识自己的不足也能促使创业者积极寻求改进方法或寻求合作伙伴来弥补这些短板，如加强管理能力、学习新的市场知识或建立更广泛的合作关系。

3. 优化团队配置

在组建创业团队时，自我评价有助于创业者更好地识别团队成员的特长和潜力，从而优化团队配置。通过了解每个团队成员的技能、经验和兴趣，创业者可以评估他们的优势和不足，并找到能够互补和协作的团队成员。这种互补性有助于团队成员在创业过程中发挥各自的优势，共同推动创业项目的成功。同时，自我评价还能帮助创业者识别团队中可能存在的风险和挑战，并采取相应的措施来应对和解决。

4. 风险管理

自我评价使创业者更加清晰地认识到自己的局限性和潜在风险，从而增强风险意识。在创业过程中，风险是不可避免的，但创业者可以通过自我评价来识别和管理这些风险。通过评估自己的能力和资源，创业者可以预测可能出现的风险和挑战，并制定相应的应对策略。这种风险意识能够帮助创业者在创业过程中更加谨慎和理性地决策，降低创业失败的风险。同时，创业者还可以通过寻求专业建议、建立风险预警机制等方式来进一步降低风险。

（三）自我评价的主要方法

1. SWOT 分析（见图 2－1）

SWOT 分析是创业者在创业过程中常用的自我评价方法，它帮助创业者识别自身的优势（strengths）、劣势（weaknesses）、机会（opportunities）和威胁（threats），从而制定针对性的创业策略。在评估优势时，创业者需要识别自己在技能、经验、资源、品牌等方面的强项。对于劣势，则需要正视自身在资金、技术、市场经验等方面的不足。同时，也要警惕潜在的威胁，如竞争对手、市场变化、法规调整等。通过 SWOT 分析，创业者能够形成清晰的自我认知，为制定创业战略和规划提供有力的支持。

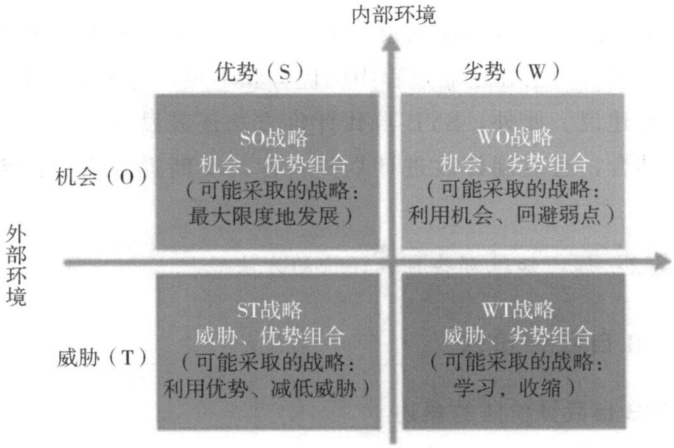

图 2－1　SWOT 分析框架

2. 能力自评表

能力自评表是创业者进行自我评估的有效工具。首先，创业者需要列出创业过程中所需的关键能力，如领导力、创新能力、市场分析能力、团队协作能力等。然后，为每个能力设定明确的评分标准，可以是量化的分数（如 1～5 分），也可以是描述性的评价。在自我评分的过程中，创业者需要诚实地评估自己在每项能力上的表现，并给出相应的评分或评价。通过对比不同能力的评分，创业者可以清晰地了解自己在哪些能力上表现出色，哪些能力需要进一步提升。

3. 寻求反馈法

寻求反馈是创业者了解自身表现的重要途径。在创业过程中，创业者可以向团队成员、合作伙伴、导师或客户等寻求反馈，了解他们对自己在创业过程中的表现的评价。这些反馈可以来自不同的角度和层面，有助于创业者更全面地了解自己的表现。同时，外部反馈往往具有客观性和针对性，能够指出创业者自身难以察觉的问题和不足。在寻求反馈时，创业者需要保持开放的心态，认真倾听他人的意见和建议。对于反馈中提到的问题和不足，创业者需要认真分析和思考，并制订相应的改进计划。通过寻求反馈并不断改进，创业者能够不断提升自己的创业能力和素质。

4. SYB 自我评价方法

SYB（start your business）创业培训自我评价方法是一种专门针对创业者的自我评价工具。[2]它结合了创业过程中的关键要素，如自我认知与理念、创新思维与能力、团队合作与沟通、实践与创业能力等，要求创业者对自己在这些方面的表现进行深入反思和评价。通过SYB自我评价方法，创业者能够全面了解自己在创业过程中的优势和不足，为未来的创业道路提供明确的指导和建议。此外，SYB自我评价方法还鼓励创业者将评价结果与实际行动相结合，通过制订改进计划和目标，不断提升自己的创业能力和素质。

小任务2：你还知道哪些自我评价的方法呢？

三、SYB自我评价法

（一）SYB自我评价法的概述

SYB自我评价法起源于SIYB（start and improve your business）培训项目，该项目旨在通过提供系统性的创业知识和技能，帮助创业者提升创业能力。SYB自我评价法作为其中的重要环节，旨在帮助创业者进行深入的自我剖析，从而全面了解自己的创业能力和条件。该方法结合创业过程中的关键要素，如创业动机、风险承受能力、坚韧不拔和处理危机的能力等，要求创业者通过一系列问题的自我评估，明确自身在创业过程中可能面临的优势、劣势、机会和威胁。

（二）SYB自我评价法的评价维度

在SYB评价体系中，自我评价作为核心环节之一，其多维度评估框架为创业者提供了全面审视自我、精准定位优势与不足的重要工具。

1. 创业动机与愿景

此维度旨在深入探索创业者的内心驱动力与长远规划。它不仅要求创业者拥有清晰、具体的创业目标，还强调这些目标背后所蕴含的激情与使命感。一个具备强烈创业动机的个体，能够清晰地描绘出企业愿景，并以此为动力，持续驱动自身及团队向前迈进。

2. 信念与决心

在创业的征途上，坚定的信念与不屈的决心是不可或缺的精神支柱。这一维度评估创业者对成功的执着追求，以及在逆境中仍能保持积极态度、勇于担当风险的勇气。创业者的信念体系将直接影响其面对挑战时的应对策略与坚持程度。

3. 冒险与韧性

创业之路充满未知与挑战，因此，创业者必须具备敢于突破常规、勇于尝试新事物的冒险精神。同时，面对可能的失败与挫折，坚韧不拔的毅力与快速恢复的能力同样重要。这一维度衡量的是创业者在不确定性中寻找机遇、在逆境中重生的能力。

4. 身心健康状态

良好的身心健康是创业者持续奋斗的基础。本维度强调创业者应关注自身身体状况与心理健康，确保拥有足够的精力与耐力来应对创业过程中的高强度工作与压力。同时，也鼓励创业者培养健康的生活习惯与积极的心理调适能力，以维持最佳的工作状态。

5. 学习能力与适应性

在快速变化的市场环境中，持续学习与自我提升是创业者保持竞争力的关键。这一维度考察创业者是否具备开放的心态、敏锐的洞察力及快速学习的能力，以便及时调整策略、适应市场变化。同时，也强调创业者应具备创新思维，勇于探索未知领域，引领行业潮流。

6. 团队领导力与协作

创业不是孤军奋战，而是团队协作的结果。因此，团队领导力与协作能力成为评估创业者综合素质的重要指标。本维度要求创业者具备良好的沟通协调能力、团队凝聚力及激励团队成员共同前进的能力。通过有效的团队合作，创业者能够汇聚各方智慧与力量，共同推动创业项目迈向成功。

（三）SYB 自我评价法的步骤

1. 确立清晰的评价导向

在启动自我评价流程之初，创业者首要任务是确立一个明确且具体的评价导向。这意味着不仅要明确希望通过此次评价达成的个人成长目标，还须细化到创业过程中的具体领域，如战略规划、团队管理、市场洞察等，以期精准识别自身待提升或优化的环节。

2. 精选评价维度，构建全面框架

基于评价导向，创业者需精心挑选一系列评价维度，这些维度应全面覆盖创业能力的各个方面，包括创业动机的纯粹度与持久性、创业信念的坚定性、冒险精神的活跃度、身心健康的维持状况、持续学习的动力与成效，以及团队精神的展现与协作能力。通过这样的框架，确保评价的全面性和深入性。

3. 设定细化评分标准，确保公正客观

为每个评价维度制定详尽且可操作的评分标准至关重要。这可以通过量化指标（如 1～10 分的打分系统）来量化表现，也可以通过描述性语言来定义各个评价等级的具体表现。评分标准的设定需确保公正、透明，并具备可衡量性，以便创业者能够依据标准进行准确自我评估，减少主观偏差。

4. 深入自我剖析，诚实面对现状

在自评阶段，创业者须秉持诚实与自省的态度，深入剖析自己在各个维度上的实际表现。这要求创业者不仅回顾过往的创业历程，更要勇于正视自己的优点与不足，避免自我美化或过度批评。通过这一过程，创业者能够形成对自我能力的客观认知。

5. 细致分析评估结果，精准定位改进点

完成自我评估后，创业者应对评估结果进行细致分析，通过数据对比、趋势观察等方法，明确自己在哪些方面表现出色，哪些方面亟待加强。此阶段可借助图表、表格等工具，将评估结果可视化，以便更直观地发现问题所在，为后续的改进计划提供精准指引。

6. 制订针对性改进计划，明确行动路径

基于评估结果的分析，创业者须制订出一份切实可行的改进计划。该计划应明确改进目标、具体行动步骤、时间表及责任人，确保改进措施具有可操作性和可追踪性。同时，计划应注重灵活性，以应对实施过程中可能出现的变化与挑战。

7. 积极实施并动态监测改进计划

改进计划的实施是提升创业能力的关键环节。创业者须按照计划安排，积极采取行动，并持续监测计划的执行情况。在实施过程中，创业者应保持高度的自我驱动力，同时关注外部环境的变化，及时调整计划以适应新的情况。此外，定期回顾与总结也是必不可少的，以便及时发现问题并寻求解决方案。

8. 全面总结与深刻反思，促进持续成长

当一轮自我评价与改进计划完成后，创业者应进行全面总结与深刻反思。这不仅是对过去努力的回顾与肯定，更是对未来方向的思考与规划。通过总结成功经验与失败教训，创业者可以不断优化自己的创业策略与方法，为未来的创业之路奠定更加坚实的基础。同时，这种持续的总结与反思也将促进创业者的个人成长与全面发展。

小任务3：根据SYB自我评价法的步骤，进行自我评价。

第二节　心态塑造：创业心态的塑造与调整

> 我知道如果我失败了，我不会后悔，但我唯一可能后悔的事情是从未去尝试。
>
> ——亚马逊集团创始人杰夫·贝索斯

一、创业心态的内涵与内容

(一) 创业心态的内涵

心态（psychology），即心理状态。创业心态是指创业者在其创业过程中所持有的心理状态和精神状态及其心理特征。创业道路顺畅与否，不仅与自身的专业素质、能力有关，还与良好的创业心态有着极大的关系。

(二) 创业心态的内容

1. 乐观心态

乐观心态是一种积极的、向上的心理状态，它表现为对未来充满希望，相信事情会朝好的方向发展，即使面对困难和挑战也能保持积极的态度。创业者要保持积极向上的态度，相信自己的能力和创业项目的成功。他们要看到困难和挑战的同时，也要看到机遇和希望，坚信一切困难都是暂时的，只要持续努力，最终会取得成功。

2. 空杯心态

空杯心态，又称“空杯理论”或“空杯哲学”，源自禅宗的一个寓言故事，意味着一个人应该像一只空杯子一样，保持开放和谦虚的态度，随时准备接受新的知识和经验。这个概念强调了在创业过程中，应摒弃先入为主的观念和自满情绪。创业者要保持谦虚和开放的态度，愿意接受各种新的观念和想法。他们要像一个空杯一样，随时准备接受新的知识和经验，不断学习成长，不断完善自己的创业项目。

3. 利他心态

利他心态是一种以他人的利益为先，愿意为他人着想并付诸行动的心理状态。这种心态强调的是无私、同情和慷慨，它超越了个人的利益，关注集体和社会的福祉。创业者要以利他心态为出发点，关注他人的需求和利益，注重团队合作和共同发展。他们要懂得倾听和理解他人，懂得关心和支持他人，以此建立良好的人际关系，实现共赢。

4. 学习心态

学习心态，也称为成长心态，是指个体对待学习和智力发展的态度和信念。这一概念由心理学家卡罗尔·德韦克（Carol S. Dweck）提出，她区分了两种基本的心态：固定心态和成长心态。成长心态认为智力和能力是可以通过努力、学习和坚持不懈来发展和提高的。创业者要具备持续学习和自我提升的心态，不断提升自己的知识和技能。他们要保持好奇心和求知欲，不断探索新的领域和技术，不断反思和总结经验教训，以此提高自己的创业能力。

5. 老板心态

老板心态，或者说是企业家心态，是指一种积极主动、勇于承担风险、具有领导力和创新精神的心理状态。这种心态通常与创业者和企业的领导者相关联，但它同样适用于任何希望在工作和个人生活中展现领导力的人。创业者要具备老板心态，即要有责任感和领导力，能够有效管理团队和资源，作出明智的决策和规划。他们要具备自信和果断的特点，能够带领团队迈向成功，实现自己的创业梦想。

小任务 1： 据你观察，现实中成功创业者都具备哪些心态？

二、创业心态的意义与影响因素

（一）良好创业心态的意义

1. 促进创新和适应性

拥有良好的创业心态是创业者成功的关键之一，它不仅是一把打开创新之门的钥匙，更是创业者在创业道路上前行的引擎和灵魂。良好的创业心态赋予创业者敏锐的洞察力和无限的想象力，让他们能够以全新的视角审视问题，勇于挑战传统思维，勇敢尝试创新的解决方案。[3]在创业过程中，创业者面对未知领域时并不感到畏惧，而是将其视为探索新天地的机遇，勇于突破常规，勇于尝试前所未有的商业模式和产品设计。

良好的创业心态也是创业者在市场竞争中保持冷静和弹性的强心剂。面对市场的波动和变化，创业者能够保持冷静的心态，敏锐地捕捉市场的即时需求，提前洞察未来的趋势，灵活调整策略，迅速作出反应。他们懂得在竞争激烈的市场中抢占先机，提前布局，确保企业在竞争中处于有利位置，稳健前行。

在创业道路上，拥有良好的创业心态不仅是一种心态，更是一种态度和行动。创业者应该不断学习、成长，拥有持续创新的精神和进取的勇气，勇敢面对挑战，不断突破自我，追求卓越。只有拥有良好的创业心态，创业者才能在激烈的市场竞争中立于不败之地，实现自身的创业梦想，为企业的成功发展奠定坚实基础。因此，创业者应时刻铭记良好的创业心态，让其成为自己创业之路上的利剑，驱动自己不断前行，创造更加辉煌的未来。

2. 增强抗压能力和韧性

创业心态对于增强个人的抗压能力和韧性具有至关重要的作用。在创业的征程中，创业者常常面临着各种挑战和压力，如资金短缺、市场竞争激烈、人才流失等。拥有正确的创业心态的人能够保持冷静和理智，以积极的态度去面对困难和挫折。他们相信挑战只是一种机会，而不是终点，相信自己有能力克服困境，实现自己的目标。这种心态让他们更加坚韧不拔，能够在逆境中保持冷静，寻找解决问题的方法，并不断调整自己的策略，增强自己的抗压能力。[4]

拥有良好的创业心态的人不会被失败击倒，而是会从失败中吸取经验教训，不断提升自己的韧性和适应能力。他们理解失败是成功路上不可避免的，不会因为一次挫折而气馁，相反，会更加坚定地追求自己的目标。通过不断地学习和反思，他们能够从失败中汲取教训，找到问题的根源，并采取相应的行动进行改进和调整，以适应市场的变化和挑战。

在创业的道路上，拥有正确的创业心态是至关重要的。它不仅能够帮助创业者应对各种困难和挑战，还能够激励他们不断进步、追求卓越。通过培养坚韧的心态和抗压能力，创业者能够更好地应对未来的挑战，实现自身的成长和发展，最终取得成功。因此，创业者应时刻铭记正确的创业心态，不断提升自己的抗压能力和韧性，以实现自己的创业梦想，开创辉煌的未来。

3. 提高决策质量

创业心态的重要性还体现在它能够提高创业者的决策能力。在创业的过程中，创业者需要频繁作出各种关键决策，如产品选择、市场定位、合作伙伴选择等。拥有良好的创业心态的人能够从多个角度思考问题，更加敏锐地捕捉市场机会，并且具备敢于冒险尝试的勇气。他们坚信自己有能力作出明智的决策，并愿意承担决策带来的责任。这种自信和对未来的积极期待让他们更加果断、勇敢地作出决策，敢于尝试新的想法和方法。

拥有创业心态的人乐于接受挑战，不惧失败，愿意从失败中吸取教训，不断完善自己的决策能力。他们懂得在作决策时不仅要依靠自己的判断和经验，还要广泛听取他人的意见和建议，以获取更全面的信息和观点。通过与他人的交流和合作，创业者可以丰富自己的思维，拓宽自己的视野，从而提高决策的质量和效果。

此外，良好的创业心态还能让创业者在面对复杂多变的市场环境时保持清晰的头脑和稳健的心态，避免情绪化、冲动的决策。他们能够理性思考问题，客观分析市场情况，作出符合实际情况和长远利益的决策。[5]他们懂得在决策中权衡利弊，审慎评估风险，作出最合适的选择。

4. 增强自我驱动和持续学习能力

拥有良好的创业心态对于增强个人的自我驱动和持续学习能力具有显著的积极影响。[6]创业者通常对未来充满信心和期待，相信自己能够通过不懈地努力和持续的学习取得进步。这种积极的心态激发了他们对自我成长的渴望，促使他们愿意不断投入时间和精力去学习新知识、掌握新技能，不断提升自己的能力和素质。他们深知只有不断学习和进步，才能在竞争激烈的市场中立于不败之地。

拥有创业心态的人具备持续学习的意识和能力，他们能够坚持不懈地学习，从失败和挫折中吸取经验教训，不断调整学习方法和策略，以适应快速变化的市场环境和需求。他们乐于接受挑战、勇于探索未知领域，不断拓展自己的知识边界，提高自己的综合素养。通过持续学习，创业者能够不断提升自己的专业技能、领导能力和创新意识，为企业的发展和成功打下坚实的基础。

此外，拥有创业心态的人还能够更好地应对市场的变化和挑战，更灵活地调整自己的战略和计划。他们能够快速学习新知识、掌握新技能，及时获取市场信息和趋势，迅速作出反应和决策。这种持续学习的能力让创业者更具竞争力，更有创新意识和应变能力，能够更好地抓住机遇，应对挑战，推动企业的持续发展。

小任务 2：请你谈谈良好的创业心态对创业的积极意义。

（二）创业心态的影响因素

1. 社会环境

社会环境是影响创业心态的关键外部因素之一。一个鼓励创业、支持创新的社会环境能够极大地激发创业者的积极性和热情，为他们提供了成长和发展的土壤。政府制定的相关政策，如创业补贴、税收优惠、创业培训等，为创业者提供了实质性的支持和帮助，使他们在创业初期能够更好地启动和运营自己的企业。这些政策措施为创业者提供了必要的资源和指导，增强了他们的信心和勇气，有助于创业者在竞争激烈的市场中立足。

除政府政策外，社会舆论的导向也对创业心态产生重要影响。当社会对创业持积极态度，鼓励创新和创业精神时，创业者会更有信心和动力去追求自己的创业梦想。[7]积极的社会氛围可以激发创业者的创造力和激情，帮助他们克服困难，勇往直前。相反，如果社会舆论对创业持消极态度，缺乏支持和认可，可能会给创业者带来挫折和困扰，影响其创业的信心和决心。

社会竞争压力也是影响创业者心态的重要因素。在激烈的市场竞争中，创业者需要不断提升自己的竞争力，抓住机遇，应对挑战，才能在竞争中脱颖而出。这种竞争压力可以激励创业者保持警觉和进取心，促使其不断学习、不断进步。然而，过大的竞争压力也可能让创业者产生焦虑、不安等负面情绪，影响其思维和表现。因此，创业者需要在竞争中保持冷静和理智，善于把握市场动态，灵活应对挑战，保持积极的心态和适应力。

2. 家庭环境

家庭环境对创业者的创业心态产生着重要影响，其重要性不可忽视。一个支持创业的家庭能够为创业者提供精神上的支持和鼓励，为他们的创业之路注入动力和信心。家庭成员的理解、支持和鼓励能够让创业者更加坚定自己的创业决心，勇敢地面对挑战和困难，不畏艰辛，勇往直前。这种家庭的支持和包容性，能够让创业者在创业的过程中感到被理解和被关心，增强他们的自信心，有助于他们克服困难，取得成功。

相反，如果家庭对创业持消极态度或反对，可能会给创业者带来心理压力和挫折感，让其感到孤立和无助。家庭的反对和负面情绪可能会影响创业者的判断力和决策能力，甚至导致其放弃创业的念头。因此，一个给予支持和理解的家庭环境是创业者发展的重要保障，能够为其提供坚实的后盾，让他们在创业的道路上更加坚定和自信。

此外，家庭背景也会对创业心态产生重要影响。来自创业家庭的创业者可能更容易接受创业文化的熏陶，形成积极的创业心态。他们在家庭中就接触创业的种种经验和故事，对创业有着更深入的了解和认识，更容易接受并融入创业的环境。相比之下，来自传统行业的家庭，创业者可能需要花费更多的时间来克服传统观念的束缚，形成自己的创业理念。然而，这种来自不同家庭背景的创业者都能通过努力和不断学习，形成独特的创业心态，克服困难，取得成功。

3. 个人气质

个人气质是影响创业心态的重要内在因素之一，其独特性在创业过程中发挥着至关重要的作用。个人的性格、兴趣、价值观等因素都会对创业者的心态和行为产生深远影响，塑造其在创业道路上的态度和表现。

首先，个人的性格特点在创业中发挥着关键作用。乐观开朗的人通常更具有应对挑战和困难的能力，能够保持积极的创业心态，勇敢面对挑战，不轻易放弃。相反，悲观消极的人可能更容易被困难击倒，产生负面情绪，影响其创业表现和决策。因此，个人的性格特点对其在创业中的表现和成就有着重要影响，决定了其面对困难时的态度和行为方式。

其次，个人的兴趣和热情也对创业心态产生着显著影响。对创业项目的热爱和兴趣可以激发个人的动力和激情，让其愿意付出更多的努力和时间去追求自己的创业梦想。兴趣能够激发个人的创造力和激情，让其在创业过程中克服困难，坚持不懈，实现自身的创业目标。相反，缺乏对创业项目的兴趣可能会导致个人对创业过程产生疲倦和消极情绪，影响其创业的动力和表现。

最后，个人的价值观和信念也在创业中发挥着重要作用。对成功的定义、对失败的看法、对风险的接受程度等方面的差异，都会影响个人在创业中的决策和行为。拥有积极向上的价值观和信念可以帮助个人更好地应对挑战，保持乐观的创业心态，坚定前行。相反，消极的价值观和信念可能会让个人在面对困难时退缩，缺乏勇气和决心。因此，个人的价值观和信念对其在创业过程中的表现和成就具有重要影响，塑造了其创业心态和行为方式。

三、创业心态的塑造与调整

（一）积极的思维训练

首先，培养感恩的心态是创业者在创业过程中至关重要的一环。创业者应该学会珍惜并感恩自己所拥有的一切，无论是现有的资源、团队的支持还是每一个小小的成功。通过感恩，创业者能够更加珍视自己的成就和努力，从而激发内在的积极性和自信心。感恩的心态也有助于创业者更加谦逊和包容，建立良好的合作关系，提升团队的凝聚力和效率。

其次，创业者需要学会接受挑战并积极面对。在创业过程中，各种未知的挑战和困难都会出现，这是必然的。创业者应该保持冷静和乐观的心态，将挑战视为成长的机会和提升的契机。[8]通过积极应对挑战，创业者可以不断提升自己的能力和素质，积累宝贵的经验，不断完善自我。挑战与成长并行，创业者通过克服困难和挑战，实现自我超越和成长，逐步实现创业目标。

最后，创业者需要坚信自己的能力和价值，拥有充分的自信心。自信来源于对自己的深刻了解和认识，以及对自己能力的不断锻炼和提升。创业者需要相信自己有能力克服各种困难，实现创业目标。同时，创业者也应该保持谦逊和开放的心态，倾听他人的建议和意见，从中获取有益的经验和知识，不断地学习和成长，提升自己的能力和素质。

（二）不断地学习成长

在当今市场和行业快速变化的环境下，创业者需要保持敏锐的观察力和学习能力，以及不断更新自己的知识和技能，以适应激烈的竞争和变化的挑战。以下是一些方法和策略，可以帮助创业者持续学习和成长，提升其竞争力和创新能力：

首先，积极参与行业会议、研讨会和持续教育培训是创业者获取最新行业信息和知识的有效途径。通过参与这些活动，创业者可以了解行业趋势、市场动态和最新技术发展，不断扩展自己的知识领域和专业技能，为企业的持续发展做好准备。

其次，与行业内专家、成功企业家建立联系并进行交流学习，可以帮助创业者从他们的经验和教训中汲取智慧。通过倾听他们的建议和分享，创业者可以避免犯同样的错误，更好地应对挑战和抓住机遇，提升自己的管理水平和决策能力。

最后，寻求客户、合作伙伴或导师等相关人员的反馈和建议也是创业者不断学习和改进的关键。通过获取外界的观点和意见，了解自身的优势和不足，创业者可以及时调整策略和行动，不断完善经营理念和实践方法，提升企业的竞争力和创新能力。

通过持续学习和成长，创业者可以提升自身的竞争力和创新能力，更好地应对市场变化和竞争挑战，实现企业的发展目标。因此，创业者应该重视不断学习和自我提升，积累经验和知识，不断完善自身能力和素质，以适应变化的市场环境，实现企业的可持续发展。

（三）建立良好的支持系统

首先，创业者可以通过建立良好的支持系统来调整自己的创业心态。保持与家人、朋友、导师或同行交流，分享自己的困惑和挑战，获得他人的支持和鼓励，可以帮助创业者调整消极情绪，保持积极的创业心态。

其次，创业者还可以通过参加创业社群、行业组织或专业俱乐部等活动，扩展人脉圈子，建立更广泛的支持系统。在这些社交场合中，创业者可以结识志同道合的创业伙伴、行业专家和成功企业家，与他们分享经验、交流想法，互相支持和鼓励。

最后，创业者还可以通过寻找激励和启发的资源来调整自己的创业心态。阅读成功企业家的传记、听取激励演讲、参加创业大会等活动，可以帮助创业者汲取他人成功的经验，激发自己的创业激情和动力。

同时，创业者还可以通过定期设定小目标和奖励自己的方式，激励自己持续努力和进步，保持积极的创业心态。通过建立良好的支持系统，创业者可以更好地调整自己的创业心态，增强团队合作意识，提高应对挑战的能力，更好地实现创业目标。

小任务 3： 你觉得还可以通过什么方法对创业心态进行塑造和调整呢？

第三节　创新思维：创新思维与创业精神的塑造

> 世界每时每刻都在发生变化，中国也每时每刻都在发生变化，我们必须在理论上跟上时代，不断认识规律，不断推进理论创新、实践创新、制度创新、文化创新，以及其他各方面创新。
>
> ——习近平总书记在中共第十九次全国代表大会上的报告

一、创新思维的基础理论

（一）创新思维内涵

创新思维是指人们在认知世界的过程中，以及创造具有独创性成果的过程中，所表现出来的特殊的认识事物的方式。它是一种能开拓意识新领域、有创见的思维方式，运用已有知识和经验增长开拓新领域的思维能力。

创新思维的本质在于将创新意识的感性愿望提升到理性的探索上，实现创新活动由感性认识到理性思考的飞跃。它是以现有的思维模式提出有别于常规或常人思路的见解为导向，利用现有的知识和物质，在特定的环境中，本着理想化需要或为满足社会需求而改进或创造新的事物、方法、元素、路径、环境，并能获得一定有益效果的行为。

（二）创新思维的特点

1. 开放性

创新思维的开放性体现在愿意接受新的思想、新的信息、新的方法和新的技术。开放性思维是创新的重要源泉。它打破了传统的思维界限，拓宽了创新的思路和途径，使得个体或团队能够不断突破自我，实现更大的创新成果。

2. 批判性

创新思维的批判性体现在对既有观念、理论、方法和实践的审视、质疑和反思。具体表现为问题发现、独立思考、持续改进。批判性思维是创新的重要保障。它能够帮助个体或团队识别问题、发现机会，避免盲目跟风和重复劳动，提高创新的效率和质量。

3. 灵活性

创新思维的灵活性体现在能够根据问题的性质和条件的变化，灵活地调整思维的方向和策略。这种灵活性使得个体或团队能够在复杂多变的环境中快速适应、迅速反应。它能够帮助个体或团队在快速变化的环境中保持竞争优势，抓住机遇，实现更大的创新成果。[9]

（三）创新思维的主要方法

1. 头脑风暴法

头脑风暴法是一种集体讨论技术，旨在通过自由联想和讨论来产生新的想法、观点或解决方案。在头脑风暴的过程中，团队成员被鼓励尽可能多地提出想法，而不必担心这些想法的可行性、正确性或实用性。这种方法强调数量的重要性，认为大量的想法可以激发更多的创新灵感，并最终导致高质量解决方案的产生。在实施头脑风暴法时，需要确保参与者具备开放的心态和积极的参与意愿，同时需要有一位经验丰富的引导者来引导讨论和确保讨论的顺利进行。

2. 设计思维

设计思维是一种以人为本的创新方法，它注重从用户的角度出发，深入理解需求并寻求最佳解决方案。通过团队合作、多角度思考及迭代优化，设计思维能够激发创新灵感，提高产品或服务的用户体验。它强调在行动中思考，综合处理各种因素，将技术可行性、商业策略与用户需求相结合，从而推动创新和发展。设计思维不仅适用于设计领域，也广泛应用于商业、教育等多个领域，成为推动创新和提升竞争力的关键工具。

3. 逆向思维

逆向思维是一种打破常规、反其道而行之的思维方式。它要求人们从问题的反面或结果的相反方向出发进行思考，从而寻求新的解决方案。逆向思维能够激发创新潜能，帮助我们突破思维定势，看到问题的另一面。在复杂多变的问题面前，逆向思维能够提供独特的视角和解决方案，帮助我们更加灵活地应对挑战，实现创新和突破。无论是在个人发展还是企业创新中，逆向思维都具有重要的应用价值。

案例拓展阅读 1：在特斯拉成立之初，电动汽车市场还相对较小，而且面临诸多挑战。传统汽车制造商普遍认为纯电动汽车的商业化是不可行的，主要因为电池成本高昂，电动汽车的售价远高于同级别的燃油车。此外，充电设施的不完善、续航里程的焦虑等问题也限制了电动汽车的普及。特斯拉没有像传统汽车制造商那样继续优化内燃机技术，而是直接选择了电池驱动技术作为电动汽车的核心。这一决策在当时被视为激进且充满风险，但特斯拉坚信这是未来汽车的发展方向。面对高昂的电池成本，特斯拉的创始人马斯克没有选择接受现状，而是逆向思考，拆解电池以了解其组成。通过深入了解电池的原材料和制造工艺，特斯拉找到了降低成本的方法，最终实现了显著降低电池的成本。

4. 侧向思维

侧向思维，亦称“横向思维”，是一种非常规的思维形式。它以总体模式和问题要素之间关系为重点，使用非逻辑的方法，寻求问题要素之间新的结合模式，并以此为基础寻找问题的各种解决办法，尤其是新办法。侧向思维的特点在于思路活泼多变，善于联想推导，随机应变，能够突破本领域的“思维定势”和“专业障碍”，从其他领域或角度获取灵感来解决问题。这种思维方式在技术创新、问题解决等多个领域都有广泛应用。

二、创业精神的塑造

（一）创业精神内涵

创业精神是一种勇于冒险、不断创新、追求卓越的精神状态，它与创业思维紧密相连。创业精神不仅体现在对商业机会的敏锐捕捉上，更在于面对困难和挑战时的坚韧不拔和不断尝试。拥有创业精神的人，具备强烈的使命感和责任感，他们不满足于现状，勇于探索未知领域，寻求新的增长点和突破点。

创业思维是创业精神的具体体现，它要求创业者具备敏锐的市场洞察力、独特的创新能力和高效的执行力，以不断推动企业和个人的成长与发展。在创业过程中，创业精神和创业思维共同构成了创业者最宝贵的财富。[10]创业精神包括风险承担、持续创新、团队合作、市场敏感等方面的内容。

(二) 创业精神的培养途径

1. 教育

创业教育课程是培养学生创业精神和创业思维的基础。通过系统的课程学习，学生可以了解创业的基本概念、原理和方法，掌握市场分析、商业计划制订、融资、团队管理等关键技能。

2. 实践

创业实践是培养学生创业精神和创业思维的关键环节。通过参与创业项目、创办企业等实践活动，学生可以亲身体验创业的全过程，了解创业的艰辛和挑战，并积累宝贵的创业经验。[11]这些经验有助于学生更好地把握市场需求、调整创业策略、优化商业模式。

小任务 1： 请介绍一下你参加过的创业实践？

3. 经验积累

向成功创业者学习是积累创业经验的有效途径。学生可以通过与成功创业者交流、参加创业沙龙、加入创业社团等方式，[12]了解他们的创业历程和成功经验。这些经验不仅可以为学生提供宝贵的启示和借鉴，还可以激发学生的创业热情和信心。

(三) 创业精神与职业发展的关系

1. 提升竞争力

创业精神对个人职业发展至关重要。它不仅是创新精神的源泉，更是实践能力的催化剂。在职业生涯中，具备创业精神的人能敏锐捕捉市场机遇，勇于尝试新事物，持续学习并快速适应变化，从而显著提升个人竞争力。这种精神促使个人不断拓宽职业道路，勇于跨界探索，为自身职业发展开辟更多可能性。总之，创业精神是个人职业成长与成功的关键驱动力。

2. 拓宽职业道路

创业精神如同点燃创造力与想象力的火花，引领个体超越传统职业边界，勇敢地探索未知领域。创业精神能够帮助个人主动寻找并把握新兴职业机会，开拓个人发展的广阔空间。在创业的旅程中，个体的潜力得到充分发挥，才华得以充分展现，不仅实现了个人价值的提升，也为社会的发展贡献了巨大的力量。

3. 实现个人价值

在创业精神的引领下，个体能够将个人的梦想与社会的需求相结合，通过创新和实践实现个人的目标和价值。然而，创业过程中不可避免地伴随着风险，这要求创业者在追求个人价值实现的同时，也必须具备风险意识和应对策略，以确保在实现个人梦想的过程中，能够有效地管理和降低潜在风险。

三、互联网思维与创新创业的结合

（一）互联网思维的内涵

互联网思维的精髓，在于其深刻的用户导向性，强调以用户为中心构建商业生态，通过海量数据的深度挖掘与分析，精准洞察市场趋势与消费者偏好，从而驱动策略制定与业务调整。它倡导跨界合作，鼓励打破传统行业界限，融合不同领域的优势资源，激发前所未有的创新火花。

在快速变化的市场浪潮中，互联网思维推动企业以敏捷开发为引擎，快速迭代产品与服务，不断试错与优化，确保竞争力持续领先。[13]这种持续追求创新与卓越的精神，不仅是企业适应市场变化的法宝，更是推动行业进步、实现可持续发展的不竭动力。

案例拓展阅读2：小米公司成立于2010年，由雷军领衔。其核心企业文化之一就是“互联网思维”，这一思维模式强调的是快速迭代、用户参与和性价比。小米的“互联网思维”体现在以下几个方面：

用户至上：小米重视用户反馈，通过社区等平台与用户进行互动，将用户反馈快速转化为产品改进的动力。

快速迭代：小米的产品更新周期短，通过快速迭代来不断优化产品，满足市场和用户的需求。

成本效益：小米采取独特的互联网销售模式，减少中间环节，以较低的价格向用户提供高性能的产品。

开放式创新：小米鼓励开放式创新，通过与用户的互动收集意见，实现产品的持续优化和创新。

小米的“互联网思维”为其快速成长提供了强大动力。用户至上的理念让小米迅速积累了大量忠实用户，快速迭代保证了产品的竞争力，而成本效益则让小米在价格敏感的消费者中占据优势。

（二）互联网思维的特点

1. 用户至上

互联网思维强调将用户的需求和体验放在首位，所有的产品和服务都围绕用户展开。企业不仅关注产品的功能，更关注用户在使用过程中的感受，通过不断优化产品和服务来满足用户的个性化需求。

2. 快速迭代

在互联网时代，市场变化迅速，用户需求也在不断变化。因此，互联网思维鼓励企业采用快速迭代的方式，不断试错、改进和优化产品，以适应市场的快速变化。

3. 跨界融合

互联网思维打破了传统行业的界限，鼓励企业跨领域合作，整合各方资源，共同打造新的产品和服务。跨界融合不仅可以实现资源共享，还可以为企业带来新的增长点，推动行业的创新和发展。

4. 创新驱动

创新是互联网思维的核心。在互联网时代，只有不断创新才能保持竞争优势。互联网思维鼓励企业不断追求创新，探索新的商业模式、产品形态和服务方式，以满足用户日益多样化的需求。

5. 数据驱动

互联网思维强调以数据为基础进行决策。通过对大量数据的收集、分析和挖掘，企业可以深入了解用户需求和市场趋势，为决策提供有力支持。数据驱动不仅可以提高决策的准确性，还可以帮助企业优化产品和服务，提升用户体验。

（三）互联网思维在创新创业中的应用

1. 用户调研

深入洞察市场和用户需求，是企业制定成功战略的核心。借助数据分析这一强大工具，企业能够挖掘出隐藏在海量数据背后的用户行为模式、偏好趋势及潜在需求，为产品开发与优化提供坚实的数据支持。同时，积极收集并分析用户反馈，成为理解用户真实体验与期望的直接途径。

这些信息不仅帮助企业精准定位目标市场，细化用户画像，还指导着产品功能的设计与完善，确保产品更加贴近用户需求，解决用户痛点。在这一过程中，企业逐渐构建起差异化的竞争优势，能够在激烈的市场竞争中脱颖而出，赢得用户的信赖与忠诚。

小任务 2： 请列举三种用户调研的方式。

________、________、________。

2. 产品开发

在快速变化的市场环境中，企业须灵活运用敏捷开发与快速原型技术，作为产品持续进化的驱动力。这些方法促使团队以用户为中心，快速构建产品原型并投入测试，通过用户反馈迅速迭代优化。这种灵活高效的开发模式，确保了产品紧贴市场需求，不断迭代升级，保持竞争力。

此外，敏捷开发模式还促进了团队间的紧密协作与高效沟通，减少了浪费，有效控制了开发成本。快速将产品推向市场，不仅缩短了产品生命周期，还为企业赢得了宝贵的市场先机，使企业在竞争激烈的行业中能够迅速站稳脚跟，引领潮流。

3. 营销推广

在当今数字化时代，企业实现产品价值、扩大市场份额的关键环节在于有效利用互联网工具，尤其是社交媒体与搜索引擎。这些平台不仅降低了传统营销的成本，还显著提升了信息传播的效率与精准度。企业通过深入分析用户数据，能够精准定位目标消费群体，制定个性化、高针对性的营销策略。

社交媒体成为企业展示品牌形象、互动用户情感的重要窗口，通过创意内容、话题营销等手段，企业能够快速增强品牌曝光度，提升用户黏性。同时，搜索引擎优化（SEO）及精准广告投放，则确保企业在用户搜索相关信息时占据有利位置，有效引导流量转化为潜在客户。

综合运用这些策略，企业不仅能够快速提升品牌知名度和美誉度，还能在激烈的市场竞争中脱颖而出，吸引并保持稳定的客户群体，从而实现产品价值的最大化与市场份额的稳步扩张。

小任务 3： 在日常生活中，你见到过哪些营销推广的手段？
“买一赠一”、________、________、________。

4. 跨界合作

在竞争白热化的市场环境中，企业为谋求长远发展，亟须探索新的增长点。跨界合作，作为一股不可忽视的力量，正引领着企业跨越传统边界，开启合作新篇章。企业主动打破行业壁垒，积极寻求与不同领域的伙伴携手共进，这一过程促进了资源的深度整合与高效配置。从技术创新到市场拓展，从供应链管理到客户服务，跨界合作让企业在各个环节都能汲取到新鲜血液，实现优势互补与协同发展。

这种合作模式不仅催生了新颖的商业模式，为企业开辟了多元化的收入来源，更激发了行业的整体创新活力。企业间的创意碰撞，加速了新技术、新产品的诞生，推动了整个行业的转型升级。同时，跨界合作还促进了不同行业间的知识共享与文化传播，为市场注入了更多元、更丰富的元素，满足了消费者日益增长的多元化需求。最终，这一系列的积极变化不仅助力企业实现了自身的跨越式发展，也为整个社会的经济繁荣与科技进步贡献了重要力量。

案例拓展阅读3：2014年11月24日，蒙牛与滴滴战略合作启动仪式在京举行，双方以2015年春节为契机，开展一系列打通线上线下的紧密合作，为消费者、生态圈合作伙伴、员工提供便捷服务，感受点滴幸福。由此，蒙牛成为国内第一家与滴滴打车进行跨界合作的快消品企业，开启了传统企业与互联网企业跨界合作新模式。

蒙牛COO白瑛表示："滴滴打车是一家植根移动互联网基因的公司，用互联网思维服务用户，这也是我们现在做消费者沟通和产品营销的基本导向。今天蒙牛和滴滴打车合作，是蒙牛重新定义牛奶的又一次跨越。"

滴滴COO柳青表示："蒙牛和滴滴在很多方面有共通之处，我们都是服务广大消费者的企业。此次与蒙牛的战略牵手也是滴滴与知名快消品牌的首次跨界合作，而这仅仅是个开始。滴滴的专车和出租车两条业务主线，都会与蒙牛开展多层次的深度合作，探索更为多元化的跨界营销方式。"

据了解，合作达成后，蒙牛与滴滴将在战略层面上实现资源最大化的无缝对接。作为本次战略合作的重头戏，双方将在春节期间联合开展整合行动，蒙牛将以"牛运红包"冠名滴滴红包，同时，蒙牛与滴滴将会推出"牛运红包幸福年"关怀活动，滴滴专车用户上车之后就有机会收到惊喜——来自蒙牛的牛奶。蒙牛和滴滴还将共享资源，消费者和蒙牛的伙伴、员工也可以通过微博、微信及滴滴打车App等方式参与活动，拉动身边的朋友一起抢"牛运红包"。

业内人士表示，蒙牛与滴滴，一个是中国具有市场号召力的乳业品牌，一个是用户数超过1亿、日订单量超过500万的移动出行信息平台，二者强强联手将形成1+1>2的跨界整合效应，掀起2015年春节合作的热潮。

蒙牛通过资源整合，积极拓展消费服务渠道，创新产品体验，既打开了传统企业尤其是快消品行业互联网思维的新局面，也为品牌注入了有温度的人文情怀。

（四）互联网思维与创新创业的未来趋势

1. 数字化转型与升级

面对数字化技术的迅猛发展，未来的创新创业浪潮将更加聚焦于数字化转型与升级。企业纷纷拥抱大数据、云计算、物联网等前沿技术，旨在重构生产、管理与服务流程，实现全面数字化、智能化与自动化。这一过程不仅提升了运营效率与灵活性，还促进了产品与服务的个性化定制与创新。数字化转型的深入，为企业开辟了全新的增长点，助力其在竞争激烈的市场环境中保持领先地位。同时，这也为整个社会经济的可持续发展注入了强大动力，推动了产业结构的优化升级与经济增长模式的深刻变革。

2. 智能化

人工智能与大数据技术的深度融合，正深刻改变着创新创业的版图。AI 技术的广泛应用，如智能决策系统的构建，让企业能够基于海量数据快速响应市场变化，优化资源配置，实现精准决策。在生产领域，智能生产线的引入大幅提升了生产效率与灵活性，推动了制造业的智能化转型。同时，智能服务模式的兴起，如智能客服、个性化推荐系统等，依托大数据分析消费者行为偏好，为用户提供前所未有的个性化体验。这些技术的融合应用，不仅促进了产业结构的优化升级，更为创新创业者开辟了更加广阔的市场，引领着经济社会的智能化发展浪潮。

小任务 3： 请试着列举一些现在流行的 AI 工具。
ChatGPT、________、________、________、________。

3. 全球化

全球化浪潮下，互联网成为创新创业跨越国界的桥梁。它不仅消除了地理障碍，还加速了信息、技术、资本等要素的全球流动，为创新创业者开辟了前所未有的全球化发展机遇。未来的创新创业活动将更加聚焦于全球市场的深耕与拓展，通过跨境电商平台搭建起连接全球消费者的桥梁，实现产品的全球化销售。同时，国际合作将成为常态，企业间将携手开展技术研发、市场拓展等合作，共同应对全球性挑战，实现资源的全球优化配置，推动创新创业生态的繁荣发展，共创全球经济增长的新篇章。

案例拓展阅读 4： SHEIN 是实时时尚的代表企业。SHEIN（南京点唯信息技术有限公司）成立于 2008 年 10 月，主营跨境女装电商。2021 年 5 月，SHEIN 的 App 下载量超过亚马逊，成为全球 50 多个国家 iOS 平台中排名第一的购物类应用。截至 2020 年 8 月，SHEIN 完成了 E 轮融资，估值超过 150 亿美元。SHEIN 服务的市场覆盖美洲、欧洲、大洋洲、中东等超过 150 个国家和地区。

SHEIN 的全球化战略从精准的定位开始。Google& 德勤发布的《2021 中国跨境电商发展报告》列举跨境电商 6 种企业类型。SHEIN 采用了最具优势，也最有挑战的“产品品牌导向的独立站”类型。独立站具有高灵活度和自主性，在确定品牌调性、获取数据及客户维护方面较平台卖家、外贸工厂等都具有最大的优势。根据美国 Earnest 的市场份额数据显示，2021 年初，SHEIN 美国市场占 13%。同年 6 月，SHEIN 的占比增至 28%，SHEIN 成为美国快时尚的领导者。

第四节 领导科学：团队协作与领导力的培养

善于发现人才，团结人才，使用人才，是领导者成熟的主要标志之一。

——1985 年 3 月 7 日邓小平在全国科技工作会议上作题为《改革科技体制是为了解放生产力》的讲话

一、领导学的基础理论

（一）领导学的定义

领导学作为一门跨学科的综合性研究领域，深刻揭示了领导力的复杂性与多维性。领导学不仅关注领导者个体的特质与能力发展，如战略眼光、决策能力、沟通艺术及情绪智力等，还深入探究了领导者与追随者之间动态互动的机制，如何构建信任、激励团队、促进合作与创新。此外，领导学还着眼于不同情境下领导行为的有效性与适应性，强调灵活应变，因时因地制宜的领导策略。[14]

随着全球化、数字化时代的到来，领导学更加注重培养具有全球视野、跨文化沟通能力和持续学习精神的领导者，鼓励领导者在快速变化的环境中，勇于变革，敢于创新。同时，保持对社会责任与可持续发展的深刻认识。通过理论与实践的紧密结合，领导学为当代及未来领导者提供了宝贵的智慧与工具，助力领导者与管理者在复杂多变的组织环境中引领变革，实现个人成长与组织目标的双赢。

（二）领导学的特点

1. 社会性

领导学的社会性根植于人类社会活动的核心——领导行为之中，不仅解析领导活动的普遍规律，更深刻揭示其对社会结构、文化变迁及经济发展的深远影响。通过理论构建与实证分析，领导学为我们理解领导如何塑造社会进程、促进集体行动提供了宝贵视角，成为推动社会和谐与进步的重要智力支撑。

2. 综合性

领导学之所以具有综合性，是因为它涉及了多个学科的知识，例如，心理学为领导学提供了关于人类心理活动的知识，帮助理解领导者和被领导者的心理特征和行为模式。另外，领导学还关注社会结构、社会关系等因素对领导活动的影响。

3. 应用性

领导学的应用性体现在其研究成果可以直接应用于领导实践中。领导学不仅关注理论的研究，更重视实践的应用。它通过研究领导活动的一般规律和有效领导方式，为领导者提供了实用的指导和建议。例如，领导学中的领导风格理论可以帮助领导者选择适合自己的领导风格；领导效能理论可以指导领导者如何提高自己的领导效能等。

4. 交叉性

领导学的交叉性体现在它与其他学科的相互交叉和渗透。随着学科的发展和研究领域的拓展，领导学与其他学科的交叉融合越来越明显。例如，领导学与组织行为学的交叉形成了组织领导力研究；领导学与心理学的交叉形成了领导心理学研究；领导学与政治学的交叉形成了政治领导力研究等。

（三）领导学的基本内容

1. 领导观念

领导观念是指人们对于领导活动的基本看法和认知。它的形成受到历史、文化、社会背景等多种因素的影响，随着时代的变迁而不断演变和发展。现代领导观念强调民主、参与、合作等价值观，与传统权威、命令的领导观念形成鲜明对比。领导观念直接影响领导者的行为方式和领导风格。持有不同领导观念的领导者在决策、用人、激励等方面会展现出不同的特点。

2. 领导职能

领导者在组织中扮演着多种角色，如战略制定者、变革推动者、团队协调者等。领导者的主要职能包括决策、用人、激励、沟通等。决策是领导者确定组织目标和行动方案的过程；用人是领导者选拔、培养和调配人才的过程；激励是领导者通过物质和精神手段激发员工积极性和创造性的过程；沟通是领导者与员工、外部利益相关者之间信息交流的过程。

小任务 1： 谈谈领导职能在组织中的作用。

3. 领导体制

领导体制是指组织内部领导权力的配置方式和运行机制。常见的领导体制类型包括集权式、民主式等。集权式领导体制强调领导者的权威和决策权集中，而民主式领导体制则注重员工的参与和共同决策。领导体制的结构和功能决定了组织的运行效率和效果。

4. 领导者素质与修养

领导者的基本素质包括政治素质、思想素质、道德素质、文化素质等。这些素质是领导者履行职责和发挥作用的基础。领导能力包括决策能力、组织协调能力、沟通能力、创新能力等。这些能力是领导者在领导过程中必须具备的关键能力。领导者的道德修养是指领导者在道德品质和道德行为方面的修养。道德修养高尚的领导者能够树立良好的个人形象和组织形象，增强组织的凝聚力和向心力。

二、团队协作与领导力的培养

（一）团队协作的定义

团队协作是一种高度协同的工作模式，它汇聚了来自不同背景、拥有不同技能与经验的个体，为了一个明确且共享的目标而紧密连接。这一过程中，每位成员都扮演着不可或缺的角色，通过高效的沟通机制，确保信息的准确传递与理解，从而形成团队内部的无缝衔接。

在团队协作中，分工合作是基础，每个成员根据自身专长被分配到最适合的任务上，这不仅能提升工作效率，还能激发个体的潜能与创造力。同时，相互支持的氛围让团队成员在面对挑战时能够携手并进，共同寻找解决方案，这种团结的力量是任何单一个体所无法比拟的。

此外，团队协作还强调责任感与互补性。每位成员都对自己的工作负责，同时也关注并尊重他人的贡献，这种相互尊重与理解促进了团队内部的和谐与稳定。同时，团队成员之间的互补性使团队能够应对各种复杂多变的情况，通过集思广益，找到最优的解决路径。

（二）团队协作的重要性

1. 提高整体效率

团队协作的精髓在于精细化的分工与默契的配合。每个团队成员被精准地分配至其专长领域，这不仅确保了工作的专业性，还极大地激发了个人潜能。在这样的环境中，成员们能够心无旁骛地投入各自的任务中，减少了不必要的交叉与重复劳动。通过高效的沟通与协调，各个环节无缝衔接，整体工作流程得以优化，从而显著提升了团队完成任务的效率与速度。

2. 促进创新思维

团队成员的多元化背景与专业知识构成了团队创新的源泉。不同的视角、经验与思维方式在团队协作的熔炉中相互碰撞、融合，这种跨界的交流往往能催生出前所未有的创意与灵感。团队成员敢于质疑、勇于探索，共同构建了一个鼓励创新、包容失败的良好氛围。在这样的环境中，团队不仅能够解决当前的问题，更能预见未来的趋势，为组织带来源源不断的发展动力与新的增长点。

3. 增强团队凝聚力

共同的目标与愿景如同一根无形的纽带，将团队成员紧密地连接在一起。在追求目标的过程中，成员们相互扶持、共同进退，形成了深厚的战友情谊。面对挑战与困难时，他们不是选择逃避或推诿，而是携手并肩、共克时艰。这种团结一致、同舟共济的精神不仅增强了团队的稳定性与战斗力，还使团队在面对任何挑战时都能保持坚定的信念与不屈的意志。

4. 提升问题解决能力

在复杂多变的市场环境中，单一的力量往往显得捉襟见肘。而团队协作则能够将众人的智慧与力量汇聚成一股强大的洪流，共同应对各种难题与挑战。团队成员通过集思广益、分工协作的方式，将复杂问题拆解为若干个小问题逐一解决；同时，他们还能够相互补充、相互启发，共同寻找出最优的解决方案。这种集体智慧的力量不仅提升了团队的问题解决能力，还使得团队在面对未知领域时能够保持敏锐的洞察力与快速的应变能力。

5. 培养个人能力

团队协作不仅是一个实现共同目标的过程，更是一个促进个人成长与发展的平台。在协作过程中，成员们需要不断提升自己的沟通能力、协作能力、领导能力等综合素质；同时，他们还需要学会如何与他人建立信任关系、如何有效地处理冲突与分歧等关键技能。这些能力的提升不仅为成员们在职场上的发展奠定了坚实的基础，还为他们的人生道路铺设了更加宽广的舞台。在团队协作的过程中，成员们不断挑战自我、超越自我，实现了个人价值与社会价值的双重提升。

（三）领导力的衡量指标

优秀的领导者在团队协作和组织发展中扮演着至关重要的角色。他们的作用不仅体现在日常管理和决策上，更在于能够激发团队潜能、促进组织变革和推动持续发展。他们通常具备以下能力。

1. 战略规划和执行能力

领导者的首要任务是具备深远的战略眼光，能够洞察行业趋势，结合组织实际情况，制定出既具挑战性又切实可行的战略目标。这要求领导者不仅要有宏大的愿景，还须具备将愿景细化为具体行动计划的能力。在执行过程中，领导者须展现出强大的执行力，确保团队能够紧密围绕战略目标，高效协同，克服障碍，最终达成预期成果。明智的决策与资源优化配置是这一过程中的核心，它们直接关系到战略实施的成效与组织的可持续发展。

2. 沟通能力

沟通是领导力的生命线。优秀的领导者不仅擅长清晰、准确地传达自己的想法、期望和指示，确保信息的无缝传递，更懂得倾听的艺术，能够深入理解团队成员的观点、需求和关切。这种双向的、开放式的沟通模式有助于建立信任、增强团队凝聚力，并为团队营造一个开放、包容的工作环境。在沟通过程中，领导者还须展现出同理心，以真诚的态度倾听并回应团队成员的声音，从而激发团队的积极性和创造力。

3. 团队管理能力

卓越的团队管理是领导力的重要体现。领导者应致力于激发团队成员的内在潜能，通过个性化指导和支持，促进他们的个人成长与职业发展。同时，建立高效的工作关系，促进团队成员之间的合作与协同，是解决复杂问题、应对挑战的关键。在团队管理过程中，领导者还须具备解决冲突的能力，通过公正、透明的方式处理分歧，确保团队和谐稳定。此外，鼓励团队成员发挥自身优势，参与决策过程，也是提升团队凝聚力和创新力的重要途径。

4. 创新能力

在快速变化的商业环境中，创新能力是领导者不可或缺的素质。优秀的领导者应具备敏锐的市场洞察力，能够及时发现并抓住新的商业机会，推动产品和服务的持续创新。同时，领导者还须鼓励团队成员勇于尝试、敢于创新，为他们提供必要的资源和支持，以激发更多的创意和灵感。通过构建创新文化，领导者可以引领组织不断突破自我限制，实现跨越式发展。

5. 解决问题的能力

面对挑战和危机时，领导者的解决问题能力至关重要。优秀的领导者能够在压力下保持冷静和理性，迅速分析问题的本质和根源，制定出有效的解决方案。他们具备强大的分析能力和判断力，能够权衡利弊、作出明智的决策。在解决问题过程中，领导者还须展现出灵活性和适应性，不断调整策略以应对变化中的情况。通过成功解决问题，领导者可以进一步巩固自己的领导地位并提升团队的信心和士气。

6. 变革能力

在当今快速变化的时代背景下，领导者还须具备强大的变革能力。这意味着他们能够敏锐地感知到外部环境的变化和内部需求的调整，并主动推动组织进行必要的变革以适应新的形势。优秀的领导者不仅自己能够接受并适应新的思想和技术，还能够激发团队成员的变革意识，引导他们积极适应新的工作方式和流程。通过推动组织变革，领导者可以确保组织始终保持在行业的前沿位置，持续创造价值并引领未来发展。

小任务2：你认为优秀的领导者还应具备哪些能力呢？其中你认为哪项能力最为核心呢？

三、领导学的实践与应用

（一）领导风格的选择

不同的领导风格适用于不同的情境和团队。领导者需要根据团队的特点和需求，选择适合的领导风格。常见的领导风格包括民主型、权威型、放任型等。

1. 民主型领导风格

民主型领导风格所强调的是团队合作和成员参与，能够激发团队成员的积极性和创造力，增强他们的责任感和参与感。在这种风格下，领导者会尊重每个团队成员的意见和想法，倾听他们的声音并对其进行认可，从而建立一种平等和开放的沟通氛围。通过鼓励员工提出意见和建议，民主型领导者能够获得更多全面的信息和更多的观点，有助于制定更加全面和决策更加准确的方案。同时，通过集体讨论和协商来制定决策，能够增强团队成员的凝聚力和认同感，使得团队更加团结和协作。

这种领导风格适用于需要团队共同努力、创新和解决问题的情境，尤其是在需要团队成员充分发挥自身能力、共同面对挑战和共同实现目标的工作环境中。通过民主型领导风格的运用，团队成员能够更加自信地参与工作，充分发挥个人潜力，从而实现团队的共同成功。

2. 权威型领导风格

权威型领导风格注重领导者的权威和目标导向，领导者通常具有较强的决策能力和执行力。在这种风格下，领导者会明确规划和设定目标，为团队成员提供明确的方向和期望，以确保团队朝着共同的目标努力。领导者会积极指导团队成员的工作，提供必要的支持和资源，并对结果负责，确保任务按时完成并达到预期效果。

权威型领导风格适用于紧急情况下需要快速决策和明确指导的团队。在面临紧急情况或压力较大的工作环境中，领导者需要迅速作出决策并指导团队行动，以确保团队有效应对挑战并取得成功。这种风格能够在短时间内有效地组织和调动团队资源，提高团队执行效率，应对各种突发情况。尽管权威型领导风格强调领导者的权威和指导作用，但领导者也应该注重与团队成员的沟通和协作，建立互信和共同目标，确保团队的整体协调和稳定。在适当的情况下，领导者也可以灵活调整领导方式，以更好地适应团队的需求和情况。

3. 放任型领导风格

放任型领导风格强调领导者给予团队成员更多的自主权和自由度，鼓励他们独立思考、自行决策和解决问题。在这种风格下，领导者通常会提供支持和资源，但不会过多干预团队成员的工作方式和决策过程，让他们有更大的自由度去展现自己的能力和创造力。这种领导风格适用于成熟和自律的团队，他们具有较高的专业素养和团队意识，能够自主管理和完成任务。在这样的团队中，放任型领导者的角色是为团队成员提供支持和指导，鼓励他们发挥个人潜力，激发团队的创造力和自主性，从而实现共同的目标和成就。

通过放任型领导风格的运用，团队成员能够更好地发挥自己的才能和创造力，增强团队的凝聚力和自我管理能力。同时，这种风格也有利于培养团队成员的领导潜力和解决问题的能力，促进团队的持续发展和成长。然而，领导者在采用放任型领导风格时，也需要保持适度的监督和关注，确保团队成员在自主发挥的同时，也能够取得良好的工作成果。

（二）领导力的实践

1. 建立良好的沟通与协作

建立良好的沟通与协作是领导力实践中至关重要的一环。领导者不仅仅要与团队成员建立良好的沟通渠道，更要注重沟通的双向性和互动性。积极倾听团队成员的意见和建议，给予他们表达意见的机会，并认真对待他们的反馈，这样能够建立一种相互尊重和信任的沟通氛围。通过促进信息的流动和共享，领导者可以确保团队成员了解组织的目标和方向，明确各自的责任和任务。这样不仅可以提高团队成员的工作效率，还可以减少信息传递中的误解和偏差，促进团队协作和配合。通过积极的沟通与协作，可以增强团队的凝聚力和团队氛围，营造一种积极向上的工作环境。

领导者还应该注重团队内外部的沟通，与其他部门或团队保持良好的合作关系，推动跨部门协作和信息共享。通过建立广泛的人际关系网络，领导者可以更好地获取外部资源和信息，为团队的发展和创新提供更多可能性。总之，建立良好的沟通与协作能力是领导者成功的关键之一。通过有效的沟通与协作，领导者可以更好地引导团队朝着共同的目标努力，激发团队成员的潜力和创造力，实现团队的长期成功和可持续发展。

2. 激励团队成员

领导者需要具备激励团队成员的能力，以激发他们的工作动力和潜力。通过奖励机制、表扬和认可等方式，领导者可以有效地激励团队成员更加努力地工作，实现个人和团队的目标。奖励机制是一种常见的激励手段，可以通过设定明确的奖励制度，如奖金、晋升机会、福利待遇等，来激励团队成员积极努力工作。这种激励方式能够帮助团队成员建立工作目标和动力，促使他们更加专注和努力地为团队的成功作出贡献。此外，领导者还可以通过表扬和认可来激励团队成员。及时表扬员工的成就和努力，认可他们的贡献和表现，可以增强他们的自信心和工作动力。这种正面的反馈能够激发团队成员的积极性和创造力，促使他们积极投入工作中，为团队的发展贡献力量。

除了物质奖励和口头表扬外，领导者还可以通过提供发展机会、培训资源、挑战性任务等方式来激励团队成员。这些激励方式能够帮助团队成员不断提升自己的技能和能力，实现个人成长和发展，同时也有助于团队整体的进步和成就。总的来说，领导者在激励团队成员时需要根据个人特点和团队需求，灵活运用各种激励方式，激发团队成员的工作动力和潜力，实现个人和团队的共同目标。通过有效的激励措施，领导者可以建立一支高效、积极和凝聚力强的团队，为组织的成功和发展作出贡献。

3. 制订明确的目标和计划

领导者需要具备明确目标和规划的能力，为团队提供清晰的方向和指引。通过设定明确的目标，领导者可以帮助团队成员理解工作重点和优先事项，明确任务目标和预期成果，为团队的工作提供明确的目标和方向。制订可行性计划和目标是实现团队成功的关键。领导者需要与团队成员共同制订目标和计划，确保目标具有可实现性和挑战性。通过与团队成员充分沟通和协商，确定目标和计划的具体细节和实施步骤，确保团队成员理解和接受目标，共同努力实现目标。明确的目标和计划有助于提高团队成员的工作效率。团队成员清楚了解工作目标和任务分工，可以更好地规划和安排工作，提高工作效率和执行力。

此外，领导者应该定期检查和评估团队的工作进展，及时调整计划和目标，确保团队朝着正确的方向前进，达成既定目标。同时，领导者还应该与团队成员分享目标和计划的意义和重要性，激发团队成员的工作热情和责任感。通过明确的目标和计划，可以增强团队的凝聚力和合作精神，促进团队成员之间的协作和配合，共同实现团队的成功和目标。总的来说，制订明确的目标和计划是领导者实践中的重要环节。通过设定清晰的目标和可行的计划，领导者可以为团队提供明确的方向和指引，提高团队成员的工作效率和执行力，实现团队的共同目标和成功。

4. 解决问题与冲突

解决问题与冲突是领导者在实践中不可或缺的重要任务。领导者需要具备解决问题和化解冲突的能力，以确保团队的和谐和稳定。在团队中，问题和冲突可能随时出现，而领导者的作用就是要及时有效地处理这些问题，促进团队的发展和进步。领导者需要善于倾听和理解团队成员的不同意见和观点，通过有效的沟通和协调，协助团队成员共同寻找解决问题和化解冲突的方法。领导者可以采取中立公正的立场，引导团队成员进行建设性的讨论和交流，找到问题的根源并寻求解决方案。通过积极的沟通与协调，领导者可以帮助团队成员增进相互理解和信任，促进团队的合作和团结。

领导者还可以通过设立有效的问题解决机制和冲突处理方式，帮助团队成员更快速地解决问题和化解冲突。领导者可以鼓励团队成员提出建议和解决方案，共同努力解决问题，避免问题扩大化而影响团队整体的工作效率和氛围。同时，领导者也可以提供必要的支持和指导，帮助团队成员解决问题和化解冲突，确保团队的和谐和稳定。通过有效地解决问题和化解冲突，领导者可以建立一支高效、和谐的团队，促进团队成员之间的合作和共识，实现团队的共同目标和成功。领导者的善于解决问题和冲突的能力也是衡量其领导水平和团队管理能力的重要标志之一。

小任务 3： 请你结合实例谈谈领导学还有哪些实践？

（三）领导学的应用

1. 领导行为与风格

领导行为和风格一直是领导学研究的重要领域之一。通过研究领导者的不同行为和领导风格，可以深入了解领导者对团队绩效和成员表现的影响。领导者的行为和风格对团队的凝聚力、工作效率和绩效产生着深远的影响。[15]因此，领导者可以通过学习领导学知识，了解不同的领导风格和行为特征，从而选择适合自己和团队的领导方式。不同的领导风格包括民主式领导、权威式领导、激励式领导、变革式领导等。领导者可以根据不同的情境和团队特点选择适合的领导风格，以达到最佳的团队绩效和成员表现。例如，在需要迅速作出决策的情况下，权威式领导可能更为有效；而在需要团队合作和创新的情况下，民主式领导可能更适合。

领导者还可以通过学习不同的领导行为模型，如赋权领导、情绪智慧领导、变革型领导等，来了解如何在实际工作中展现出有效的领导行为。赋权领导可以激励团队成员的自主性和创造力，提高团队的工作效率；情绪智慧领导可以帮助领导者更好地理解和管理团队成员的情绪，促进良好的团队关系和合作；变革型领导可以激励团队成员接受变革，推动团队的创新和发展。

2. 团队建设与发展

领导者在团队建设过程中扮演着至关重要的角色，需要通过有效的方法和策略促进团队成员之间的合作和协作，实现团队的共同目标。通过学习团队建设的理论和实践，领导者可以培养团队合作精神，激发团队成员的工作激情和创造力，从而推动团队的发展和成长。团队建设的关键在于凝聚团队成员的共同目标和愿景，以及建立良好的团队氛围和文化。领导者可以通过设立明确的团队目标和愿景，激励团队成员朝着共同的目标努力前进。同时，领导者还需要关注团队氛围的建设，营造一种积极向上、合作共赢的工作环境，鼓励团队成员之间的互信、互助和支持。

团队合作精神是团队建设的重要基石。领导者可以通过促进团队成员之间的沟通和协作，培养团队合作意识和团队协作能力。团队成员之间的有效沟通和协作可以促进信息的共享和交流，避免工作中的误解和冲突，提高团队的工作效率和绩效。另外，领导者还可以通过设立团队建设活动和团队培训课程，加强团队成员之间的团队凝聚力和团队精神。通过团队活动和培训，团队成员可以更好地了解彼此，建立相互信任和尊重的关系，增进团队成员之间的凝聚力和团队意识。

3. 沟通与冲突管理

沟通与冲突管理一直是领导学中非常重要的议题。领导者的良好沟通和冲突管理能力对于团队的成功和发展至关重要。领导学强调了领导者需要具备良好的沟通技巧和冲突解决策略，以有效地促进团队内部的沟通和协作，化解潜在的冲突和矛盾，从而促进团队的和谐发展。在团队中，有效的沟通是沟通者能够清晰地表达意图并理解对方意见的过程。领导者应该注重倾听团队成员的意见和想法，及时分享信息和反馈，建立开放、透明的沟通机制。通过良好的沟通，团队成员可以更好地理解团队目标和工作任务，减少误解和沟通障碍，提高工作效率和团队凝聚力。

另一方面，冲突管理是领导者必备的重要技能之一。团队中的冲突不可避免，但领导者可以通过适当的冲突管理策略来化解冲突，促进团队的和谐发展。领导者可以采取积极的沟通和协商方式，促使双方理解对方立场，寻找共同的解决方案。此外，领导者还可以借助第三方中介或专业培训来帮助团队成员化解冲突，维护团队的稳定和团结。领导者还可以通过学习沟通技巧和冲突解决策略来提高自身的沟通效果和冲突管理能力。领导者应该不断学习和提升自己的沟通能力，包括非语言沟通、情绪管理和有效反馈等方面，以提高团队成员之间的理解和信任。同时，领导者也应该学习冲突解决的技巧和方法，包括利用有效的沟通方式、协商和妥协等手段来解决团队内部的冲突和分歧。

本章综合练习：

1. 结合自我评价的内容，讨论一个创业者在创业初期应如何进行自我评估，并说明这种自我评估对创业成功的重要性。

2. 创业心态的塑造和调整是创业者成功的重要因素之一。请分析在创业过程中，创业心态应如何调整，具体可以采取哪些方法来塑造积极的创业心态？

3. 互联网思维在创新创业中有着重要应用，请列举互联网思维的几个主要特点，并结合实例说明这些特点如何在创业实践中发挥作用？

4. 创新思维是创业成功的关键之一。请解释头脑风暴法、设计思维和逆向思维的主要特点，并举例说明如何在创业过程中运用这些创新思维方法来解决实际问题？

本章参考文献：

[1] 张光磊，丁杨洋，李铭泽．秉节持重，问诸水滨？创业者底线心态对创业团队社会责任的影响研究 [J]. 商业经济与管理，2022，(09)：42－53.

[2] 董玉荣．高校“SYB＋”创业教育：机制、模式和路径研究 [J]. 高校

教育管理，2018，12（02）：74－79.
[3] 叶映华，梁文倩．大学生创业者的决策逻辑及其影响因素——基于创业早期阶段的研究［J］．教育发展研究，2016，36（03）：79－84.
[4] 张秀娥，李梦莹．创业韧性的驱动因素及其对创业成功的影响研究［J］．外国经济与管理，2020，42（08）：96－108.
[5] 丁明磊，王春研．企业家创业的关键认知因素——创业自我效能研究［J］．管理现代化，2009，（03）：12－14.
[6] 宋国学．创业韧性：概念、测量与影响［J］．商业经济与管理，2019，（02）：22－29.
[7] 王俊秀．创业者与创业环境：个体与社会发展的视角［J］．中国科学院院刊，2017，32（02）：148－156.
[8] 蒋昀洁，李燕丽．核心自我评价和情绪智能对大学生创业潜能的作用机制［J］．软科学，2018，32（11）：97－100.
[9] 赵富强，高依晨，陈耘，等．认知灵活性对再创业意愿的影响：创业韧性、成功预期与社会支持的作用［J］．科技进步与对策，2022，39（19）：1－11.
[10] 刘追，王玉，陈艳．中小企业创业领导力对创业绩效的影响——企业发展阶段的调节作用［J］．科技进步与对策，2016，33（07）：101－107.
[11] 赵薇，马彩霞．企业家创业精神视角下高校创业人才培养模式研究［J］．东岳论丛，2010，31（12）：38－42.
[12] 屈有明．“互联网＋”背景下大学生创新创业能力提升路径［J］．创新创业理论研究与实践，2024，7（12）：108－110.
[13] 赵春善，尚李亮．互联网时代高校大学生创新创业能力培养策略——评《互联网时代创业新思维》［J］．科技管理研究，2024，44（02）：219.
[14] 祝杨军．元宇宙思维的领导学价值［J］．领导科学，2023，（01）：54－58.
[15] 曾楚宏，任丽霞，朱腾腾，等．“紧行且好步”：创业团队异质性、创业决策与创业绩效关系的实证研究［J］．科学决策，2024，（05）：166－184.

第三章　项目篇：寻找并确定创业机会

【学习目标】

1. 对于创业市场有清晰认知，认识选择创业项目的重要性。

2. 学习市场调研和项目选择的理论知识，并学会通过各类途径选择创业项目。

3. 学习项目模式的种类及构建方法，了解如何确认、形成企业的商业模式。

4. 了解股权结构划分，学会基于项目选择最适宜的股权结构。

5. 学习创业相关法律，了解创业者需要承担的法律责任，从而保障企业在法律允许的范围内盈利。

【学习重点】

1. 市场的深度调研与角色识别：了解市场的重要性，以及如何进行市场调研。

2. 创业项目的选择与定位：创业项目的类别、选择原则、获取渠道等。

3. 商业模式与盈利模式的构建：学习有关商业模式理论知识，以及如何设计商业模式。

4. 股权结构：学习创办企业的合伙人股权结构。

5. 法律责任：了解在创业过程中涉及的法律知识，需要承担的法律责任。

概　述

乡村振兴，是一个呼唤人才同时造就人才的舞台。返乡创业青年为乡村振兴添砖加瓦，广袤乡村回馈他们以更多人生出彩的机会。本章节旨在为有抱负、有能力的返乡创业青年提供创业思路，为他们选择未来的创业方向，为他们确定创业项目提供帮助，助力其投身到乡村的广阔天地中干事创业、发挥才能、实现作为。本章将从市场分析、选择创业项目、构建项目模式、选择股权结构、承担法律责任五个方面展开讲解，为青年前往乡村创业提供帮助。

第一节 市场分析：市场的深度调研与角色识别

> 创新是否成功不在于是否新颖、巧妙或具有科学内涵，而在于是否能够赢得市场。
>
> ——“现代管理学之父”彼得·德鲁克

一、市场分析的作用

对于创业者而言，市场是项目实施的关键，是企业生存、发展的空间。在市场竞争中好的市场分析能够为项目在激烈的市场竞争中获取胜利提供优越基础。市场分析的目的是发现当前可开发的市场空间、可选择的产品或服务，从而寻找机会、寻找项目，只有通过市场分析才能了解应当做什么，有什么可做。

（一）市场分析为企业经营决策提供基础

“没有调查就没有发言权。”同样，对于一个企业来说，要占领市场并获得预期成果，必须依赖有效的经营决策，而有效的经营决策需要科学的市场预测作为前提，以市场分析为基础。瞄准市场使得生产或经营的产品符合消费者需要是经营决策首先需要解决的问题。

企业的产品要想成功进入市场，离不开深入的市场分析。因为通过市场分析，企业可以了解产品的潜在市场需求，并根据需求调整企业的经营决策，从而赢得市场。

（二）市场分析有助于企业找准定位开拓市场、开发新产品

任何产品不会在现有的市场上永远保持销售旺势，要想扩大影响，继续盈利，就不能把希望只寄托在一个有限的地区范围内。当一种产品在某个特定市场上未达到饱和状态时，企业就应开始着眼于更远的地区，辐射就成为非常迫切的问题了。通过市场调查活动，企业不仅可以了解其他地区对产品的需求，甚至可以了解国外市场的需求状况，使企业掌握该产品应向哪些地区发展、有无发展余地等有用信息，从而决定下一步的经营战略。

（三）市场调查有利于企业在竞争中占据有利地位

“人无我有，人有我精，人精我专，人专我转”的经营策略是每个企业对付市场竞争的有效方法。知己知彼，才能跟竞争对手进行较量。这同样要

借助于市场调查，通过调查摸清竞争对手占有市场的情况，以及竞争产品之所以受欢迎的原因。

要达到在竞争中取胜的目的，就必须掌握对手的经营策略、产品优势、经营力量、促销手段及未来的发展意图等。企业面对的可能是一个竞争对手，也可能是多个竞争对手，是采取以实力相拼的策略还是避开竞争，另觅新径的策略，要根据调查结果并结合企业实际作出决策。在竞争中占据有利地位，并不一定非要进行直接的面对面竞争，因为直接竞争的损耗会很大。因此，通过市场调查了解对手的情况，就可以在竞争中绕开对手的优势，发挥自己的长处或针对竞争者的弱点，突出自身的特色，以吸引消费者选择本企业的产品。[1]

小任务1： 自由选择某一行业，对市场状况开展考察并形成一份简要的市场分析报告，具体要求如下：

1. 描述所考察行业市场现状。
2. 对于现状进行分析并基于发展趋势提出自身见解。
3. 谈出此次考察体悟。

二、市场调研的类型

（一）探测性调研

探测性调研通常在企业面临市场信息不明确或模糊的情况下采用，其目标是初步探索企业研究的关键领域。比如，企业在考虑进入新市场开设综合性超市时，可先进行探测性调研，以了解该地区的潜在市场需求、物流运输的可行性及潜在的投资回报率。探测性调研具有明确的目的性，常作为项目规划的前期阶段，不一定追求样本的广泛代表性，数据分析多以定性为主，其结果具有试探性和暂时性。研究方法上较为灵活，策划过程可能相对宽松，调研过程中可根据实际情况灵活调整。

（二）描述性调研

侧重于解答“市场是什么”的问题，而非“为什么”。它是对市场现象进行正式调研，主要目的是描述市场现象的数量特征和实际情况。例如，描述市场潜力、市场占有率、竞争对手的状态，以及收集消费者收支状况、商品需求量和需求倾向等基本信息。描述性调研通常包含六个基本要素：为何调研、向谁调研、调研内容、调研时间、调研地点及调研的方式和方法。与探测性调研相比，描述性调研目的更为明确，常采用结构化问卷和调研表格，既收集原始资料也分析次级资料，同时运用定量和定性研究方法，并以定量研究为主，确保调研结论的正式性和准确性。

（三）因果性调研

因果性调研旨在研究市场现象和市场变量之间的因果关系。例如，在探究价格与销售量、广告投入与销售增长、员工薪资与生产效率等关系时，需要明确各因素之间的主导与影响关系。为了揭示这些因果关系，可以利用描述性调研的资料，也可以通过收集和分析各种变量的数据，采用综合分析法、实验法等方法进行深入研究。

（四）预测性调研

预测性调研是指依据现有的市场分析，对市场变化趋势及企业生产经营前景进行的具有推断性的调研。例如，消费者购买意向调研、宏观市场运行态势调研、黄金周汽车市场调研、产品价格变动趋势预测等。预测性调研要充分利用描述性调研和因果调研的现成资料，又要抓住市场变化的第一手资料，如新情况、新问题、新动态等信息。这是创业决策和制定市场营销策略的前提，也是规避风险和损失的有效手段。

由于市场需求的复杂与多样性，任何企业无法完全覆盖客户的所有需求，因此要成功运营企业，不仅需要明确服务什么样的需求，更需要明确为什么客户存在这样的需求。

三、市场调研的主要内容

（一）市场环境

市场环境是在企业进行经营活动中各种可控、不可控因素的总称。企业的运营会受到市场环境的制约与影响，只有同市场环境相适应、协调，企业才能实现经营活动的顺利开展，实现经营、盈利的目标。在进行市场分析前，我们需要对自己的目标创业环境进行正确的认识、判断，从而明确自身在市场中的定位。市场环境包括政策和法律、经济和技术、供应链和行业竞争、社会文化环境四个层面。[2]

1. 政策和法律环境

《中华人民共和国宪法》明确规定："在法律规定范围内的个体经营、私营经济等非公有制经济，是社会主义市场经济的重要组成部分。国家保护个体经济的合法的权利和利益。国家鼓励、支持和引导非公有制经济的发展，并对非公有制经济依法实行监督和管理。"这为私营经济的存在和发展从法律层面给予了保障。与此同时，其他有关非公有制经济的法律也在不断完善并实施，为私营经济的发展逐步创造了良好环境。

小任务 2：列举三个当前我国有助于青年返乡创业的政策。

2. 经济和技术环境

市场是企业生存的环境，而一个国家或地区的经济技术水平对于当地的市场环境具有重要影响。因此，创业者需要对于目标创业地区的经济条件、技术水平、经济特征有具体了解。

3. 社会文化环境

社会文化环境包括居民文化教育水平、民俗、当地风土人情、宗教文化等，在很大程度上决定人们的购买欲望、购买行为和消费方式。

4. 供应链和行业竞争环境

企业是供应链中的一环，其同下游购买者和上游供应者紧密联系。但同时，横向而言同一环节有许多相似的企业，即面对着许多行业竞争者的挑战，竞争对手的强弱与数量都会影响企业的发展。因此，需要对于自身在供应链中的定位加以明确并根据竞争环境作出正确决策。

（二）市场需求

在一定时期内，市场需求的形成与变动受人口状况、社会购买力水平及消费者购买动机与行为等因素影响。

1. 人口状况

人口是市场需求的基础。通过对人口状况的深入研究，可以更准确地预测市场需求。这包括了解总人口数、地理分布、家庭结构、民族构成、年龄层次、性别比例、职业分布及受教育程度等。这些数据为企业制定市场战略、调整产品线及预测市场规模提供了重要依据。

2. 社会购买力水平

社会购买力是指一定时期内，全社会在市场上用于购买商品和服务的货币支付能力。它由居民购买力、单位购买力和生产资料购买力组成。其中，居民购买力是社会购买力的主体。通过对社会购买力的调研，企业可以了解市场的整体消费水平，从而调整产品定价、促销策略等。

通常情况下：市场需求量＝人口数量（用户数量）×人均（户均）购买量＋其他需求量。

3. 消费者购买动机与行为

这种调研主要针对消费者的购买模式和消费行为，通常被称作“3W”和“1H”调研。购买动机是为了满足消费需要，从而引起人们的购买行为的愿望、意向、目的和预期，而购买行为则是指消费者购买什么、在哪里买、由谁买、什么时候买等。

（三）市场供给

市场供给调研是调研全社会在一定时期内提供市场进行交换的商品与服务总量。具体分为以下三个方面：（见图 3－1）

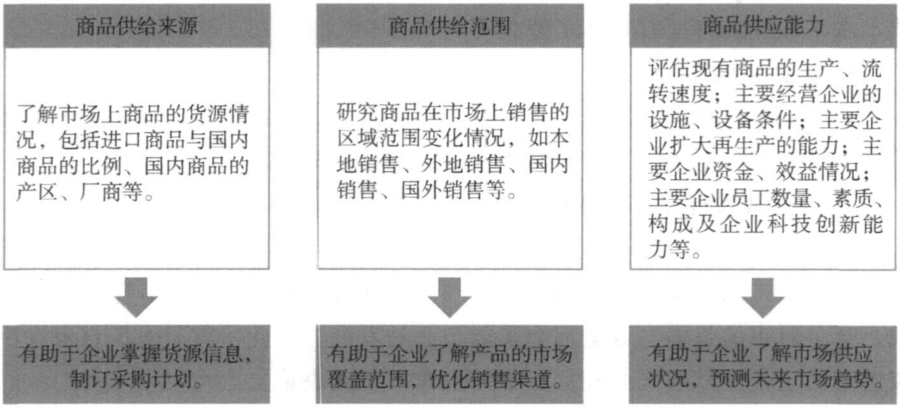

图 3－1　市场供给调研的具体内容

四、角色识别

企业在通过市场分析、确定目标后，应当考虑自身在目标市场中的定位，使得新进入企业在现存市场中同已有产品竞争，拥有立足之地，形成自己的企业形象，此即为市场定位。

（一）市场定位的概念及作用

市场定位是指为使产品在目标消费者心目中相对于竞争产品而言占据清晰、特殊且理想的位置而进行的安排。因此，企业设计的自身位置必须使他们的产品有别于竞争品牌，并取得在目标市场中的最大战略优势，对于企业提升自身在市场中的竞争力具有重要意义。[3]

（二）市场定位的类型

根据对象的不同，市场定位可分为产品、品牌、企业定位三个部分。[4]

1. 产品定位

产品定位是在产品设计之初或在产品市场推广的过程中，通过广告宣传或其他营销手段使得本产品在消费者心中确立一个具体的形象的过程，简而言之就是给消费者选择产品时制造一个决策捷径。如抖音 App 最初将自身定位为一款音乐创意短视频社交软件，一个专注年轻人的15秒音乐短视频社区。

2. 品牌定位

相较于产品定位，品牌定位的概念内涵更为宽泛、价值更大。所谓品牌定位就是指企业的产品及其品牌，基于顾客的生理和心理需求，寻找其独特的个性和良好的形象，从而凝固于消费者心目中，占据一个有价值的位置。品牌定位是针对产品品牌的，其核心是要打造品牌价值。品牌定位的载体是产品，其承诺最终通过产品兑现，因此品牌定位必然已经包含产品定位于其中。如果品牌只代表一种知名产品时，产品定位和品牌定位区别并不明显，例如在谈及瑞幸时消费者就会想到其产品咖啡。但当一种品牌涵盖多种产品时，产品定位和品牌定位之间便产生了区别。

3. 企业定位

企业定位是指企业通过其产品及其品牌，基于顾客需求，将其企业独特的个性、文化和良好形象，塑造于消费者心目中，并占据一定位置。国家电网将自身定位为“国民经济保障者、能源革命践行者、美好生活服务者”。这体现公司作为国有重点骨干企业的属性、电力企业的属性和公用事业企业的属性，也体现了企业积极履行经济责任、政治责任、社会责任，为经济社会发展提供安全、可靠、清洁、经济、可持续的电力供应，在服务党和国家工作大局中当先锋、起表率作用。

第二节　项目选择：创业项目的选择与定位

> 选择比努力更重要，观念比选择更重要。
>
> ——字节跳动原首席执行官（CEO）张一鸣

创业者在选择创业项目时需要采取科学的思路与方法，把握准确的市场机遇，选择符合社会背景的具有创新性的在自身能力范围内的项目，有的放矢，才能在降低创业风险的同时提升创业成功率。

一、创业项目分类

选择正确的创业项目是每一个创业者都需要考虑的，合适的创业项目是创业成功的必要基础。创业者要以谨慎的态度，基于自身技术水平、经验、资金等实际情况选择创业项目。[5]

创业项目分类具有多种方式，从观念角度可将其分为传统创业项目、新兴创业项目；从创业方法角度可分为实业创业项目、网络创业项目；从投资角度可分为无本创业项目、小本创业项目；从规模角度可分为大型创业项目、中小微创业项目等。

结合乡村实际情况，青年在进行乡村创业时应当结合乡村特色，选择创业项目，要抓基础、抓特色、抓效率、抓生态、抓创新、抓技术，可以从现代种养业、乡土特色产业、农产品加工流通业、乡村休闲旅游业、乡村新型服务业、乡村信息产业等六个方面寻找适合自身的创业项目。[6]（见图 3－2）

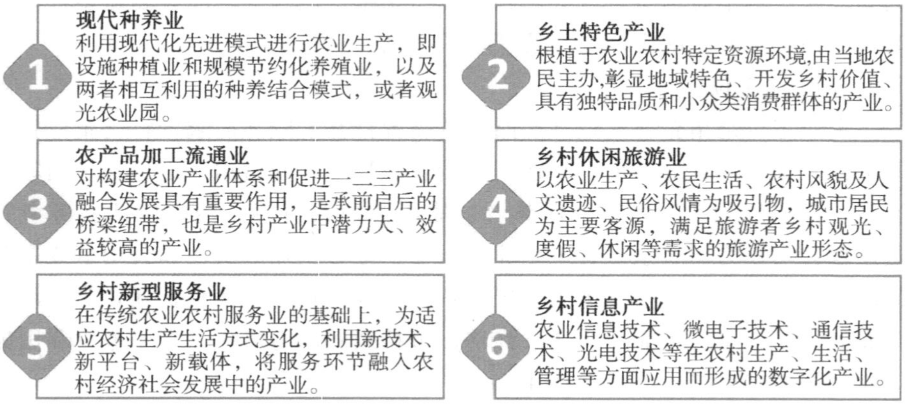

图 3－2　创业项目的类型

案例拓展阅读 1：贵州省毕节市威宁彝族回族苗族自治县，平均海拔 2200 米，全年日照数达 1800 小时以上，有着高海拔、低纬度、日照时数长、昼夜温差大的自然条件，种出的苹果着色深、含糖量高、口感好。在大力推广下，威宁县苹果种植面积达 21 万亩、产值 12 亿元，成为带动 16.8 万人实现增收的甜蜜事业。

案例拓展阅读 2：程连坤的家乡在小朱家村，村子位于黑龙江省宁安市渤海镇，村庄三面环水，风景优美，却面临交通不便的难题。通过乡村游的引流作用，程连坤以创业带动就业，把农闲变为农忙，近几年成功带动全村及周边村民共 5000 余人增收致富。农民利用农闲时间在公司打工赚钱，也参与村集体、公司的分红。经过多年发展，小朱家村如今已成为集乡村旅游、新型农业、精品民宿为一体的现代化村庄，成了远近闻名的“网红村”。

案例拓展阅读 3：田东县国家农村产业融合发展（芒果）示范园主要分

布在田东县平马、祥周、林逢、思林等4个乡镇，当地以农产品加工与物流产业园区为抓手，积极引进香港巨人园、深圳从玉集团等农产品加工企业，促进加工仓储与物流集散联动，推动芒果产品向精深加工和集群化发展，着力延伸产业链、提升价值链。

案例拓展阅读4：绍兵家庭农场位于遂宁市安居区三家大米现代农业园区，是2013年在工商部门注册登记的全省首家种植业家庭农场，农场由第一代农场主旷绍兵创立奠定基础，其子旷世力在父亲的感召下从大城市回到家乡，核心团队以家庭成员7人为主。农场从传统流转土地耕种，经过邀请农业专家、职业经理人现场指导，申请专项资金补贴和农担贷，完善了基础设施、提高机械化水平，打造了有商标、有主体、有认证的大米品牌，经营面积由初期140亩增加到现在640亩。

小任务1：阅读以上拓展阅读将四则案例与其对应的乡村创业产业联系在一起。

小任务2：寻找剩余两个产业相关案例，并就该地为何发展此类产业、有何基础等进行分析。

二、创业项目原则

（一）遵照国家政策鼓励的原则

创业者开创自身的事业前，需要了解哪些行业是国家政策所鼓励支持的，哪些行业是国家政策所允许的，哪些行业是国家政策所限制的，从而选择国家政策所鼓励支持的、具有前景的行业。要了解创业所在地的社会经济环境，认真对当地的发展政策，包括产业结构政策、金融政策、税收政策、就业政策等进行分析。

（二）适应社会需求的原则

创业项目的选择并非由创业者空想，按照自己的意愿随意决定，需要从社会需求出发，以客户、市场需求为导向，需要对于市场需求、目标群体、竞争对手具有清晰了解。一个成功的创业者不仅需要了解和满足顾客的现实需求，更要创造需求、创造市场。要了解当地的消费环境，例如居民的购买力水平、购买力投向、购买习惯等；当地的自然和人文资源，包括具有市场开发价值的工业原料和农林渔牧产品、传统的生产加工技术、独特的自然和人文景观等；当地市场的竞争强度，包括拟选择项目所在行业的竞争者数量、规模、实力水平等。深入考察创业环境能够帮助创业者开阔视野，敏锐捕捉到市场机会，增强项目选择的合理性。

小任务3：以家乡为创业项目目标市场，基于当地消费环境、人文资源等分析社会需求情况。

（三）知己知彼、量力而行的原则

创业有风险，创业者必须量力而行。尽量避免风险大的项目，将有限的资金投入风险较低、规模较小的项目中去；选择适合自己的项目，从小钱开始赚起，脚踏实地，积少成多。例如自身的性格优势、创业资金基础、技能专长等，对于自身了解得越为清晰，就越可以扬长避短找到最适合自身的项目。尤其是创业者自身所具备的技能是创业者成功的重要基础，有助于创业者形成自身企业特色，也有助于项目永续经营，因此创业者在选择项目时应当尽可能挑选与自身技能密切相关的项目。这里所说的技能涵盖项目运作过程中使用到的所有技术、能力，既包括生产技术，也包括经营管理技能甚至是创意能力。

（四）推陈出新的原则

创新是企业的生命，只有持续创新企业才能存续。创新是创业者创业的关键，具有极为重要的意义。但创新并不意味着全新，创业者需要选择具有一定创新性的项目，全新的项目对于市场来说推广较为困难，风险较大。创业者可以将项目进行国际水平跟踪性、局部性改良，将现有各领域中的先进东西引入自身项目进行组合创新。[7]

三、创业项目获取渠道

通常而言，创业项目需要在满足“以客户需求为出发点”和“具备满足客户需求的综合能力”两个条件才能称为一个好的创业项目。在当前的大数据时代，发现创业项目的渠道有很多，如前人经验、市场研究专家等外部力量。总体而言可分为两类自主型创业项目来源和支持型创业项目来源。

（一）自主型创业项目来源

1. 创业者自身兴趣

创业者在自身感兴趣的领域寻找创业项目时，往往对于该领域当前产品、服务有较为充分的了解，因而能够更为有效地找到当前该领域项目的不足，也能够更为全身心地投入项目中，开发产品以满足市场需求。

2. 创业者专业特长

创业者基于自身专业、特长选择创业项目时能够充分发挥创业者的个体价值，有利于用技术优势投入项目产品开发之中。

3. 创业者的发明与专利

发明及专利作为创业项目的重要来源，饱含创意构思，若实现产业化生产将会带来巨大财富。但是，并不是所有的发明和专利能够顺利实现大规模生产，其产业化受到许多现实条件的制约。

4. 创业计划大赛

目前许多高校、政府举办各种类型的创业比赛以激发青年创业意识、培育创业能力，同时也有助于青年创业计划的实现，让他们通过竞赛将自身创意、抱负付诸实践，并反馈于社会的发展。

小任务 4： 思考如果目前自己计划返乡创业，可以选择的不少于两个的创业项目获取渠道，并简述理由。

（二）支持型创业项目来源

1. 国家政策支持

从国家政策支持的行业中结合自身情况选定合适的创业项目。政策所支持的必定是当前需要重视值得发展的项目，应当借助政策变化，找到创业项目实现顺利起步。如河南省叶县农民根据国家粮食收购政策变化——允许个体进入粮食流通领域，做起了粮食经纪人，既方便了农民卖粮，自身也获得了收益。

2. 投资界关注

青年创业缺乏创业启动资金，从投资界关注的领域寻找创业项目，获得启动资金的可能性就会增加，从而减轻创业在资金上的压力。[8]

案例拓展阅读 5： 雷军，小米创始人。至 2019 年 10 月，小米公司市值超过 2000 亿元。然而，在成功前，雷军曾创立三色公司，因无法盈利而破产。

在大学时，雷军读了一本讲述比尔·盖茨、史蒂夫·乔布斯早年创业传奇的书《硅谷之火》，受到极大触动——“我深深地被乔布斯的故事吸引。在武汉电子一条街打拼一段时间后，自我感觉良好，就开始做梦：梦想写一套软件运行在全世界的每台电脑上，梦想创办一家全世界最牛的软件公司”。

于是，他在大四和三位朋友创办了三色公司。可惜的是，这家公司仅半年就被迫解散了。对此，雷军作了以下三点反思。

（1）要有明确的盈利模式。在公司业务上，三色公司没有固定的模式，看见什么赚钱就去做一笔。“最多的时候有 14 个人，业务范畴也挺宽的。卖过电脑，做过仿制汉卡（电脑硬件的一种），甚至接过打字印刷的活。”因此，他们的资金一直很紧张。实在没钱的时候，甚至靠与食堂大师傅打麻将赢饭菜票度日。

（2）要有前瞻的市场意识。事实上，他们曾接近成功。当时，联想汉卡创造了盈利上亿元的辉煌，于是雷军和他的伙伴们决定“山寨”这款产品。但在产品上市之后，他们遇到了更厉害的“山寨大王”，把他们的产品又“山寨”了，而且这家公司规模大、售价低，最后压垮了三色公司。

（3）要有一定的团队管理能力。公司创立时，“4 个人，每人 25%的股份，大家都很高兴。没过几天问题来了，每件事都需要反复讨论，到后来甚至改选了两次总经理”。而这样的管理架构，是不可能形成有效决策的。

四、创业项目评估

创业者要通过对备选项目的评估，判断选择进入的行业和计划生产的产品或提供的服务是否具有可行性，最终决定是否启动项目。

（一）创业项目评估的内容

1. 市场评估

市场评估中对创业项目市场方面的评估应包括市场定位、市场结构、市场规模、市场渗透力、市场占有率和产品的成本结构。（见图 3－3）

市场定位

评估创业项目时，创业者可由市场定位是否明确、顾客需求分析是否清晰、顾客接触通道是否畅通、产品是否持续衍生的因素来判断创业项目可能创造的市场价值。产品或服务带给顾客的价值越高，创业成功的机会就越大。

市场结构

对创业项目的市场结构应进行进入障碍、供货商与顾客、经销商的谈判力量、替代性产品的威胁和市场内部竞争的激烈程度的分析。创业者可以由此预测企业在未来市场中的地位及可能遭遇竞争对手反击的程度。

市场规模

如果市场规模大，那么新企业进入的障碍相对较低，市场竞争激烈程度也比较小；如果新企业进入的是一个十分成熟的市场，那么利润空间会很小，创业者应谨慎进入；如果新企业进入的是一个成长中的市场，只要时机正确，必然会有获利的空间。

市场渗透力

对于一个具有巨大市场潜力的创业机会，对市场渗透力的评估将是非常重要的。创业者应该选择在最佳的时机进入市场，即市场需求将大幅增长时。

市场占有率

一般而言，新企业要成为市场的领导者，就需要拥有20%以上的市场占有率。若占有率低于5%，则新企业的市场竞争力不高，自然也会影响企业未来的价值。尤其处于具有赢家独占特点的高科技产业，新企业必须拥有成为市场前几名的能力，才比较有投资价值。

产品的成本结构

从物料与人工成本所占比重的高低、变动成本与固定成本的比重多少、经济规模产量大小中，创业者可以判断出新企业创造附加价值的幅度及未来可能的获利空间。

图 3－3　市场评估的主要内容

2. 效益评估

对效益方面的评估应包括合理的税后净利、达到损益平衡所需要的时间、投资回报率和资本需求。（见图 3－4）

合理的税后净利	具有吸引力的创业项目至少能够创造15%的税后净利。若创业预期的税后净利在5%以下，就说明这不是一个很好的投资项目。
达到损益平衡所需时间	合理的损益平衡时间应该小于2年，如果大于3年就不值得投入。有的创业项目确实需要经过较长的时间，通过前期投入来保证后期的持续获利。此种可将前期投入视为投资。
投资回报率	合理的投资回报率应该在25%以上，而15%以下的投资回报率是不值得考虑的创业项目。
资本需求	资本需求量较低的创业项目，一般比较受欢迎，资本额过高并不利于成功，甚至还会带来稀释投资回报率的效果。通常，知识越密集的项目对资金的需求量越低，投资回报也越高。因此，在创业开始时，创业者最好通过盈余积累的方式来创造资金。

图 3－4　效益评估的主要内容

（二）创业项目评估的基本流程

创业项目评估的基本流程包括初始判断、特征判断和详细分析。

1. 初始判断

一般来说，创业者对创业项目的评估往往来自其初始判断，即“假设＋简单计算”。例如，苏某决定辞职并提供爱婴服务的决策依据是，北京有近 30 万 0～3 岁的儿童，即使只有 1% 的家庭接受爱婴服务，也会有 3 万人，也将需要大量人力才能满足需求。这样的判断显然并不可信。因此，创业者对创业项目作出初始判断之后，还需要依靠调查研究，对创业机会的价值作进一步的评估。

2. 特征判断

有价值的创业项目一般具有以下特征：

（1）有吸引力，即有需求旺盛的市场和丰厚的利润，而且容易赚钱。

（2）持久性，即机会窗口打开的时间相对较长。

（3）及时性，即能很快满足某项重大的需求或愿望。

（4）依附于为购买者或终端用户创造增加价值的产品、服务或业务。

3. 详细分析

对项目进行详细分析，即参考前面所讲述的分析内容，最后判断出项目的可行性与营利性。

第三节　项目模式：商业模式与盈利模式的构建

> 21 世纪企业间的竞争，已经不是产品与价格之间的竞争，甚至不是服务之间的竞争，而是商业模式之间的竞争。
>
> ——“现代管理学之父”彼得·德鲁克

一、商业模式的定义

当前对于商业模式还并未有一个统一的清晰认知，但人们对商业模式本质的理解基本上是一致的，那就是：商业模式的核心在于解决企业建立“做什么和怎么做”的运作体系问题。举例而言，饮料公司通过卖饮料来赚钱，快递公司通过送快递来赚钱，超市通过平台和仓储来赚钱等。一般来说，只要有赚钱的地方，就有商业模式的存在。

目前普遍接受的商业模式的定义是：企业利用自己掌控的资源，进行价值创造并取得经济回报的基本逻辑，即企业在一定的价值链或价值网络中如何使用资源、如何向客户提供产品或服务并获取利润。

二、商业模式的构成

商业模式的构成要素很多，但以下几个方面是所有的商业模式都必须思考的问题：

(一) 目标客户与解决痛点

新企业提供的产品或服务能为客户解决特定的问题。“滴滴出行”相信大家并不陌生，它改变了传统打车方式，引领移动互联网时代下客户现代化出行方式。较传统电话召车与路边招车来说，滴滴打车的诞生更是改变了传统打车市场格局，颠覆了路边拦车概念，利用移动互联网特点，将线上与线下相融合，从线上打车到下车后使用线上支付车费，画出一个乘客与司机紧密相连的 O2O 闭环，最大限度地优化乘客打车体验，改变传统出租司机等客方式，让司机师傅根据乘客目的地按意愿“接单”，节约司机与乘客沟通成本，降低空驶率，最大化节省司乘双方资源与时间，解决了乘客、司机及相应的社会闲置资源浪费等问题。

（二）核心竞争力

价值创造、优势资源、核心能力、差异化、核心人才、团队、竞争优势持久性等。2014 年 5 月，京东上市，是中国发展速度最快的综合电子商务公司。京东在电商中突围，靠的是“全品类、自建物流、技术驱动、客户体验”等四大核心竞争力。在竞争对手致力于寻找物流同盟时，京东勤勤恳恳地自建物流。经过多年建设，京东物流已覆盖全国大部分城市，在数百个城市实现了当日送达和次日送达。京东前 CPO 蓝烨曾表示，目前真正实现仓储配送一体化的，在中国只有京东。自建物流让京东在风起云涌的电商大战中立于不败之地，无疑是京东最重要的战略资产之一。

（三）盈利模式

包括成本、收入来源、价值创造的具体实现形式。一些常见的做法包括：生产产品、提供服务、解决问题、构建平台等。腾讯如今是互联网的巨头之一，QQ 最早时期和以色列的一款软件 ICQ 比较类似，腾讯 QQ 早期并没有什么吸引力，大家对它也并不感兴趣，一度到了濒临破产的地步。当时马化腾做了一个十分伟大的决定，免费让客户下载使用。也许这一举动在现在看来没什么，但是，当时网络公司全部都是依靠卖软件存活的，这举动一出，引起了社会的巨大关注。腾讯 QQ 因此大受欢迎。就这样，腾讯的客户逐渐多了起来，逐步发展成为今天的多元盈利模式。

通过商业模式画布能够清晰表达其构成要素：（见图 3－5）

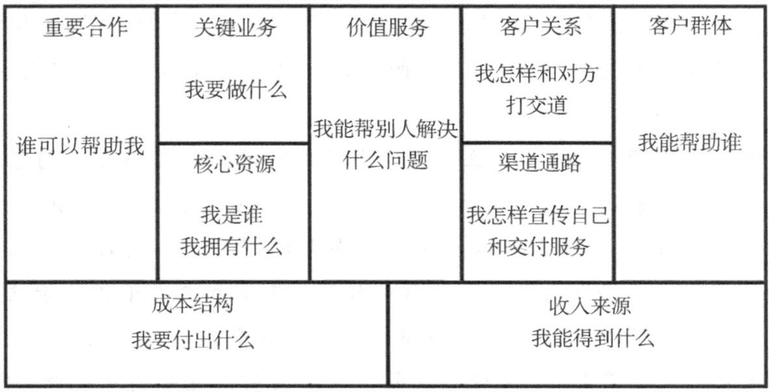

图 3－5　商业模式画布

小任务1： 找一个乡村典型小微企业，用商业模式画布描述其商业模式。

三、商业模式设计

当今迅猛发展的商业社会，不同的商业模式层出不穷，以下几种模式可以借鉴。

（一）免费模式抢占市场

这里所说的免费，不是说要放弃对利润的追求，而是在追求利润的方式上进行调整。如胖东来作为一家普通民营零售企业，在河南省新乡市，它的光芒一度让家乐福、沃尔玛等国际巨头黯然失色。上海连锁经营研究所所长顾国建、中国连锁协会会长郭戈平参观完胖东来盛赞道："这绝对是中国最好的店。"1999年10月1日，胖东来入驻河南省新乡市，停车场对自行车、电动车、机动车实行免费政策。要知道，当时新乡市所有商场停自行车都要收费，汽车更不必说。如此政策一出，胖东来的客户爆棚，以至于到今天，它都是当地最为热闹的购物商场。当然，这也和胖东来极致的服务息息相关。

（二）强调客户体验

今天的客户有能力、有意愿为更好的体验买单。以国内餐饮业的火锅为例，海底捞的味道是不是最好，装修是不是最豪华，我们暂且不去讨论，但海底捞的生意确实在同行业中最为火爆。

（三）共享模式

随着社会的发展，社会上存在着一些闲置资源，如何更好地发挥这一类资源的价值，成为一些创业者追逐的方向。如滴滴出行、共享单车等，都是共享经济的产物。2017年5月，来自"一带一路"共建的20国青年评选出了中国的"新四大发明"：高铁、扫码支付、共享单车和网购。"共享经济"的影响力可见一斑。[9]

案例拓展阅读1： 明月村位于四川省成都市蒲江县甘溪镇，陶艺文化底蕴深厚，唐宋以来就是民用陶瓷（邛窑）的重要生产区。依托3000余亩有机茶叶基地、8000余亩雷竹园区和300多年的明月窑，明月村成立了乡村休闲旅游合作社，推出农事体验、自然教育、制陶和草木染体验等项目，打造了蜀山窑、呆住堂艺术酒店等文创项目50余个，开发明月笋、明月染、明月陶等系列文创产品10余种，吸引150余名村民返乡创业就业，2020年合作社实现营收130万元。同时，该村还邀请全国各地新村民入驻，实现了浪漫田园和文艺村落融合发展，以及新村民与原村民的互助共享。

四、乡村文创商业模式

乡村文创的本质是基于对文化、对内容、对人、对乡村软件的关注，并为之赋形，探索乡村振兴的发展之路。即一切基于乡村环境、资源、文化、产业、生活而展开的跨界创意，都理解为乡村文创的研究范畴。当前可表现为以下商业模式。

（一）创意农业类

农业文创化，将农业与文化、艺术创意结合，促进一二三产业融合，提升农业附加值。

案例拓展阅读 2：台湾薰衣草森林，位于台湾台中市新社区，是两位厌倦了城市生活的女生，经过 18 年发展，将一个山林里的咖啡馆，打造成的拥有 9 个品牌的休闲产业集团。薰衣草森林如今已是台湾热门休憩区，并连续多年入围台湾百大旅游景点，年营收达 7 亿台币，成为台湾文创和感动营销的经典案例。

（二）IP 形象

乡村主题化、乡村形象 IP 化。挖掘乡村在地文化、植入异地文化、引入动漫影视文化，打造乡村主题和品牌，形成乡村独特 IP。

案例拓展阅读 3：台湾溪头妖怪村，位于台湾中部南投县山区，9·21 大地震后，原有的蜜月度假产业受到巨大冲击，以老人休养为主，年轻人鲜有知晓。为复兴逐渐没落的溪头，2011 年当地居民从当地神怪传说中获得灵感，将日式风格建筑结合“妖怪”主题，以动漫创作与衍生品开发为手段，成功转型，年游客量达 250 万人次。

（三）艺术表演类

用艺术激活乡村文化。将传统人文艺术融入现代时尚。

案例拓展阅读 4：贵州省黔东南苗族侗族自治州黎平县，以世界非物质文化遗产“侗族大歌”为主题，举办一年一度的音乐节。

邀请国内外知名音乐人和侗族民间艺人同台演出，将传统侗族音乐与现代音乐元素融合。音乐节期间还举办侗族文化展览、民俗体验等活动，推广侗族文化。黎平“侗族大歌”音乐节成为国内外知名的文化品牌，吸引了大量游客，带动了当地旅游业发展，促进了侗族文化的传承和创新。

（四）文创商品类

农特产品和乡村工艺品文创化卖情怀、重设计、高品质。通过创意包装和设计，培育成品牌农业和品牌农产品，让乡村风貌既能看得见又能带得走。

案例拓展阅读5： 台湾“掌生谷粒”，位于台湾南投县鹿谷乡，创办于2006年，其通过探访台湾各地用心耕作的稻农，以文字书写、影像记录的方式，表达对耕作的印象与感悟，发掘台湾农业的特质，凭借精致的手感包装与动人的品牌故事及对米食的深入了解，成为台湾各种米的代言人，建立“掌生谷粒”的品牌个性与品牌印象。台湾第一农产品文创品牌，于2009年入围网络人气卖家100强，并出版《掌生谷粒——来自土地的呼唤》一书。

(五) 跨界美食类

餐饮为主＋跨界复合业态。既讲究美食的主题文化和营养口味，又讲究进餐空间的环境打造和仪式感塑造。

案例拓展阅读6： 台湾·食养山房，位于新北市汐止区，依山傍水。食养山房是一家私人宅院式的禅味养生餐厅、文化会所，通过其独特的美食制作程序和仪式空间的营造，吸引大批食客趋之若鹜。

(六) 特色民宿类

“小而美”创意民宿、客栈。注重食宿、生活体验、文化体验。

案例拓展阅读7： 黄山·猪栏酒吧乡村客栈，位于黄山市黟县。是由上海一对青年诗人于2004年开始，由两栋古民居＋一个废弃的古代榨油厂，投资改造经营的，是中国精品乡村客栈的典范、“吃喝住玩”一体，驰名中外，以其独特的田园风光、回归自然的周边环境、古朴雅致的生活气息而吸引大批粉丝前往。它的特色之处在于，修旧如旧，化腐朽为神奇，让历史延续，赋予古民居新的生命。

(七) 跨界复合店类

文创赋能＋复合业态＋多元品类＋主题场景商业空间。

案例拓展阅读8： 南京先锋书店创立于1996年，曾多次入选国际媒体世界最美书店，倡导“学术、文化沙龙、咖啡、艺术画廊、电影、音乐、创意、生活”多种形式相结合的经营模式。主要分为城市店、历史文化街区店和乡村书局三个方向，每一家店都根据原本建筑的特点进行改造设计，店名也因地制宜。

(八) DIY工坊类

主要特征为文创＋DIY体验。

案例拓展阅读9： 台湾白米社区木屐馆，位于台湾宜兰县苏奥镇，白米乡的森林因盛产江某树而发展木屐产业，但至20世纪末木屐产业已没落二三十年。白米乡为振兴木屐产业，结合文化创意，赋予木屐新生命，将生活用品转换成手工艺品，使木屐不仅能穿在脚上，还能拿来彩绘、装饰、欣赏等，并成功从岛内污染最严重的小区，蜕变为生态环境舒适、人文环境优美的“木屐之乡”、台湾乡村社区营造的经典案例。

小任务 2：选取以上拓展案例或是感兴趣的乡村文创项目，分析其主要产品和创新模式。

第四节　股权结构：合伙人

相遇是开始，共处是进行，合作是成功。

——福特公司创始人亨利·福特

一、合伙企业的概念

合伙企业是指自然人、法人和其他组织依照《中华人民共和国合伙企业法》在中国境内设立的由各合伙人订立合伙协议，共同出资、合伙经营、共享收益、共担风险的营利性组织。

二、合伙企业的分类

合伙企业分普通合伙企业和有限合伙企业。其中，普通合伙企业由普通合伙人组成，合伙人对合伙企业债务承担无限连带责任；有限合伙企业由普通合伙人和有限合伙人组成，普通合伙人对合伙企业债务承担无限连带责任，有限合伙人以其认缴的出资额为限对合伙企业债务承担责任。有限合伙企业合伙人可以有两个以上五十个以下，其中至少有一个普通合伙人。有限合伙人不得以劳务出资，不执行合伙事务，不得对外代表有限合伙企业，合伙事务由普通合伙人执行。有限合伙人企业名称中应当标明“有限合伙”字样。

小任务：查阅相关资料谈谈普通合伙企业和有限合伙企业的区别。

三、普通合伙企业的设立条件

根据法律规定，设立普通合伙人企业应当具备以下五个条件。

(一) 有两个以上合伙人

合伙人为自然人的，应当具有完全民事行为能力；法律、行政法规禁止从事营利性活动的人（如在职国家公务员、现役军人）不得成为合伙人。

(二) 有书面合伙协议

合伙协议是合伙人之间确定权利义务关系最重要的依据，合伙人按照合伙协议享有权利，履行义务。合伙人应当以书面形式载明合伙企业的名称和主要经营场所的地点，合伙目的和合伙经营范围，合伙人的出资方式、数额和缴付期限，利润分配、亏损分担方式，入伙与退伙，争议解决办法，解散与清算，违约责任等。合伙协议经全体合伙人签名、盖章后生效。

(三) 有合伙人认缴或实际缴付的出资

合伙人可以用货币、实物、知识产权、土地使用权或其他财产权利出资，也可以用劳务出资。出资需要评估作价的，可以由全体合伙人协商确定，并在合伙协议中载明。

(四) 有合伙企业的名称和生产经营场所

与个人独资企业相同，普通合伙企业的名称中不得使用“有限”“有限责任”字样，并且应当标明“普通合伙”字样。

(五) 法律、行政法规规定的其他条件。

四、股权安排

如果准备和几个朋友合伙创业，那么首要问题就是如何针对有人出钱、有人出力、有人出专利或独门技术等进行股权安排。这一问题如果解决不好，可能就会造成合伙人因感觉不公平而退出。如果有人不是以现金而是以技术、管理能力或专利等入股，建议按合伙人各自的投入价值支付现金或开个欠条，不到万不得已尽量不要给股份，企业有钱后再偿还即可。在创业初期如果用股权来换取某些新创企业所需要的东西，将会为以后的不公平和纷争留下隐患。

为了解决好股权安排问题，创业者首先要确定是否将所有股东都登记在股东名录当中，接下来就是要确定用什么基准作为登记的股权分配比率。如果大家都是以现金出资的比率作为登记的股权比率依据，那么，以后的分配利润相对就比较简单。而实际上，新创企业不仅需要资金，同时也需要技术、人才和其他资源，因此通常的做法是先把股权分成资金股、人才股、技术股、资源股，然后按重要性进行排序（权重）。比如某新创企业认为资金很重要，就将资金股的权重设为60%，然后将人才股权重设为20%，技术股占10%，资源股占10%。在此基础上，再去确定各个股权类型中每个股东的贡献和应占比。比如创业准备筹集资金100万元，如果A投资50万元，那么，A就占资金股的50%；同样，其他人也要按投入资金的多少来确定各自所占资金股的相应比例。同样的道理，也可以根据每个股东的贡献来计算他们在其他类型股权的占比。还以A为例，由于A只投资金，没有其他贡献，所以他没有其他股权，结果可计算出A在新创企业整个股权中的占比应该是50%×60%（资金股权重）=30%。依此类推，就可以得出每位股东到底应该占多少股权比例。

如果A出资60万元，占股70%。B不出钱，但有核心技术占股30%。这样看似合理，其实如同埋个雷。因为当B发现自己的技术不能取得预期效果时，可以转身就走，但他却仍然持有企业的股权，而风险则全部由A承担。所以，对技术入股者一定要求与业绩绑定在一起，要约定在一段时间内必须完成预期业绩，如不能完成业绩就由企业收回其股权。

如果创业有了发展，还会遇到是否用送股权的方式奖励技术合伙人的问题。通常，技术股自己不掏钱，由企业白送股份（干股）。这种情况经常发生在企业为鼓励某技术合伙人，让他采取技术入股的形式。但这样做并不好，因为他没有出钱，一般也就不会对企业有向心力。如果准备送他10%的技术股，最好20%让他支付现金购买，这样他就自然会将自己的利益与企业的运营发展联系起来了。

另外，创始股东的股权保护问题很重要。因为随着股东人数的增多，创始人的股权就会被稀释，还可能导致自己的企业变成他人的企业。所以，在一般情况下，创始人持有的股权不要低于50%，否则就意味着失去了对企业的决策权和控制权，影响力就会变小。此外，还可以采取如下对策：[10]（见图3-6）

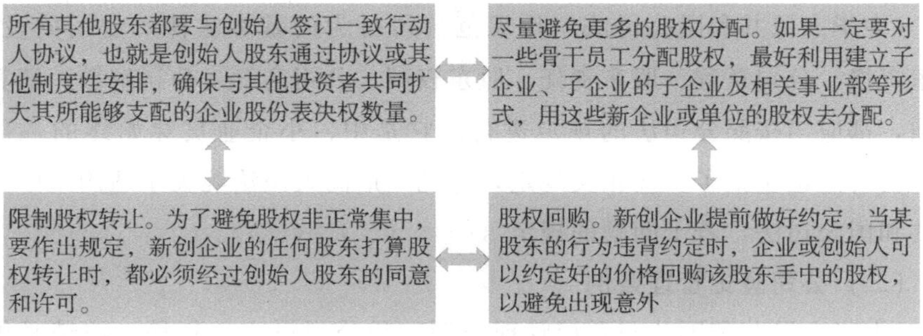

图3-6 股权保护对策

第五节　法律责任

> 社会主义市场经济本质上是法治经济。
>
> ——《中共中央关于全面推进依法治国若干重大问题的决定》

创业所需要的不仅仅是有新意的项目、有活力的团队、有眼光的投资人，而且还需要创业者懂得基本的法律常识，自觉提高合法合规创业的意识。只有懂法、守法，并依据法律规定开展经营活动，依法保护自己的合法权益，才能确保创业行稳致远。当然，由于创业者本人精力有限，不一定做到熟读法律，也不能做到依法处理每个问题，但重要的是要有基本的法律意识，至于具体处理与企业经营相关的法律问题，可以交给法务负责。特别是对于规模较小的初创公司或小微企业，首先要解决的是生存问题，每一分钱的支出都要精打细算，这一阶段，也没有必要聘请专职的法务人员。如果遇到涉及诉讼或公司治理等专业问题时，可向专业律师或机构咨询。目前，在网上有很多可以提供法律服务的公司，如易法客可以提供撰写合同、审合同、劳动协议、法律咨询等一站式服务，每项服务收费也是公开透明的，根据法务服务项目不同，收取几百元到几千元的服务费。这对初创企业来说比较经济实惠。

一、公司成立初期

（一）公司法

《中华人民共和国公司法》是规范公司行为的基本法律，公司的设立、股东资格、公司章程、股东责任、股东权利、公司高管、公司解散、清算等事项，都应当按照公司法的规定进行。它是中、小企业贯穿始终的一部法律。公司法也包括了一些相关规定，详见《最高人民法院关于适用〈中华人民共和国公司法〉若干问题的规定（一）、（二）、（三）》。

（二）公司登记管理条例

《中华人民共和国公司登记管理条例》是公司设立、年检、注销必须遵循的法规，相关的登记条例还包括《公司注册资本登记管理规定》等。

二、公司成立、运营期间

（一）合同法

《中华人民共和国合同法》是规范市场交易的法律，是民事主体进行经济活动所遵循的主要法律。合同涵盖的内容广泛，不仅商品交易需要订立合同，涉及公司的股权交易、知识产权交易、物权变动等事项也均须合同保障，均受该法的调整。其相关条例包括《最高人民法院关于适用〈中华人民共和国合同法〉若干问题的解释（一）、（二）》。

（二）劳动法

公司经营离不开人，而公司作为用人单位需要遵守《中华人民共和国劳动法》《中华人民共和国劳动合同法》《中华人民共和国劳动合同法实施条例》《中华人民共和国劳动争议调解仲裁法》《工伤保险条例》《中华人民共和国社会保险法》《中华人民共和国工会法》及相关的配套法规的规定，以保障劳动者的权益。

（三）物权法

公司经营所得，涉及土地、房产等不动产及交易动产，是需要登记才能取得物权的。这部分物权的取得要受《中华人民共和国物权法》调整。同时，《中华人民共和国土地管理法》《中华人民共和国城市房地产管理法》也是涉及土地、房产物权取得时应当遵循的规范。公司在运转的过程中，可能出现股东因为婚姻、继承事项等的发生而出现股东或股份的变动，这些主要由《中华人民共和国婚姻法》和《中华人民共和国继承法》两部法律调整。

（四）财务类法律

公司运转的过程中，各种经济指标都要用数字来体现，而体现的数字要符合《中华人民共和国会计法》的规定，不能违背该法及配套法规的相关规定。公司运营期间要进行支付结算和贷款融资等，此时涉及的法律、法规有《贷款通则》《中华人民共和国票据法》《中华人民共和国证券法》等。公司为了分散风险及按国家规定购买保险，就又涉及《中华人民共和国保险法》的相关规定。公司经营过程中，可能涉及为他人担保，也可能涉及找人担保，这就受到《中华人民共和国担保法》的调整。

（五）知识产权类法律

公司要有自己的商誉，同时还会给自己的产品或服务注册商标，拥有自己的商业秘密和专利技术。这些均须依照《中华人民共和国商标法》《中华人民共和国广告法》《中华人民共和国专利法》和《中华人民共和国反不正当竞争法》的相关规定实施。

（六）税收类法律

公司作为最重要的纳税义务人，在缴纳税款的时候要遵循《中华人民共和国增值税法》《中华人民共和国企业所得税法》《中华人民共和国个人所得税法》《中华人民共和国税收征收管理法》及实施细则等法律的规范和约束。

（七）安全生产类法律

安全生产是每个公司必须遵守的底线，国家在安全生产的各方面都有严格的规定。安全生产类的主要法律有《中华人民共和国安全生产法》《中华人民共和国节约能源法》《中华人民共和国环境保护法》《中华人民共和国大气污染防治法》《中华人民共和国水污染防治法》和《中华人民共和国清洁生产促进法》等。

案例拓展阅读：在上海大学读大四时，秦亮通过熟人与中国联通上海分公司一级代理商上海美天通信科工程设备有限公司取得联系，并得知“美天”正准备推广 CDMA 校园卡业务。秦亮认为可以发动老师、同学购买，赢利几乎唾手可得。

由于“美天”要求必须以公司为主体来签协议，秦亮和几个同学在家长的帮助下，注册了上海想云科技咨询有限公司，以该公司的名义与“美天”签署了《CDMA 校园卡集团用户销售协议书》。协议约定：“想云”在上海大学进行 CDMA 手机及 UIM 卡捆绑销售的权利，并对校园卡用户资料真实性及履行协议承担保证责任，用户必须凭学生证和教师证购买，一人一台；如“想云”发展用户不真实，“美天”有权停机，“想云”承担不合格用户的全部欠费……

在同学和老师的宣传下，秦亮的生意很红火，一共发展了 4196 名用户。秦亮和“想云”可从“美天”获得 10 余万元的回报。但是“美天”给秦亮支付了 2 万元钱后，联通公司发现“想云”递交的客户资料中有几百份是虚假的，有一部分根本不是校园用户，有的是冒用别人的身份证，最终形成了大量欠费。

“美天”为此赔偿联通 442 户不良用户的欠费 52 万余元，联通还扣减“美天”406 部虚假用户和不良用户的手机补贴款 36 万余元。“美天”将“想云”及秦亮起诉到法院，要求“想云”及秦亮承担上述赔偿款项，另赔偿“美天”406 部虚假、不良用户手机的补贴差价 6 万余元，未归还的手机价款 15 万余元和卡款 5100 元，总计 100 万元左右。

一审法院认定秦亮借用“想云”公司名义与“美天”签订销售协议，协议书上是秦亮的签名和“想云”的公章，并无其他“想云”公司的人员参与，故秦亮与“想云”公司共同承担100万元的赔偿责任。由于“想云”本来就是为这项业务成立的公司，加上经营亏损，已被吊销营业执照，秦亮成了债务承担人。一分钱没挣到的秦亮反背上了100多万元的债务。

秦亮不服判决，他称自己凭肉眼无法辨别证件的真伪，而业务受理地都有“美天”的工作人员，“美天”公司也有专门辨识证件真伪的仪器，但是“美天”却要求自己承担所有损失，显然有失公平，遂上诉到二中院要求改判。但是二中院经审理后，维持了原判。

三、公司终止时

公司终止是指公司根据法定程序彻底结束经营活动，并使公司的法人资格归于消灭的事实状态和法律结果。无论是股东自行决定解散还是申请法院解散，都要成立清算组，此时的操作细则在《中华人民共和国公司法》中有规定。而当公司资不抵债，需要申请破产时，就要接受《中华人民共和国企业破产法》的调整。

公司是拟制的“人”，从其“生”到“长”一直到“消灭”，都是一系列的法律行为，所以也要遵守法律的规定。[11]

本章综合练习：

1. 假设你是创业者对其当前乡村创业市场进行调研，分析当前哪些项目较为具有发展前景?

2. 结合自身定位、能力及市场环境，分析什么乡村创业项目适合自己并给出理由。

3. 选择乡村振兴创业案例，分析其商业模式构成并解释案例成功的优势。

4. 谈谈对于创业中的股权结构和法律责任的认识。

本章参考文献：

[1] 人力资源和社会保障部职业能力建设司．网络创业培训教程［M］．北京：中国劳动社会保障出版社，2021.

[2] 菲利普·科特勒．市场营销导论［M］．俞利军，译．北京：华夏出版社，2001.

[3] 陶广华，吴倩君，万青．市场调查与分析［M］．北京：北京理工大学

出版社有限责任公司，2020.

[4] 王伟浩，汪朝洋．市场营销理论与实务［M］．上海：上海财经大学出版社，2022.

[5] 赖一飞，吴思，贾俊平．创业项目管理［M］．武汉：武汉大学出版社，2018.

[6] 刘杰．脱贫攻坚与乡村振兴衔接：产业［M］．北京：人民出版社，2020.

[7] 邓向荣，刘燕玲．大学生创新创业［M］．北京：北京理工大学出版社有限责任公司，2020.

[8] 李佳桐，刘洋，王换茹．创业的机会识别及项目实施与管理［M］．成都：西南交通大学出版社，2018.

[9] 杨复伟．大学生创新创业实践手册［M］．重庆：重庆大学出版社，2021.

[10] 杨炜苗．大学生创新创业［M］．北京：中国传媒大学出版社，2022.

[11] 黄昌兴．大学生创业基础［M］．北京：中国言实出版社，2020.

第四章　运营篇：创业实施与运营策略

【学习目标】

1. 理解商业计划书的重要性，掌握商业计划书的编写流程和关键要素；

2. 掌握市场营销的基本理论和策略，学会运用不同的营销模式推动产品或服务的市场渗透；

3. 熟悉运营管理的主要内容，学会运用运营管理工具和方法提升企业效率和竞争力；

4. 认识创业风险的类别和特点，掌握风险管理的基本过程和方法；

5. 学会进行财务预测和控制，合理规划资金需求和利润计划，确保企业的财务健康。

【学习重点】

1. 商业计划书的制订与执行：如何根据乡村振兴的实际需求，制订切实可行的商业计划书；

2. 市场营销与品牌推广：如何在乡村振兴的背景下，运用有效的营销策略和品牌推广手段，提升产品或服务的市场竞争力；

3. 运营管理与风险控制：如何通过科学的运营管理，有效控制和规避创业过程中的各类风险；

4. 资金与利润计划：如何进行合理的财务预测和控制，确保企业的资金流动性和盈利能力。

概　述

在乡村振兴的宏伟蓝图下，每一位创业者都承载着推动乡村经济繁荣、文化复兴和社会进步的重要使命。本章旨在为有志于投身乡村振兴事业的创业者提供一套全面的运营管理与风险控制知识体系，帮助他们在复杂多变的市场环境中稳健前行，实现创业梦想。我们将深入探讨商业计划书的制订与执行、市场营销与品牌推广策略、运营管理与风险控制，以及资金与利润计划等关键议题，以期为乡村振兴的实践者提供坚实的理论支持和实践指导。

第一节 商业计划：创业计划的制订与执行

> 凡事豫则立，不豫则废。
>
> ——《礼记·中庸》

一、商业计划的定义

法国著名经济学家理查德·坎蒂隆（Richard Cantilion）在1755年提出了“创业者”这一概念。随着创业理论的不断发展，创业和商业运营工具不断完善，商业计划这一工具也应运而生。商业计划发源于近代商业制度出现后的美国，于1983年首次出现在美国得克萨斯大学奥斯汀分校举办的世界大学生创业计划竞赛上。商业计划书就此随着创业热潮兴起，最早它是作为吸引投资者前来投资的“包装”，现在商业计划书已经成为公司经营必不可少的文件，并被广泛应用。那么商业计划到底是什么呢？商业计划是创业过程中的重要文件。商业计划是指在公司运营的过程中，创业者以组织整体的战略为导向，对项目的创业条件、创业思路、商业前景等要素进行系统的调研、收集、分析与梳理，并以此作为依据确定商业模式，随后按一定的格式规定，起草并制订的一种以实现战略目标为目的的一份总体计划和行动方案的书面材料。[1]

二、商业计划书的定义

商业计划书（business plan）是公司、企业或项目单位为了达到融资或其他目的，在对项目进行科学调研、分析、搜集与整理有关资料的基础上，按照一定格式起草的、向投资人全方位、多角度展示项目目前发展现状和未来发展潜力的书面材料。[2]它通常是由营销、财务、生产和人力资源这类功能计划所构成的整合体，说明了创业构想及如何实施创业构想，回答了“我想要做什么”“我为什么做”“我将如何做”“我会得到什么回报”这类问题。[3]

商业计划书的价值在于对投资人决策的影响，其主要用途是提供给投资人便于他们全面了解行业发展趋势、行业痛点难点、创业目标及状态、核心优势团队情况、发展潜力、可能遇到的风险及解决方案，从而对企业是否符合其投资偏好作出初步评判，并决定是否将该企业列入潜在投资对象。就帮助企业获得融资来说，商业计划书的价值是无法衡量的，可以说商业计划书就是企业的融资计划书。

在我国创业投资蓬勃发展的今天，商业计划书在投资中的作用越来越被人们所重视，是企业经营者素质的体现，是企业拥有良好融资能力、实现跨越式发展的重要条件之一。一份完备的商业计划书是众多创业企业进行融资的必备文件，其重要性就如同于上市公司的招股说明书。近年来，创业融资的程序日益规范，商业计划书成为投资机构进行项目内部立项审批的正式文件之一，编写商业计划书已经成为越来越多创业企业家的“必修课程”。

三、商业计划书的作用

(一) 商业计划书是“敲门砖”，帮助创业企业获得外部投资

大多数专业投资公司或投资人审查、评估拟投项目的第一关就是看项目的商业计划书。投资人每天会收到很多商业计划书。要顺利获得风险投资，避免项目在进入投资人视线之初就被筛选出局，商业计划书的质量和专业性就显得至关重要。即便创业企业的技术水平很高、发展前景很好，也不代表投资人就应该知道它、关注它、和它商谈合作。这时，创业企业就需要一块“敲门砖”敲开投资人的大门，与投资人面对面商谈合作。一份内容丰富、专业规范的商业计划书，就是获得投资人青睐的“敲门砖”，仅凭专利证书或科技成果鉴定证书是不可能获得风险投资的。

美国一位风险投资家曾说过：“创业企业邀人投资或加盟时，双方各有打算，仅靠空头许诺是无济于事的。”对于正在寻求资金的创业企业和寻找项目的投资人来说，商业计划书的好坏，往往决定了投融资交易的成败。

投资人在与创业企业的接触中，为什么要企业先提交一份商业计划书？为什么不直接通过电话洽谈或者面谈？这是因为投资是一项十分严谨的商业行为，投资人通常都是在审阅完商业计划书之后，觉得有必要进一步了解企业的情况时才会与企业人员见面，这不仅体现了投资人的专业性，也是对拟融资企业的一种尊重。因为，只有在了解了企业的产品技术、管理策略、市场规划、盈利预测等内容之后，并结合对企业所处行业的了解，投资人才知道这家企业是否符合他们的投资要求，从而决定是否有必要进行进一步商讨。而且投资人看过商业计划书后，面谈才更有针对性，避免浪费时间。所以，商业计划书是融资的试金石，只有商业计划书写得好，才会使投资人更快、更有效地了解企业，才会使投资人对企业充满信心，融资才会有希望。

案例拓展阅读 1：苹果公司的商业计划书是一个成功的典范。在 1977 年成立时，苹果的商业计划书提出了革命性的想法：将个人电脑带给每个

人。他们设定了明确的目标，并详细规划了产品开发、市场推广和销售渠道。此外，苹果的商业计划书重点强调了创新和用户体验的重要性。这个商业计划书为苹果成功融资提供了有力的支持，并对其后来的产品战略起到了重要的指导作用。[4]

案例拓展阅读 2：Airbnb 是一家通过在线平台提供住宿服务的公司。他们的商业计划书提出了一个关键的想法：将房屋闲置资源转化为商机，并通过在线共享经济模式实现商业增长。商业计划书中详细说明了 Airbnb 平台的运作方式、市场定位和盈利模式，以及策略和措施来保证用户体验和房源质量。这个商业计划书打破了传统住宿行业的格局，并成功吸引了投资者的关注和资金支持。[5]

案例拓展阅读 3：特斯拉是一家以电动汽车和可再生能源为主导的汽车制造商。他们的商业计划书提出了一个清晰的愿景：加速世界向可持续能源转型。商业计划书中详细介绍了特斯拉的技术优势、产品路线图和市场拓展计划。此外，特斯拉的商业计划书强调了环境保护的重要性，并致力于推动全球汽车行业向可持续发展方向转变。这个商业计划书激发了投资者的兴趣，并为特斯拉成功获得了关键的资金支持。[6]

案例拓展阅读 4：美团点评的商业计划书围绕“分享经济”提出了一种全新的商业模式。商业计划书中详细说明了美团点评的平台生态系统、市场份额和盈利模式，并强调了用户需求和市场潜力。这个商业计划书成功吸引了投资者，并使其成了一家快速成长的互联网公司。[7]

（二）商业计划书是一面“透视镜”，帮助创业企业更进一步认清自身

对创业企业来说，商业计划书不仅是决定企业能否与风险投资机构面谈的通行证，而且能帮助创业企业家对企业进行再认识。一个酝酿中的项目往往各个方面的想法都很模糊。创业企业家按照编写商业计划书的具体要求，把正反理由都列出来，然后再逐条推敲，有助于对项目有一个更清晰的认识。可以这样说，商业计划书是先要把计划创立的企业推销给创业企业家自己，制订相应的商业计划，能够使企业家对企业各个方面的情况有一个全面的了解，可以更好地了解目标客户、规划市场范畴、形成定价策略，并对市场竞争环境作出分析，在其中开展业务以求成功。商业计划的制订保证了这些方方面面的考虑能够协调一致。同样地，创业企业家在制订商业计划的过程中往往能够发现企业颇具竞争力的优势，或是商业计划本身所蕴藏的机遇或不足。只有将商业计划付诸纸上，才能确保提高创业企业家管理企业的能力。创业企业家也可以在实施过程中，集中精力应对与商业计划书产生偏差

的状况，做到防患未然。

正如一位风险投资家所说："如果你想踏踏实实做一份创造性工作，写好一份商业计划书非常重要。它不仅可用于向投资人介绍项目，还能迫使你进行系统思考。有些创意可能听起来很棒，但是当你努力把尽可能多的细节和数据写下来的时候，就没有听起来那么棒了。"在编写商业计划书的过程中，创业企业家通过全面梳理，可以对自己运作构思的可行性进行系统思考，改正一些不切实际的想法，避免假大空，降低试错成本，提高创业成功率。

（三）商业计划书是一张"施工图"，帮助创业企业统筹协调内外部资源

商业计划书不仅是一份商业策划方案，也是一个企业管理工具，能引导你走过企业发展的不同阶段。无论是商业项目的动作，还是企业经营，都离不开参与者的相互沟通和协作。在项目推进的过程中，如果缺少共同认可的方向和方案，就难免会产生歧义，继而产生分歧和冲突，影响项目的推进。要实现合作成功、信息共享、沟通顺畅、认识统一，行动一致是基础和前提。而商业计划书其中一个很重要的作用，就是向投资人、合作伙伴、企业员工及包括政府在内的利益相关者提供信息，作出某种承诺，是建立信任、保证顺畅沟通、作出正确决策和积极执行的基础。

一份有深度的商业计划书能帮助你认清市场风险和拦路虎，从而让你绕过它。对于新建立企业或创业项目来说，商业计划书有四个基本目标：确定机遇的性质和内容；说明利用这一机遇进行发展所要采取的方法；确定最有可能决定企业是否成功的因素；确定筹集资金的工具和渠道。通过编写相应的商业计划书，企业或项目参与者及运营者会对自己企业的各个方面有一个全面的了解。商业计划书保证了项目整体运营的协调及自身优势的充分发挥。它可以帮助创业者更好地分析目标客户，掌握竞争环境，规划市场，制定销售及价格策略，以进一步提升项目的成功率；也可以帮助创业者抢在市场环境恶化之前，应对项目出现的偏差，以便有足够的时间为未来做打算，做到防患于未然。很多创业者都与他们的团队分享商业计划书，以便让团队成员更深刻地理解自己的业务到底走向何方。

大企业也在利用商业计划书，通过年度周期性的反复讨论和仔细推敲，最终确定企业未来的行动纲要和当年的行动计划，并让上级和下级意志得到统一。商业计划书也能帮助你跟踪、监督、反馈和度量你的业务流程。优秀的商业计划书将是一份有生命的文档，随着团队成员知识与经验的不断增加，它也会随之成长。当你建立好企业的时间轴及里程碑，在一个时间段后，你就能衡量企业实际的路径与开始的计划有什么不同了。越来越多的企业都在利用年度周期性的计划工作，总结上一周期的成功与不足，以便调整

集体的方向与步骤，进而奖优罚劣，激励团队成员成长。

（四）商业计划书是一份“承诺书”，帮助企业明确未来利益的分配

对于创业企业家来说，商业计划书也是一份“承诺书”。这点在企业利用商业计划书执行融资工作的时候体现得最为明显。和其他法律文档一样，在创业企业家和投资人签署融资合同的同时，商业计划书往往作为一份合同附件存在。与这份附件相对应的是主合同中的对赌条款。对赌条款和商业计划书共同构成一个业绩承诺：当企业家完成或没有完成商业计划书中所约定的目标时，投资人和创业企业家之间在利益上如何重新进行分配。

对于已创建的企业来说，商业计划书也是一个有效的承诺工具。在辅助执行企业内部管理时，上级和下级就某一特定目标达成一致以后，他们合作完成的商业计划书就记录下了对目标的约定。这样的约定，将成为各类激励方案得以实施的重要基础。

与此同时，商业计划书作为承诺工具的作用和价值，也体现在上级与下级的合作关系中。企业战略的展开，意味着必要的资源投入，同时也需要全体参与者的共同努力，更需要领导者统筹全局，运筹帷幄。一方面，只有经过慎重思考的战略，才能够让领导者下定必要投入的决心；另一方面，稳定的战略思维是领导者凝聚人心和统一指挥不可或缺的基础，是上级对下级最重要的承诺，下级可以原谅因为具体环境的变化、市场的发展、技术的进步、认识的提升、知识的增长而带来行动计划乃至战略的调整，但是没有任何人愿意和一个朝三暮四、朝令夕改的，不具备战略思考能力的领导人共同工作。

四、商业计划书的撰写流程

从商业计划书具有的重要作用可知，其撰写流程必然是一个复杂而严谨的过程。总体来看，商业计划书的撰写流程有四大环节，如图 4－1 所示。

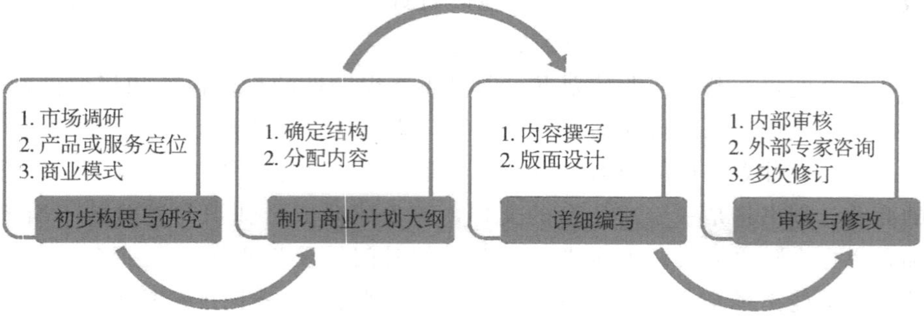

图 4－1　创业计划书的撰写流程

（一）初步构思与研究

在创业初期，深入的市场调研是至关重要的。这一阶段的目标是形成对市场环境、潜在需求和竞争格局的全面认识。通过收集和分析行业报告、市场数据，以及潜在客户的访谈记录，可以为后续的商业模式设计提供有力支撑。

同时，明确自身的商业理念是这一阶段的核心任务。这包括明确产品或服务的核心价值主张，以及如何通过独特的商业模式实现盈利。在这个过程中，初步的财务预算和资金需求评估也是必不可少的，它们将为后续的详细规划提供财务框架。

（二）制订商业计划大纲

在初步构思的基础上，制订一个清晰的商业计划大纲是接下来的关键步骤。这个大纲不仅是整个计划书的骨架，而且是组织思路和内容的重要工具。它应该包含所有主要部分，如企业概述、市场分析、产品或服务介绍、营销策略、运营计划、组织结构、财务规划和附录等。

在制订大纲的过程中，需要不断地调整和完善，以确保所有关键信息都被包含，且逻辑清晰。这一阶段的工作将为后续的详细编写打下坚实的基础。

（三）详细编写

在制订了大纲之后，接下来是详细编写每个部分的内容。这是一个将前期研究和规划转化为具体文字的过程。在这一阶段，需要确保内容的翔实性和准确性，同时保持语言的专业性和客观性。

详细编写时，应使用数据支持论点，并提供详细的市场分析、产品或服务介绍、营销策略等。对于财务部分，应提供详细的财务预测，包括预期收入、成本和利润等。此外，还应描述具体的运营计划和组织结构，以及风险评估和应对措施。

（四）审核与修改

完成初稿后，进行内部审查是确保计划书质量的关键步骤。团队成员应相互审阅，提出修改建议，并检查内容的准确性、完整性和一致性。在此基础上，可以邀请行业专家、潜在投资者或顾问进行外部审查，以获得更专业的反馈。

根据收到的反馈，进行必要的修订和改进。这包括调整内容、优化语言表达和视觉呈现等。通过这个过程，可以进一步完善计划书，使其更加符合市场标准和投资者的期望。

五、商业计划书的内容

按排列的先后顺序，商业计划书一般由目录、摘要、核心内容、附录等部分组成，其中核心内容会根据产品或服务的不同而有所取舍，下面进行具体介绍。

（一）目录与摘要

目录与摘要是商业计划书的开头部分。其中，目录一方面可以让投资人快速了解整个商业计划书的内容结构，另一方面可以引导投资人快速翻阅到需要的内容。

摘要则是对整个商业计划书内容的高度提炼，能够反映商业计划书的全貌。投资人可以用大约 10 分钟的时间阅读完整个摘要的内容，并以此决定是否继续阅读后面的正文内容。因此，摘要应该通过简洁有力的表述，将公司、项目、产品等内容全方位地展现在投资人眼前，务必引起投资人的兴趣，使其有进一步阅读的想法。

（二）核心内容

商业计划书的核心内容主要包括公司与产品介绍、市场与行业分析、运营管理与营销计划、团队介绍与展示、财务与融资计划、风险管理与控制等方面。

1. 公司与产品介绍

公司与产品介绍一般是商业计划书需要首先展现的核心内容。通过这部分内容，投资人可以第一时间了解需要投资的对象。介绍公司时，可以将公司的基本情况、定位、规划和取得的成绩向投资人进行简要说明，让投资人对公司的实力有一定的了解；介绍产品时，则可以将产品的详细情况、优势和盈利情况进行说明，让投资人了解该产品是极具竞争力的产品。如图 4－2 所示为公司与产品介绍涉及的问题。

公司介绍

1. 公司的创立背景和历史沿革是怎样的？
2. 公司的愿景和使命是什么？
3. 公司目前专注于哪些业务领域？
4. 公司的组织结构和管理团队构成如何？
5. 公司如何确保其业务的合法性和合规性？

产品介绍

1. 公司提供的主要产品或服务是什么？
2. 这些产品或服务有哪些显著的特性和优势？
3. 产品或服务是如何满足市场需求的？
4. 这些产品或服务在技术上有哪些创新点？
5. 产品或服务的用户体验如何，是否有用户反馈或案例支持？
6. 产品或服务的定价策略背后有哪些考量？
7. 如何推广和销售这些产品或服务？
8. 产品或服务的供应链和物流体系是如何运作的？
9. 公司如何保护产品或服务的知识产权？

图 4－2 公司与产品介绍包含的基本内容

2. 市场与行业分析

市场与行业分析部分可以向投资人说明本项目团队对市场和行业的了解情况，从而论证项目和产品能否在市场中占有一席之地并发展壮大。比如，分析市场时可以对市场的总体环境、供需情况、市场细分等数据进行分析；分析行业时可以对行业发展趋势、竞争度、需求痛点、产业链等进行分析。如图 4－3 所示为市场与行业分析涉及的问题。

市场分析

1. 目标市场的规模和增长趋势如何？
2. 目标市场的客户群体有哪些特点和需求？
3. 市场中存在哪些未满足或未充分满足的需求？
4. 市场竞争格局如何，主要竞争对手是谁？
5. 竞争对手的优势和劣势是什么？
6. 我们的产品或服务在市场中的定位是什么？
7. 我们如何与竞争对手区分开来？
8. 市场进入壁垒有多高，我们如何克服这些障碍？
9. 市场趋势和未来发展方向是什么？

行业分析

1. 当前所在行业的规模和发展状况如何？
2. 行业内的主要参与者和市场结构是怎样的？
3. 行业的供需关系和价格波动情况如何？
4. 行业的技术发展和创新动态是什么？
5. 行业的法规政策对企业经营有何影响？
6. 行业的供应链和价值链是如何构建的？
7. 行业的发展趋势和未来前景如何？

图 4－3　市场与行业分析包含的基本内容

3. 运营管理与营销计划

运营管理与营销计划部分需要向投资人展示公司和业务的运营流程、运营经验、管控方法，以及包括产品、价格、渠道和促销在内的各种营销策略和计划。如图 4－4 所示为运营管理与营销计划涉及的问题。

运营管理

1. 我们的运营流程是如何设计的？
2. 我们如何确保运营效率和质量？
3. 我们的供应链管理策略是什么？
4. 我们如何控制运营成本？
5. 我们如何应对突发事件和风险？
6. 我们如何保证产品或服务的质量和安全？

营销计划

1. 我们的目标客户是谁？
2. 我们如何定位我们的产品或服务？
3. 我们的营销策略是什么？
4. 我们如何推广我们的产品或服务？
5. 我们如何建立品牌知名度？
6. 我们如何与客户建立长期关系？
7. 我们如何测量营销效果？

图 4－4　运营管理与营销计划包含的基本内容

4. 团队介绍与展示

项目团队是投资人非常看重的因素，有些投资人宁可投资“二流的项目、一流的团队”，也不会投资“一流的项目、二流的团队”，由此可见团队在吸引投资方面的重要性。商业计划书中的团队介绍与展示部分，可以全面介绍公司管理团队的情况，如公司组织架构、核心管理人员的基本情况、团队优势等。如图 4－5 所示为团队介绍与展示涉及的问题。

团队介绍

1. 团队的核心成员都有哪些？
2. 他们各自的背景、经验和专业技能是什么？
3. 团队成员之间是如何协作的？
4. 团队的领导风格和决策机制是怎样的？
5. 团队的文化和价值观是什么？
6. 团队成员的激励机制和薪酬待遇如何？

团队展示

1. 团队成员在过去的项目或工作中取得了哪些成就？
2. 团队成员在本领域的专业知识和经验如何？
3. 团队成员如何展现出对公司的承诺和热情？
4. 团队成员的领导力和创新能力如何？
5. 团队如何应对挑战和困难？
6. 团队成员的个人成长计划和发展目标是什么？

图 4-5　团队介绍与展示包含的基本内容

5. 财务与融资计划

财务与融资计划部分需要向投资人说明公司的财务情况和财务规划，并预测未来经营的财务损益状况；需要说明融资需求和用途、股权出让比例和退出方式等内容。如图 4-6 所示为财务与融资计划涉及的问题。

财务计划

1. 公司的收入预测基于什么假设和数据？
2. 公司的成本结构和利润预期如何？
3. 公司的现金流状况如何？
4. 公司的资本支出计划是什么？
5. 公司将如何进行预算管理和控制？
6. 公司的财务风险和应对策略是什么？

融资计划

1. 公司需要多少资金来支持其业务发展？
2. 公司计划通过哪些渠道筹集资金？
3. 公司的股权结构和债务结构是怎样的？
4. 公司的投资回报率和退出策略是什么？
5. 公司如何评估潜在投资者的要求和条件？
6. 公司将如何与投资者沟通和协商？
7. 公司的融资计划对公司未来发展有何影响？

图 4-6　财务与融资计划包含的基本内容

6. 风险管理与控制

投资自然有风险，但如果公司将所有风险都考虑到了，并提供了有力的防范和管控措施，能够有效降低投资风险，自然可以增加投资人的信心。因此在商业计划书中，可以将各种可能出现的风险及其防范措施、管控措施，甚至对风险造成的损失的处理措施等内容都体现出来。如图 4-7 所示为风险管理与控制涉及的问题。

风险管理

1. 公司面临哪些潜在的风险？
2. 这些风险可能对公司的业务产生哪些影响？
3. 公司如何识别和评估潜在风险？
4. 公司如何制定风险应对策略？
5. 公司如何监控和控制风险？
6. 公司如何准备应对突发风险事件？
7. 公司如何建立有效的风险管理体系？

控制措施

1. 公司采取了哪些具体的控制措施来降低风险？
2. 这些控制措施的执行效果如何？
3. 公司如何确保控制措施的持续有效性？
4. 公司如何评估控制措施的有效性？
5. 公司如何调整控制措施以应对变化的风险环境？
6. 公司如何培养员工的风险意识和控制能力？
7. 公司如何与合作伙伴共同管理风险？

图 4-7　风险管理与控制包含的基本内容

7. 附录

附录的作用是对商业计划书中的部分内容或数据进行解释、说明或汇总，使整个商业计划书的内容更容易被投资人所理解。虽然附录不是商业计划书必备的组成部分，但大多数商业计划书中都包含附录部分。

六、项目计划书的执行（见图 4－8）

（一）第一阶段：准备阶段

1. 团队准备

确保团队成员对乡村振兴和农业现代化的愿景和使命有清晰的理解和高度的认同。定期举行团队会议和培训，详细解释商业计划的内容和目标，使每个团队成员都清楚自己的角色和职责。通过团队建设活动，增强团队凝聚力和合作精神，建立一个高效、协作的工作环境。

2. 资源调配

确保你有足够的资金、技术设备和其他必要资源来支持执行计划。详细制订资源分配计划，包括预算分配、设备采购、技术支持等，确保各项资源能够满足业务发展的需求。与农业技术供应商、合作伙伴和金融机构建立稳定的合作关系，确保资源供应的稳定和可靠。

3. 法律和规章

确保业务符合当地的法律法规，获得必要的许可证和执照。设立法务部门或聘请法律顾问，定期审查和更新公司的合规状况。制定公司的合规政策和流程，确保所有员工都遵守相关法规和公司内部的规定，尤其是在农业生产和销售方面。

（二）第二阶段：执行和实施

1. 市场推广和销售

根据市场分析结果，制订详细的市场推广策略和销售计划。选择适合的市场营销渠道，如自有电商平台、合作电商平台、社区生鲜超市和健康食品专卖店，进行广泛的市场推广。利用社交媒体和关键意见领袖（KOL）进行品牌宣传，提升品牌知名度和市场影响力。定期分析市场反馈和销售数据，优化推广策略，提升销售业绩。

2. 产品开发和改进

根据客户反馈和市场需求，持续优化和改进有机农产品。引进先进的农业技术和智能设备，提高生产效率和产品质量。建立研发团队，关注技术创新和市场趋势，开发新产品，满足市场多样化需求。通过严格的质量控制体系，确保产品的安全性和高品质，提升客户满意度和忠诚度。

3. 运营和管理

建立科学的运营流程和管理系统，提高业务的运行效率。制订详细的运营计划和流程，涵盖生产管理、质量控制、物流配送和售后服务等环节。通过信息化管理系统，实现业务的数字化和智能化，提高运营效率和管理水平。定期审查和优化运营流程，解决运营中的问题和挑战，确保业务顺利进行。

4. 人力资源和团队发展

招聘、培训和激励优秀的员工，支持公司的长期发展。制订科学的招聘计划，吸引具备专业知识和技能的人才。通过系统的培训和发展计划，提升员工的专业能力和综合素质。建立激励机制和绩效考核制度，激发员工的工作热情和创造力，形成积极向上的企业文化。

（三）第三阶段：监控和评估

1. 绩效评估

定期审查业务的绩效指标和关键业务指标（KPI），与商业计划中的预期进行比较。通过数据分析和绩效评估，了解业务发展的进展和成效，发现存在的问题和不足。根据评估结果，制定改进措施和优化方案，提升业务绩效和管理水平。

2. 风险管理

识别并管理潜在的风险和挑战，制定预防措施和应急方案。通过定期的风险评估和分析，识别业务中的潜在风险，制定相应的应对策略。建立完善的风险管理体系和应急预案，确保在突发事件发生时能够快速反应和有效应对，降低风险对业务的影响。

3. 客户反馈和改进

通过建立客户反馈系统，收集客户的意见和建议，了解客户的需求和期望。根据客户反馈，不断优化产品和服务，提升客户满意度和忠诚度。建立客户关系管理系统，加强与客户的沟通和互动，建立长期稳定的客户关系。

4. 战略调整

根据市场变化和业务需要，灵活调整商业计划的战略和方向。定期审查和更新公司的战略规划，确保其适应市场环境和业务发展的变化。通过市场调研和竞争分析，了解市场趋势和竞争态势，制定适时的调整策略，确保公司的持续发展和竞争优势。

（四）第四阶段：持续发展和扩展

1. 扩展和增长

根据市场需求和业务机会，考虑扩展有机农产品的生产和销售规模，或进入新的市场领域。制订详细的扩展计划，包括市场调研、新产品开发、渠道建设等。通过技术创新和品牌建设，提升市场竞争力和影响力，实现业务的持续增长。

2. 社会责任和可持续发展

将社会责任和可持续发展纳入业务运营和发展战略中，提升企业的社会形象和影响力。制定公司的社会责任政策和可持续发展目标，推动绿色生产和生态保护。通过参与社会公益活动和环保项目，履行企业社会责任，增强品牌美誉度和社会认可度。

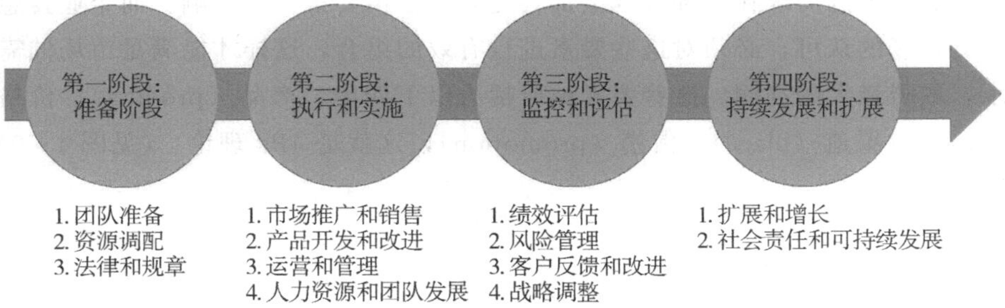

图 4－8　项目计划书的执行步骤

第二节　营销与推广：市场营销与品牌推广策略

> 营销的宗旨是发现并满足需求。
>
> ——菲利普·科特勒

当创业者确定了自己未来发展的商业模式后，又将如何把商业模式应用于实践，将战略层面的产物转化为战术层面的执行呢？答案是：制定营销策略，形成品牌。营销就是企业怎样发现、创造与交付价值以满足一定目标市场的需求，并从中获取利润的过程，往往用以辨识没有被满足的需求，定义、量度目标市场的规模与利润潜力，找到最适合企业进入的细分市场及适合该细分的市场供给品。营销部门作为真正以客户为中心并希望客户发生购买行为的部门往往是最先发现客户有哪些需求的，对于营销部门来说，制订一份完善的营销计划是开展工作的前提。

一、市场营销理论

随着市场环境的变化和行业的发展，营销策略也从传统的4Ps营销策略扩展为6Ps、10Ps甚至是11Ps，还出现了4Cs、4Rs、4Vs等营销策略，但是不管策略理论怎么变化，商业的本质没有变，都需要更好的产品和服务满足客户需求，创造顾客价值和价值增值。

（一）4Ps营销理论

4P理论诞生于20世纪60年代的美国，是伴随着营销组合理论出现的。1953年，尼尔·博登（Neil Borden）创造了“市场营销组合”这一术语，他认为市场的需求在某种程度上都会受到“营销要素”的影响。而企业要想得到市场的认可，必须对这些要素进行有效的组合，这样才能满足市场的需求，取得最大的利润。这些要素被概括为以下四类：产品（product）、价格（price）、渠道（place）、促销（promotion），这就是4Ps理论。（见图4－9）

图4－9　4Ps营销理论

在4Ps理论下，产品要素包括产品组合、产品生命周期、产品包装、品牌等内容，这意味着企业的产品要具备与众不同的卖点，要将产品的功能诉求放于首位。

价格要素包括决定定价导向、作出调整价格的反应、设计价格的风险评价等内容，企业必须关注自己的市场定位，以此为依据制定与之相符的价格策略，产品的定价依据属于企业的品牌战略，要充分考虑品牌的含金量。

渠道要素包括渠道模式与中间商的选择、调整协调管理、实体分配等内容，很大一部分企业并不会直接接触消费者，而是通过布局经销商与销售网络的方式进行销售活动，经销商与销售网络充当的就是企业和消费者之间沟通的桥梁。

促销要素包括推销、广告、营业推广等内容，企业能够控制销售行为，以此来激发消费者的购买意愿，以短期的行为（如打折、满减、赠送、试用等）吸引顾客或制造提前消费来提升销售额。

6Ps 理论在 4Ps 的基础上，增加了权力（power）和公共关系（public-relations）。在国内外市场竞争日益白热化、各类形式的政府干预及贸易保护主义再度兴起的新形势下，要利用政治力量与公共关系，打破国内外市场上的贸易壁垒，帮助企业的市场营销扫清障碍；10Ps 理论又在 6Ps 理论的基础上新增了探查（probing）、划分（partitioning）、优先（prioritizing）、定位（positioning）这四个战略层面的因素；11Ps 理论将员工或顾客（people）因素也加入进来，因为营销的过程需要员工和顾客都参与进来。

4Ps 理论让营销理论第一次有了体系感，把原本复杂的理论进行简化，给营销构建了便于操作的框架。然而 4Ps 理论未能涉及所有可能影响市场的要素，同时仅仅局限于制造业中产品的营销活动。

案例拓展阅读 1： 以小米手机为例，其产品理念是“为发烧而生”，目标用户主要是手机“发烧友”，产品的主要卖点是硬件配置和自主开发的 MIUI 系统。在定价上，小米采取薄利多销的策略，在同等配置的手机中依靠性价比脱颖而出，这也促成小米手机在短时间内积累了大量人气。在销售上，小米采取的是饥饿营销策略，限制手机的出售数量，用户“一机难求”，更加剧了其“得不到的才是最好的”的心理，制造出产品供不应求的场面。在小米手机刚推出时，一改传统的销售渠道，而是全部采用电商模式来销售产品，小米在节省成本的同时，利用社交媒体和电商网络，使小米手机一上市就获得了巨大的成功。

（二）4Cs 营销理论

4Cs 营销理论是由美国营销专家罗伯特·劳特朋（Robert Lauterborn）教授于 1990 年提出的，与上文提到的 4P 相对应，它基于消费者的需求，再次确立了营销组合的四个基本要素。4Cs 理论和 4Ps 理论之间的区别主要体现在产品（production）向顾客（consumer）转变，价格（price）向成本（cost）转变，渠道（place）向方便（convenience）转变，促销（promotion）向沟通（communication）转变。（见图 4－10）

图 4-10　4Cs 营销理论

在 4Ps 中，产品策略指的是企业基于目标市场定位及消费者需求作出的跟产品开发有关的计划和决策。在 4Cs 里，顾客策略更为注重消费者的需求，认为应当以消费者的需求为出发点，生产能够满足客户需求的产品。所以，从 4Ps 的“产品”转变到 4Cs 的“顾客”，本质上就是认为企业在研发产品时应该更为关注消费者的需求，在满足消费者需求的过程中获取利润，以达成企业和消费者的双赢。

在 4Ps 中，价格策略是企业实现产品价值的策略，定价属于企业的整体营销活动。在 4Cs 中，成本策略制定并不是由企业能够获取多少收益来决定的，而是要充分考虑消费者在满足需求时需要承担的成本。从 4Ps 的“价格”到 4Cs 的“成本”的转变，事实上就是企业从单纯关注利润目标转为考虑满足消费者需要承担的成本。对于企业而言，成本策略强调的并不是产品的定价，而是客户为满足需求愿意花多少钱。

在 4Ps 的渠道策略上，企业思考的是，哪一种途径能够有效地把产品从生产者转移到消费者手中，而在 4Cs 中，方便策略则更注重消费者购买产品的便利程度。从 4Ps 的“渠道”到 4Cs 的“方便”的转变，事实上就是企业从只关注自身需要转为基于消费者的便利程度来搭建分销渠道。企业根据消费者的利益与需求构建分销渠道，关注顾客的方便而非自身的方便，最大限度地减少流通环节，降低流通成本，最终将其让利给顾客。

在 4Ps 中，促销是企业向消费者进行单向的营销信息传递，然而缺少消费者对企业促销信息的反馈，无法做到企业与消费者之间的双向沟通交互。

在 4Cs 中，沟通策略要求企业和消费者之间必须建立双向的营销信息交互，让消费者参与到企业的产品开发与生产之中。从 4Ps 的“促销”转变到 4Cs 的“沟通”，事实上是企业从单向营销信息灌输转为和消费者之间双向的信息交互。

4Cs 以传播和双向沟通为基础，以消费者为中心，更注重资源的整合及企业形象的树立，但其被动适应顾客需求的模式不利于形成企业的营销个性，从而树立营销优势。

案例拓展阅读 2： 以拼多多为例，拼多多的顾客大多集中在下沉市场，且以女性消费者居多，这一类顾客通常对价格的变动较为敏感，拼多多所主打的低价策略恰好满足了这一类顾客的需要。拼多多早期的核心卖点和各种拼团活动也处处体现了低价策略，对于顾客来说，这显著降低了其满足需求所需要付出的成本。下沉市场中越来越完善的快递体系为消费者在拼多多上购买产品提供了便利的条件，而拼多多主要针对三、四线城市用户熟人社交，信赖朋友推荐和追求性价比等特点，所以走的是熟人社交、低价拼团的模式，微信的普及也让信息的传播和沟通更为便利。

（三）4Rs 营销理论

4Rs 营销理论是由美国学者唐·舒尔茨（DmÉSchuhz）基于 4C 理论提出的新营销理论 4R 分别为关联（relevance）、反应（reaction）、关系（relationship）以及回报（reward）。4Rs 营销理论认为，随着市场的日益成熟，企业必须从更高层次上通过更有效的方式在企业和消费者之间搭建起与传统关系不一样的主动性关系，主要有以下四点：（见图 4－11）

首先是关联，4Rs 理论将企业与消费者视为同一个命运共同体，构建与维系企业与消费者之间的长期关系是每一个企业的核心理念和重要内容。

其次是反映，4Rs 理论认为市场中存在多种相互影响的关系，与简单的制订与实施计划相比，如何站在消费者的角度去收集反馈意见显得更为重要，这也决定了企业是否能够从推测性商业模式转为高度回应需求的商业模式。

第三是关系，在企业和顾客的关系产生了根本性变化的市场环境中，如何与消费者搭建持久而稳固的关系成了抢夺市场份额的关键因素。为了达到这一目标，企业一定要作出改变：要从一锤子买卖转为强调建立长期的合作关系；从着眼短期收益转为注重长远收益；从消费者被动接受企业销售转为消费者主动参与到生产过程中来；从相互的利益冲突转为双赢；从管理营销组合转向管理企业和消费者的互动关系。

最后是回报，在4Rs理论中，所有交易与合作关系的巩固与发展归根结底都是利益问题。所以，一定的合理回报既是正确处理营销活动里各类矛盾的出发点，又是营销的落脚点。

考虑日益激烈的市场竞争环境，4Rs理论着眼于企业与消费者构建互动双赢的关系，积极地对消费者的需求予以满足，主动地创造需求，通过关联、关系、反应等形式建立独特的关系，将企业和消费者关联在一起，形成了独特的竞争优势。然而4Rs理论所要求的同消费者建立关联关系的基础条件却不是所有企业都可以轻易做到的。

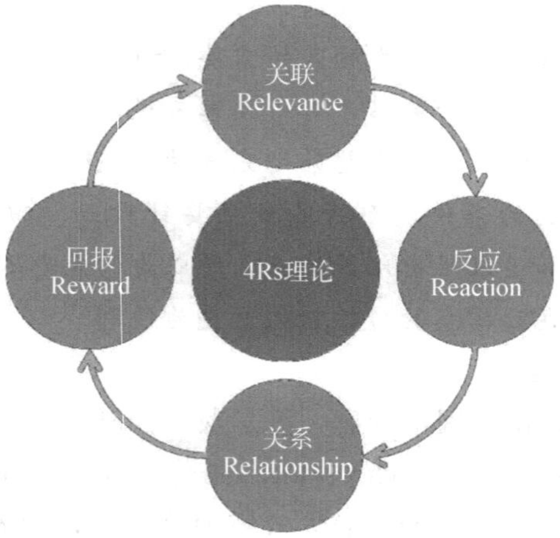

图4-11　4Rs营销理论

(四) 4Vs营销理论

进入20世纪80年代之后，高科技产业的迅速崛起，高科技企业、高技术产品与服务不断涌现，营销观念、方式也发生了翻天覆地的变化，形成了独具一格的新理念，基于此，国内学者提出了4Vs的营销理论。其主要内容有差异化（variation），功能化（versatility）、附加价值（value）和共鸣（vibration）。（见图4-12）

1. 差异化

从表面看，企业为不同的消费者提供的产品都是同样的，然而事实上，每一个消费者所购的可能是完全不同的东西，消费者对产品的看法各不相同，这种差异也是决定其是否购买的因素。站在生产者角度来看，产品最终能否被消费者所选中，最重要的是能否将其与市场中其他同类产品区分开来，让顾客一眼就选中。因此，想要吸引顾客就要创造差异，存在差异化的产品才能有市场，才可以在激烈的市场竞争中占得先机。差异化营销恰恰迎合了这种需要，企业想要成功，必须依靠自身的技术与管理优势，生产出性能、质量均超过行业平均水平的产品，或是在销售方面，依靠独具特色的宣传活动、灵活的营销手段、完善的售后服务，在顾客心目中建立良好形象。

2. 功能弹性化

通常，企业产品在消费者中的定位分三个层次：首先是核心功能，这是产品之所以存在的原因，由产品的基本功能构成。其次是延伸功能，例如手机除了打电话还可以用来发信息、看电影、打游戏。最后是附加功能。往往产品的功能越多，其价格也就越高。功能弹性化指的是企业能够依据不同的用户需求，提供具备不同功能的系列化产品，以手机为例，企业可以增加某些功能将其变为高端款，也可以减少部分功能将其变为入门款，让消费者根据自己的购买力和行为习惯来挑选与自己要求相匹配的产品。

3. 附加价值化

从产品的价值构成来看，企业的产品价值分为基本价值和附加价值两部分。基本价值取决于生产销售产品所付出的劳动及消耗的成本，附加价值则包括技术附加、营销或服务附加、企业文化与品牌附加三部分。从市场和社会发展趋势来看，附加价值在产品价值中所占的比重正在逐年上升，世界顶尖企业之间的产品竞争已经不单局限于核心产品和形式产品，而是更注重产品的高附加价值。所以，企业需要努力提高技术创新、创新营销与服务、企业文化或品牌在产品里的附加价值。

4. 共鸣

共鸣指的是企业长时间占据市场并保持竞争力的价值创新为消费者带来的“价值最大化”和因此为企业带来的“利润最大化”。关注的是把企业的创新能力和消费者所追求的价值关联起来，通过为消费者提供价值创新来让其得到最大程度的满足。因为消费者追求的是“价值最大化”，所以企业需要为其提供具有最大价值创新的产品和服务，让他们可以最大限度地感受到产品和服务的实际价值，在消费者可以持续获取到这种“价值最大化”的满足后，会不可避免地成为企业的终身顾客，进而在企业和消费者之间产生了共鸣。

4Vs 理论一方面兼顾了社会与消费者的利益，另一方面又兼顾了企业与员工的利益，有助于培养企业的核心竞争力和达成顾客忠诚度，但也不是每一个企业都能够满足 4Vs 理论的实施条件。[8]

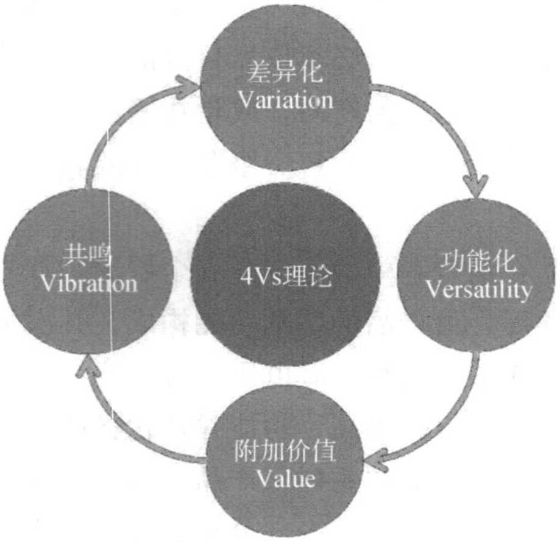

图 4-12　4Vs 营销理论

二、市场营销模式

对于创业者而言，营销模式是一种体系，而非一种手段或方式。按照针对的主体和围绕的中心的不同，营销模式可以分为两个流派，分别是市场和客户，在此基础上衍生出多种各具鲜明特点的营销模式。

（一）体验式营销

体验式营销是社会文明发展到一定程度的体现，人们有了更多的消费选择，同时也有了更多的消费需求，以关注消费者体验为核心的体验营销战略便成了新时期企业的选择。很多企业进行品牌或者产品的推广时，会营销氛围、场景或者提供真实的产品让消费者亲身感受，以消费者的体验为重点，依据消费者的感官、思考、行动、感情、关联等具体真实的感受来设计营销。从感性和理性的双层面上打动消费者，设计迎合其喜好的产品、服务、场景、氛围和营销活动。

案例拓展阅读 3：四川省成都市首座乡村振兴体验馆——天府乡村振兴体验馆位于新都区斑竹园街道，由四川流航农业有限公司参与投资建设。该体验馆占地面积约 10 亩，总建筑面积约 3000 平方米。体验馆包括农特产供应链服务、线下沉浸式购物、特色体验餐饮、电商运营、线上直播服务五大板块，旨在打通农业与餐饮之间的通道，构建“互联网＋农业”的电商服务体系，进一步拓展产业链条，促进农民增收致富、农村文明进步、农业提质增效。[9]

（二）关系营销

关系营销是将营销活动视为一个企业和消费者、供应商、分销商、竞争者、政府机构及其他公众产生互动的过程，企业营销活动的重点是搭建并维系和这些公众的良好关系。企业与消费者建立持久稳定的关系，可以让消费者对企业产品产生好感和信任，从而提升品牌的美誉度和认同感，有利于形成稳定的、具有一定忠诚度的客户群；和供应商、经销商之间达成融洽的合作关系，也是为了能够在产品生产与经营时更加顺利；构建与政府、其他群体和组织之间的关系则是为企业在社会中的生存和发展营造一个有利的环境，提升在行业内的市场竞争力。

案例拓展阅读 4：在贵州省黔东南苗族侗族自治州丹寨县，万达集团与地方政府携手打造的“万达小镇”项目，成为乡村振兴中运用关系营销策略的成功典范。该项目通过深化与政府的合作，激发社区居民积极参与，弘扬本土文化，与旅行社及在线平台建立稳固伙伴关系，以及精心管理顾客体验，有效构筑了一个多方共赢的生态圈。自 2017 年开业以来，“万达小镇”不仅吸引了大量游客，显著推动了当地旅游业和经济的发展，还为其他地区的乡村振兴提供了宝贵的经验和模式。这一策略的核心在于通过建立和维系各方良好的互动关系，实现了地方特色资源的有效整合与市场的精准对接，从而促进了乡村的全面振兴。[10]

（三）品牌营销

品牌作为一种重要力量，对市场的影响作用巨大。在品牌营销中，基本上企业的营销目的都集中于扩大品牌知名度和传播度、提升品牌美誉度和影响力、提高品牌效应和价值上。因为品牌对于大众的消费行为具有非常大的引导作用，在进行消费选择时，名气大、口碑好、符合消费偏好的品牌往往更加具有优势，这就是品牌效应所带来的优势。

树立一个品牌并不简单，首先，需要创业者在市场分析的基础上，了解竞争对手的优劣势，并找到相互之间的区别；其次，需要以产品质量为根本，树立产品的形象；最后，通过持续的传播，将品牌植入消费者心中，并不断巩固。

案例拓展阅读 5：2012 年前，随着健康理念的兴起，追求“时尚、活力、动感”的年轻群体对“高度数、浓烈、辛辣”的传统白酒越发冷淡，白酒消费人群正越来越老龄化。江小白的创始人陶石泉发现了这一现象，并着手打造一款口味较清爽，受年轻人喜爱的白酒，江小白就这么出现了。在产品设计上，为了迎合年轻人，江小白的主销产品是度数较低的 100ml 的小瓶装，在口感上追求的是“简单、纯粹、轻口味”，以减轻辛辣刺激感，走国际酒威士忌、白兰地、朗姆酒的路线，并在初期凭借出色的文案快速俘获了年轻用户。在走红后，江小白为了巩固品牌地位，开展了很多诸如“约酒大会”“YOLO 青年文明音乐节”等线上线下活动，就连广告也只选择青春题材剧植入，牢牢地抓住年轻人市场，打造并巩固了“年轻人的白酒”的品牌战略。

（四）网络营销

网络营销是以互联网为主要手段，为达成一定营销目标的营销活动。在信息社会，网络的普及性和泛用性也使其成为了营销的最大助力，借助网络信息承载量大、传播速度快、突破地域时空限制、形式丰富多元、直接与消费者接触等优势，企业可以缩减很大一部分营销成本，进而获得更高的营销效率。

网络营销的原理就是在网络上运用多种形式来进行营销信息的传播，让更多的消费者接收到这一信息并对此产生关注和兴趣，目前用户量大的网络平台已经成了商家进行网络营销的一个个有力阵地。除了引导案例中介绍的短视频营销以外，还包括病毒性营销、网络广告、个性化营销、社群营销、会员制营销等营销手段。

1. 病毒性营销

病毒性营销指的是凭借消费者的口碑宣传网络，让信息像病毒一样传播与扩散，再以快速复制的形式向数以千计、数以百万计的消费者传播，绝大部分免费电子邮件提供商均采用病毒性营销的推广方式。《旅行青蛙》2017年11月24日在安卓上架，在1月18日、19日出现了第一个大爆发，迅速登顶 App Store。被一个拥有500万粉丝的微博红V评论并转发，接着在微信朋友圈、微博、小红书、知乎等一切你能想到的社交平台呈病毒式蔓延，这就是病毒性营销。

2. 网络广告

网络广告是指利用专业的广告横幅、文本链接、多媒体等方法，在互联网上刊登或发布广告，借助网络将信息传输给互联网用户的一类广告运作方式。网络广告并不单局限于放置在网页上的各类横幅广告，还可以以电子邮件广告、搜索引擎关键词广告、互动游戏式广告的形式进行传播，它的实质是向互联网用户传递营销信息，是对用户注意力资源的合理利用。

3. 个性化营销

个性化营销也被叫作“定制化营销”，具体做法是基于消费者的需求来定制其所需要的产品或服务，是在大规模生产和营销方式诞生前企业采取的主要营销方式。当下，信息技术的蓬勃发展显著降低了个性化营销的成本，也使得企业和消费者之间的沟通交互变得更为便捷，因此个性化营销又重新成了许多互联网企业所青睐的营销方式。

案例拓展阅读 6：2001 年 IBM 公司在其电子商务平台 WebSphere 里添加了个性化功能模块，用以方便商家开发个性化电子商务网站；2003 年谷歌开创了 AdWards 盈利模式，基于用户搜索的关键词来投放与之关联的广告，四年后谷歌为 AdWords 添加了个性化元素，不单单关注单次搜索的关键词，而是对用户的搜索历史展开记录与分析，进而掌握用户的爱好与需求，更为精准地投放相应的广告；2007 年雅虎推出了 SmartAds 广告方案，基于掌握了的用户信息和对用户搜索、浏览行为的记录，向其投放个性化的横幅广告。

4. 社群营销

社群营销是在网络社区营销和社会化媒体营销基础上发展起来的网络营销方式。社群营销主要基于互联网等移动终端，把具有共同兴趣、爱好的人聚集在一起，进行营销传播，营销过程中通过引起受众的关注度来汇聚人群，以达到最终的营销目的，社群营销的用户连接及交流较其他网络营销方式而言更为紧密。

案例拓展阅读 7：2012 年 12 月，资深媒体人、央视《对话》栏目前制片人罗振宇和独立新媒创始人申音联合打造的知识型视频脱口秀“逻辑思维”在优酷网正式上线。从上线至今，逻辑思维以罗振宇为中心，配合罗振宇公众号，凭借“有种、有趣、有料”的节目风格积累了大量铁杆粉丝，已经从一款互联网自媒体视频产品一步步成长为如今影响力最大的互联网知识社群之一。其目标用户以 85 后“爱读书的人”为主，这部分用户拥有相同的价值观，愿意为知识类产品付费。为了构建与维系用户黏性，在线上，逻辑思维在每天早上的固定时间推送语音消息，培养用户阅读习惯。在线下，举办各类线下活动，如“霸王餐”“启发俱乐部”等，借此持续扩大社群。除了逻辑思维，吴晓波频道、秋叶 PPT、正和岛和小米等企业也是社群营销的使用者。

5. 会员制营销

会员制营销是指企业通过某项利益或服务，把消费者组成一个俱乐部形式的团体，持续提供会员所需要的服务，开展宣传、销售等活动，培养企业的忠诚顾客，从而取得经济利益。假如说互联网是通过电缆把所有的电脑连接起来，从而实现了资源共享并缩短了物理距离，那么会员制营销则是借助利益关系和电脑程序把无数网站连接起来，将商家的分销渠道扩展到每个角落，并为会员网站提供了一个盈利手段

案例拓展阅读8： 星巴克采取的就是会员制营销，其会员分为银星级、玉星级和金星级三个等级。消费者只需要注册星享俱乐部账户，即可成为银星级会员，购买并绑定了会员星礼包或累积四颗星星即可升级至玉星级，再累积十六颗星星就可以升级至金星级会员，星星可以通过旗舰店购物、外卖点餐、门店消费或自提的方式累积，每消费50元积一颗。消费者可以通过不断升级会员来享受更多的优惠和额外服务，星巴克则根据不同的星级提供差异化服务，银星级会员主要是培养消费者的消费习惯，让客户对星巴克产生习惯和依赖，玉星级提供的优惠主要是为了提高消费者的消费总金额，金星级更侧重于提升消费者的消费次数。同时，星巴克的会员动态和星星的累积可以在手机中一目了然，通过可视化的数据促使消费者不断地进行消费，在潜移默化中培养了消费者的消费习惯。

6. 大数据营销

大数据营销是从互联网行业诞生的，也主要作用于互联网行业。借助多平台的大数据采集和大数据技术的分析与预测能力，大数据营销可以让广告投放更为精准，从而为企业带来高额的回报。大数据营销的重点在于让网络广告在合适的时间，借助合适的载体，通过合适的方式投放给合适的用户。

大数据营销往往会和精准营销联系在一起，是因为绝大多数精准营销活动都难以离开大数据技术的支撑。对于消费者、市场、销售等多方面的数据采集和分析是大数据营销的支撑，也是实施精准营销的基础，大数据营销通过消费者的习惯和偏好划分出不同的类型并对其进行画像，据此定制出具有针对性和个性化特点的营销活动。

（五）直销

直销也可以称为厂家直接销售，是指直销企业招募直销员，通过直销员在营业场所之外向最终消费者直接推销产品的营销方式，以达到简化、消灭中间商的目的，从而在满足消费者利益最大化的前提下减少产品的流通成本。直销可以不受时间和空间的限制，只要消费者和直销商愿意，可以在任一时刻与地点进行。根据我国商务部发布的直销产品类别和生产指引，直销产品的类别包括化妆品、保洁用品、保健食品、保健器材、小型厨具和家用电器等6类。

案例拓展阅读9： 安利公司刚进入中国市场时使用的是多层次直销，这

一类营销方式是指直销企业在具体进行的直销活动中，授权自己的直销产品通过若干层次的直销商的销售行为最终进入到消费者手中，事实上就是以人际关系为基本形式，通过人们的口碑相传加上奖金刺激而形成的。1998 年，安利（中国）推出“店铺＋推销人员”的新模式：所有产品在店铺中必须明码标价，由消费者自行选购，并通过考试将部分推销人员变成安利的合约雇员，取消了之前推销员的上下级关系。2005 年，安利（中国）又推出了全新的直销模式，新模式侧重于构建完善的教育培训体系，推行全新的营销员工制度并增设服务网点。在新模式里，摒弃了团队计酬，增设了直销员、营销员及服务网点负责人三类员工身份，将未获直销经营许可的地区直销员做了妥善安置。

（六）饥饿营销

饥饿营销是指商品提供者有意调低产量，以期达到调控供求关系、制造供不应求的“假象”以维护产品形象并维持商品较高售价和利润率的营销模式。饥饿营销的运用离不开品牌因素必须依靠产品强势的品牌号召力，也正因为这个原因，饥饿营销是一把双刃剑，用好了可以使得原来就强势的品牌产生更大的附加值，用不好将会损害品牌形象、消耗消费者的品牌忠诚度，从而降低其附加值。小米手机、苹果手机、喜茶、外婆家等品牌在营销时均使用过饥饿营销的手段，通过难抢的手机、店门口排起的长队制造出了供不应求的火爆场面。

（七）情感营销

情感营销战略的核心是消费者的个人情感差异与需求，企业通过借助情感包装、情感促销、情感广告、情感口碑、情感设计等策略以达成企业的目标。在情感消费时代，消费者购买商品所注重的已不单单是商品的数量、质量和价格，更多的是为了获取感情上的满足与心理上的认同。

案例拓展阅读 10：评论功能作为网易云音乐传播的重点，一直都是其情感营销的核心。网易云音乐采用点赞加评论的方式，增加了用户间的互动概率，突出了音乐和感情的连接。据统计，网易云音乐每天会产生 64 万条评论，至今已积累了数亿条乐评，其中沉淀了不少优质用户的原创内容，再加上其独特的社交氛围，逐渐让用户形成了“边听歌边看评论”的习惯，让用户在同一首歌中通过其他人的评论，体会其中的故事与感受，从评论中获取共鸣。网易云音乐则借势音乐和用户的力量，让每句歌词、每句评论都成了戳心的文案，并围绕这些扎心的情怀文案展开了情感营销。在营销过程中，网易云音乐和地铁及航空公司合作，将这些文案投放到地铁和飞机上，以打造音乐专列和音乐专机，在密闭的空间里快速吸引用户的注意力，依靠文案进一步渲染用户的情绪。网易云音乐还与农夫山泉进行了跨界营销，甚至抓住毕业季等热点进行营销，不放过任何一个能够引起消费者情感共鸣的场景，将情感营销渗透进每一个环节。

（八）事件营销

事件营销是企业通过策划、组织和利用具有新闻价值、社会影响和名人效应的人物或事件吸引媒体、社会团体与消费者的兴趣和关注，进而提高企业或产品的知名度、美誉度，树立良好品牌形象，最终达成产品销售目标的营销方式。

案例拓展阅读 11： ALS 冰桶挑战是由患有 ALS（肌萎缩侧索硬化症）的棒球运动员 Pete Frates 发起的，目的是想通过该活动引起全社会对该疾病的关注，却意外引起了全球性的强烈反响，不少品牌纷纷依靠此活动借势营销。三星英国分部的 YouTube 频道便借势上传了一段视频，在视频中 Galaxy S5 手机也接受了冰桶挑战，并在最后点名苹果 iPhone 5s、HTC One M8 与诺基亚 Lumia 930 参加挑战。实际上，Galaxy S5 能够在 1 米深的水下坚持长达 30 分钟，而 iPhone 5s 则并没有设计防水功能，HTC OneM8 与诺基亚 Lumia 930 虽然号称具备防水功能，然而其性能却远远达不到 Galaxy S5。通过这一次事件营销，三星向消费者展示了 Galaxy S5 和 iPhone 5s 之间的功能差异。

（九）整合营销

整合营销是一种对各类营销工具与手段进行系统化整合，再基于环境进行实时动态修正最终实现价值增值的营销方法。整合营销是旨在建立、维护及传播品牌，提升与消费者之间的关系，而对品牌进行计划、实施及监督的一系列营销活动，它把各个独立的营销活动结合成一个整体，以产生协同效应。

三、品牌定位

（一）功能利益定位

消费者购买产品主要是为了获得产品的使用价值，希望产品具有所期望的功能、效果和效益，因而以强调产品功效为诉求是品牌定位的常见形式。很多产品具有多重功效，向顾客传达单一功效还是多重功效并没有绝对的定论，但由于消费者能记住的信息是有限的，往往只对某一强烈诉求容易产生较深的印象，因此，向消费者承诺一个功效点的单一诉求更能突出品牌的个性，获得成功的定位。

案例拓展阅读12： 在四川省雅安市石棉县，有一片被群山环抱的土地，这里的村民们依托得天独厚的自然资源，创办了一个名为“绿野仙踪”的生态农业品牌。石棉县的农民们利用当地肥沃的土壤和适宜的气候条件，大力发展有机茶叶和特色水果种植。他们坚持绿色生产理念，不使用化学肥料和农药，确保产品的天然纯净。绿野仙踪品牌通过建立自己的直销渠道和线上商城，将新鲜采摘的农产品直接送到消费者手中。同时，他们还开设了农家乐，提供农耕体验、茶园游览等乡村旅游项目，吸引城市游客来此感受田园风光和乡村生活的乐趣。这不仅增加了农民的收入，也促进了当地旅游业的繁荣。[11]

小任务1： 让你印象深刻的品牌功能利益定位有哪些？

飘柔“柔顺秀发”、海飞丝“去头屑”、舒肤佳“有效去除细菌”、潘婷“健康亮泽”、________、________。

(二) 情感利益定位

该定位是将人类情感中的关怀、牵挂、思念、温暖、怀旧、爱等情感内涵融入品牌，使消费者在购买、使用产品的过程中获得这些情感体验，从而唤起消费者内心深处的认同和共鸣，最终产生对品牌的喜爱和忠诚。

案例拓展阅读13： 浙江纳爱斯的雕牌洗衣粉，借用社会关注资源。在品牌塑造上大打情感牌：“……妈妈，我能帮您干活啦”的真情流露引起了消费者内心深处的震颤及强烈的情感共鸣，自此，纳爱斯雕牌洗衣粉更加深入人心。

案例拓展阅读14： 在四川省成都市蒲江县，当地政府和农民合作，依托当地的自然资源和农业基础，打造了“蒲江红心猕猴桃”品牌。该品牌不仅注重产品的品质，更强调其背后的故事和文化价值。通过讲述猕猴桃种植者的艰辛努力、对土地的热爱及对传统种植技艺的传承，品牌成功塑造了一种乡土情怀和绿色健康的形象。消费者在购买产品的同时，也在支持乡村的发展和农民的生活改善，这种情感利益的定位让“蒲江红心猕猴桃”在市场上获得了独特的竞争优势。[12]

3. 自我表达利益定位

该定位通过表现品牌的某种独特形象和内涵，让品牌成为消费者表达个人价值观、审美情趣、自我个性、生活品位、心理期待的一种载体和媒介，使消费者获得一种自我满足和自我陶醉的快乐感觉。

案例拓展阅读 15： 果汁品牌“酷儿”的“代言人”大头娃娃，右手叉腰，左手拿着果汁饮料，陶醉地说着“Q……”，这个有点儿笨手笨脚，却从不气馁的蓝色“酷儿”非常符合儿童“快乐，喜好助人，但又爱模仿大人”的心理，小朋友看到“酷儿”就像看到了自己，因而赢得了小朋友的喜爱。

四、选择品牌推广切入点

产品推广，其实就是新产品推广，新品上市时是企业推广品牌的大好时机，新产品结合企业品牌一起推广，在提升品牌知名度的同时也拉动了产品销售，一举两得。需要注意的是，企业在开展推广工作时往往重广告轻公关，这是造成有销售没品牌的一个重要原因。品牌更多的时候需要的是公关传播，而销售则需要精准广告来拉动。

（一）节日促销

国际劳动节、国庆节、中秋节、元旦、七夕节、企业周年庆等，都是企业推出促销活动的好时机。但是促销活动如果是针对销售，而不做推广，效果肯定不理想。在这个时候，企业应投入大笔预算做促销推广，这种推广是非常有价值的，拉升销售业绩是一方面，也带动了品牌推广。

案例拓展阅读 16： 山西省吕梁市兴县举办了乡村 e 镇 6·18 电商促销节暨线下集市活动，活动期间在线上线下同步进行，提供了优惠券、满减、折扣等多种优惠政策，并邀请当地网红、电商达人进行直播带货。此外，还设立了 20 余处展台，展示和销售当地的特色农产品，如小米、野山菇、黑红茶、家鸡蛋、酒等。这次活动不仅为消费者提供了购物的好去处，也为电商发展和乡村振兴注入了新的活力。[13]

案例拓展阅读 17： 新疆维吾尔自治区奇台县开展年货节营销活动，通过线上综艺节目、明星主播流量加持及线下社区门店地推等一系列营销活动，推进了“农产品出村进城”的双向流通。活动期间，新疆果业电子商务有限公司联合淘宝、有赞、京东、抖音等电商平台开展促销活动，推广奇台县农特产品，提高了品牌的知名度和影响力。[14]

（二）企业领军人物

企业领军人物是活生生的人，相对于企业品牌来讲，更容易被人们接受。企业领军人物的观点、事迹、创业史都是很好的素材，对于企业品牌形象的提升不无裨益。

（三）企业荣誉

企业荣誉是指企业获得的来自社会和公众的奖项与赞许。包括政府组织机构、媒体或市场研究机构评选颁发的各类奖项，以及公众通过正式和非正式渠道对企业表达的赞许。对于企业获得的荣誉，企业运用得当，将对企业品牌的提升起到积极的作用。[15]

案例拓展阅读 18：易鑫集团因其在下沉市场，尤其是为“三农”提供普惠汽车金融服务中的突出表现，荣获“2023 年度乡村振兴发展特别贡献企业奖”。这个奖项不仅是对易鑫集团服务下沉市场、推动乡村振兴中起到积极作用的认可，也增强了企业的社会信誉和品牌价值。[16]

案例拓展阅读 19：泰康罗浮山经营公司因参与“环罗浮山”乡村振兴示范带内福田镇徐田村、坳岭村两个村的合作建设，致力于发展“生态旅游＋乡村民宿”的产业模式，荣获“年度乡村振兴先行企业”荣誉称号。这个荣誉体现了泰康保险集团在服务国家乡村振兴战略上的社会责任与担当。[17]

案例拓展阅读 20：北京奇点时空科技有限公司因其在推动乡村数字化革新中的卓越成就，获得“乡村振兴赋能计划——和美乡村典型案例”荣誉。这个荣誉不仅是对公司在乡村振兴方面贡献的肯定，也提升了企业的社会信誉和品牌价值。[18]

第三节　运营与风险：运营管理与风险控制

> 在不断变化的市场环境中，企业的生存和发展不仅依赖于高效的运营管理，更在于对潜在风险的敏锐识别和有效控制。正如达尔文所言，不是最强大的物种生存下来，也不是最聪明的，而是最能适应变化的。同样，企业必须不断进化，优化流程，强化风险管理，才能在竞争激烈的市场中立于不败之地。
>
> ——摘自《现代企业管理》杂志对多位成功企业家观点的总结

一、运营管理的定义

运营管理是一门广泛应用于全球所有生产产品和提供服务企业的学科，无论是制造产品的企业，如福特、华为、长虹、海尔等，还是提供服务的企业，如迪士尼、肯德基、顺丰速运、光线传媒、商业银行等。生产活动包括创造有形产品和提供无形服务，传统上人们习惯将前者称为生产，后者称为服务。近年来，随着服务业的兴起，有形产品的生产和无形服务的提供被统称为运营。因此，运营管理就是将输入转化为输出的一系列创造价值的活动，体现为有形的产品和无形的服务。

在乡村振兴的背景下，企业的运营管理同样需要兼顾产品生产和服务提供，通过高效的运营管理，乡村企业可以提升产品质量和服务水平，满足市场需求，促进乡村经济的发展和繁荣。

二、运营管理的职能

（一）乡村振兴企业的三项基本职能

在乡村振兴的大背景下，企业管理依然包括运营、理财和营销三大基本职能。运营职能涉及为乡村社区创造所需的产品和服务，将运营活动组织好，对提高企业的经济效益和乡村的整体经济发展有重要作用。理财职能则是为企业筹措和合理运用资金，确保资金的流入大于流出，从而不断增加企业财富，促进乡村经济的可持续发展。营销职能则致力于发现和发掘顾客需求，让顾客了解企业的产品和服务，并将这些产品和服务送到顾客手中，助力乡村企业拓展市场，实现经济效益。

（二）运营管理与其他职能的关系

1. 运营管理和市场营销的关系

在乡村振兴的企业中，运营管理和市场营销位于同一管理层次上，既相对独立又紧密协作。运营管理通过提供满足市场需求、吸引顾客的产品和服务，对市场营销起保障作用；而市场营销则为运营管理提供市场信息，是实现产品价值的重要过程，对提升产品市场占有率和企业竞争力具有重要意义。

2. 运营管理和财务管理的关系

在乡村振兴企业中，运营管理与财务管理也处于同一管理层次，彼此相互支持。企业的运营活动伴随着资金运动进行，财务管理则通过资金运动进行综合性管理。企业进行运营管理活动离不开资金支持，例如采购生产所需的原材料和设备，这一过程需要有效的资金管理来支持。同时，运营管理追求高效率、高质量、低成本和准时交货，从而在各方面降低消耗、节约资金，提高资金利用效率，增加企业经济效益，促进乡村经济发展。

3. 运营管理和企业管理系统的关系

乡村振兴企业管理的目的是在市场营销、运营管理和财务管理等职能作用的基础上，实现企业系统的整体优化，创造最佳经济效益。在企业管理系统中，三大职能相互影响、相互制约。如果企业的营销体系不健全，即使拥有高竞争力的产品也难以销售出去，更难以在市场上获得竞争优势。如果运营管理系统设计不合理，产品质量无法保证，即使有完善的营销体系也难以实现销售。即便营销和运营系统完善，但财务管理系统较弱，资金筹措和运作能力低，企业最终也会因资金不足和利用效率低而无法做大做强。因此，提高乡村振兴企业的管理水平，必须以系统的观点和方法全面提升各职能的管理水平，确保企业在市场竞争中不断壮大，为乡村经济振兴作出贡献。

三、运营管理主要内容

乡村振兴企业的管理过程包括计划、组织、人员配置、领导和控制，运营管理也不例外。运营管理指的是对企业提供产品或服务的系统进行规划与设计、管理与控制和优化的各类管理活动的总称。其主要内容包括运营管理战略制定、运营系统规划与设计、运营系统管理与控制及运营系统优化。（见图 4－13）

（一）运营管理战略制定

运营管理战略决定企业输出什么产品或服务，如何组合各种不同的产出，投入什么资源，以及如何优化配置资源、设计生产组织方式，并确立竞争优势。其目的是及时为产品生产提供全套技术文件，取得令人满意的技术经济效果，缩短开发周期，降低开发费用。

（二）运营系统规划与设计

运营系统规划与设计包括设施选址、生产规模与技术层次决策、设施建设、设备选择与购置、运营系统总平面布置、车间及工作地布置等。目的是以最快的速度、最少的投资，建立最适合企业的运营系统主体框架，从而高效地支持乡村振兴企业的发展。

（三）运营系统管理与控制

运营系统管理与控制是对系统正常运行进行计划、管理和控制。其目的是根据技术文件和市场需求，充分利用企业资源，实现高效、优质、安全、低成本生产，最大限度地满足市场销售和企业盈利要求。包括计划编制（如综合计划和作业计划）、管理与控制（如以计划为标准控制质量和库存）。

（四）运营系统优化

运营系统必须通过不断优化改进才能适应市场变化。运营系统优化包括改进生产现场和生产组织方式。所有计划、管理和控制最终都要落实到生产现场。加强生产现场的协调与组织，消除无效劳动和浪费，排除不合理现象，使运营管理过程的各要素更加协调，不断提高劳动生产率和经济效益。[19]

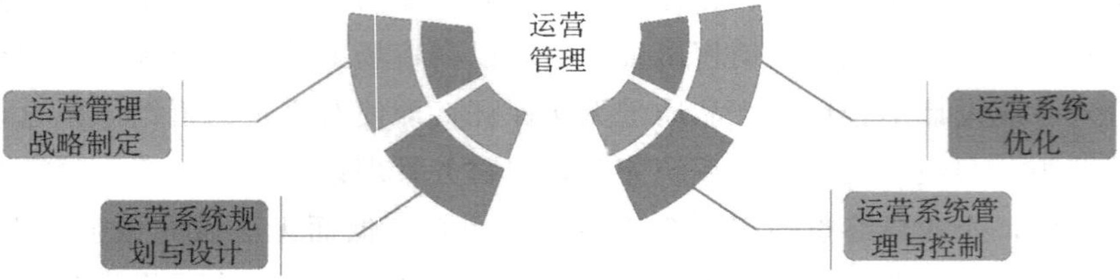

图 4－13　运营管理主要内容

四、创业风险的定义与特点

（一）创业风险的定义

说起创业风险，很多人会联想到困难、挫折、亏损甚至是创业失败。不过，创业本身就是从 0 到 1 的过程，不论是创意阶段、创业准备阶段、创业启动阶段还是创业发展阶段，都存在或多或少的变数与不确定性。创业者只有充分地认知风险、有效地规避和处理风险，才能逐步走向创业的成功。

对于创业风险，可以从两个角度来理解：一个角度强调风险表现为结果的不确定性，包括在创业过程中阶段任务指标实现的不确定性，收益多寡的不确定性；另一个角度强调损失和没有收益的可能性。第一个角度属于广义上的风险，后者属于狭义上的风险。

学术界与企业界尚无对创业风险界定的一致性意见。一般意义上，可将创业风险定义为创业者及其团队在创业过程中遇到或发生的风险，主要指由于创业者及创业团队价值观的差异性、能力与实力的局限性，创业环境的多变性，创业机会与市场的复杂性，创业过程及创业资源的不确定性导致创业进程受阻，偏离或未能实现创业预期目标的可能性及其后果。[20]

（二）创业风险的特点

1. 客观存在性

在创业过程中，由于内外环境的不确定性，变化的环境因素会对创业活动产生正面或负面的影响，导致创业活动可能偏离预期的目标，所以说创业风险的存在是客观的。客观存在性要求创业者认识创业成长发展规律及其风险，并以科学的方法应对创业过程中存在的各种风险。

2. 不确定性

创业过程往往是指创业者的一个“创意”或是创新技术市场化的过程。这个过程中，创业者面临来自外部和内部的各种难以预知的变化，如政策和法规的变化、遭遇市场竞争对手的排斥、供应商或消费者的变化、投资方资金不及时到账、创业团队成员目标不同而散伙等，导致创业的失败。这种难以预知的变化造成了创业风险的不确定性。

3. 相对性

创业风险总是相对于项目活动主体而言的，同样的风险对于不同的主体有不同的影响。由于人们对于风险的承受能力和处理能力是不同的，这种能力因经历、性格和时间而异。创业者的风险承受能力主要受几个因素的影响：一是收益的大小。损失的可能性和数额越大，人们希望为弥补损失而得到的收益也越大；反过来，收益越大，人们愿意承担的风险也就越大；二是投入的大小。创业活动投入得越多，人们对成功所抱的希望也越大，愿意冒的风险也就越小。

4. 可变性

在创业的内部与外部环境发生变化时，必然会引起创业风险的变化。创业风险的可变性包括创业过程中风险性质发生的变化、风险影响发生的变化，以及出现新的风险这三个方面。

5. 可识别性和可控性

风险是可识别的，因而也是可以控制的。首先可以根据过去类似或相关的资料，通过风险管理方法来判断某种风险发生的可能性与造成不利影响的程度。然后通过适当的对策来回避风险，或是降低风险发生的损失程度。[21]

五、创业风险的类别

在不同的标准下，风险的种类也各不相同，创业者必须掌握不同标准下的风险分类。

（一）按照风险造成的结果划分

1. 纯粹风险

纯粹风险指的是只存在损失可能，不存在获利可能的风险。在纯粹风险下，企业未来只会发生两种可能，要么是发生风险、产生损失，要么是什么也不发生。自然灾害、生产安全与员工生命安全风险等都是纯粹风险。

2. 投机风险

投机风险与纯粹风险不同，其既可能产生收益也可能造成损失。投机风险下，企业未来存在三种可能：从风险中获利、在风险中遭受损失和什么也不发生。企业所处的市场是随机性的，瞬息万变的市场行情对一些企业来说是有利的，会获得收益，而对另外一些企业来说则是不利的，会导致其蒙受损失，市场行情变化可能导致企业发生盈利或亏损，因而这类风险就属于投机风险。

（二）按照产生风险的环境划分

1. 静态风险

静态风险是指在社会政治经济环境稳定的前提下，由于自然力量的非常变动或人类行为的错误导致损失发生的风险。比如不可抗力产生的自然灾害等由于自然原因造成的风险；决策失误、资金链断裂、员工遭受意外伤害等由于个人有意或无意行为造成的风险；贪污舞弊、恶意欺诈等由于个人道德缺失或违法违纪行为造成的风险。

2. 动态风险

动态风险则是指社会、经济、科技或政治变动所产生的风险。其发生的频率、影响的规模及程度均远超静态风险。

（三）按照风险发生的原因划分

1. 自然风险

自然风险是指因为不可抗力而造成的危害经济活动、物质生产或生命安全的风险。典型的自然风险有地震、洪水、火灾、霜冻、干旱、蝗虫、瘟疫等。

2. 社会风险

社会风险是指由于个人或企业的过失、不当行为而使企业与社会发展和人们的生活遭受损失的风险。

3. 经济风险

经济风险是指在经济活动过程中，受市场因素影响或经营不善而造成经济损失的风险。

（四）按照风险致损的对象划分

1. 财产风险

财产风险指的是个人或企业所拥有、控制或保管的财产遭受损毁、灭失或贬值的风险。

2. 人身风险

人身风险是指在日常生活及生产经营活动中，生命或身体遭受各种形式的损伤，导致其生产能力降低或丧失的风险。

3. 责任风险

责任风险是指在法律或相关合同约束下，因行为人的作为或不作为造成他人财产损失或人身伤亡，而由行为人担负经济赔偿责任的风险。企业为员工缴纳社保本质上就是企业为个人分担了风险，并通过缴纳一定费用的方式将其转移给了社会其他部门。

（五）按企业活动的性质划分

1. 金融风险

金融风险是与金融市场相关的风险，有以下几类：①信用风险，指的是交易对手无法履行合同中的义务而造成经济损失的风险；②流动性风险，是指处置资产时的出售价格低于资产公允价值的风险；③市场风险，是指资产的市场价格与汇率波动的不确定性。

2. 非金融风险

非金融风险是指与金融市场无关的风险，其来自企业生产经营活动的内外部环境，主要有以下几类：①操作风险，是指员工操作失误或错误造成企业生产经营活动中发生损失的风险；②清偿力风险，是指企业缺乏足够的现金从而无法开展经营活动的风险；③监管风险，是指监管环境发生改变从而使企业承担额外成本或导致企业生产经营活动受限制的风险；④政府或政策风险，是指政策发生改变造成企业承担额外成本的风险；⑤法律风险，是指未来法律活动导致后果的不确定性；⑥会计风险，是指企业会计政策与估计的判断不正确所造成的风险。

除了以上的几类，风险的划分标准还有很多，创业者掌握风险分类的目的是能够加深对风险的认识与理解，从而得以更准确地识别风险，进而应对风险。

从风险的特征可以得知，创业者在创业过程中所遇到的风险并不是孤立存在的，它们之间是会相互作用及相互转变的。比如企业能够以购买期权合约的方式规避市场风险，如果市场价格下跌，那么企业可以从期权合约中获得补偿收益。但是创业者必须考虑，市场价格的大幅下跌可能会导致期权合约的违约风险升高，从而导致企业面临更大的信用风险，信用风险则可能进一步触发更为严重的流动性风险，从而使企业的资金链与现金流出现风险，最终导致企业面临清偿力风险。

风险的相互作用是无处不在的，创业者在分析风险时一定要加以关注，特别是在企业面临多个风险或财务困境时，风险之间的相互作用可能会为企业带来猝不及防的损失。作为创业者，需要对各类风险的产生与后果进行详细的分析与把控。[8]

六、风险管理的过程

风险管理的过程包括四个部分：风险识别、风险衡量、风险处理和风险管理评估。

（一）风险识别

所谓风险识别，是指管理者通过对大量可靠信息资料进行系统的定性和定量分析，判断企业可能面临的各种风险，进而确定企业的潜在风险，并把握潜在风险的发展趋势。风险识别是整个风险管理工作的基础，具体分为感知风险和分析风险。感知风险是通过感性认识和历史经验来判断风险，而分析风险是通过对客观资料和风险记录进行分析总结来判断风险。

小任务1：乡村创业风险侦探

任务目标：通过角色扮演和情景模拟，让参与者深入了解乡村创业中可能遇到的各种风险，并学会如何识别它们。

任务步骤：

1. 角色分配

（1）将参与者分为若干小组，每组选出一名“风险侦探”和若干名“村民创业者”。

（2）“风险侦探”的任务是识别并记录所有潜在风险，而“村民创业者”则负责描述他们的创业计划和所面临的情境。

2. 情景设定

（1）每组“村民创业者”须准备一个简短的乡村创业计划，如开设农家乐、种植特色农产品、建立手工艺品工作室等。

（2）描述创业计划的背景、目标市场、预期收益、资源需求等关键信息。

3. 风险探索

（1）“风险侦探”开始与“村民创业者”互动，询问有关创业计划的细节，并寻找潜在的风险点。

（2）风险可以包括市场风险、财务风险、运营风险、政策风险、自然灾害风险等。

4. 风险清单

（1）“风险侦探”须制作一份风险清单，列出所有识别出的风险及其潜在影响和发生概率。

（2）鼓励使用头脑风暴和 SWOT 分析（优势、劣势、机会、威胁）来全面评估风险。

5. 分享讨论

（1）各组的“风险侦探”向全班展示他们的风险清单，并解释如何识别这些风险。

（2）讨论不同创业计划中风险的异同，以及如何针对性地制定风险缓解措施。

6. 反馈与学习

（1）教师或主持人提供反馈，指出风险识别过程中的优点和不足。

（2）分享成功案例和失败教训，加深参与者对风险管理的理解。

任务收获：

通过这个互动小任务，参与者不仅能够亲身体验风险识别的过程，还能够提高对乡村创业风险的认识，增强风险意识，为未来的创业活动打下坚实的基础。同时，这种互动式学习也有助于培养团队合作精神和问题解决能力。

（二）风险衡量

所谓风险衡量，是指测定特定风险发生所导致的损失频率和损失程度。损失频率是指一定时期内由特定风险发生所导致的损失的可能发生次数，而损失程度是指每次损失金额的多少。风险衡量需要运用概率论和数理统计等方法。

小任务 2：假设你是一位计划在农村地区开展有机农业项目的创业者。你已经识别出了几个潜在风险，包括市场需求波动、气候变化影响、供应链中断和资金流动性问题。现在，你需要对这些风险进行衡量，以便制定有效的风险管理策略。

1. 风险描述

请选择一个你认为对项目最具威胁的风险，并简要描述它。

选项：市场需求波动、气候变化影响、供应链中断、资金流动性问题

2. 风险影响

针对你选择的风险，请估计它可能对项目造成的最坏影响是什么？

例如：如果选择“市场需求波动”，最坏影响可能是产品滞销导致库存积压，进而引发现金流问题。

3. 风险概率

你认为这个风险发生的概率有多大？请给出一个百分比。

例如：如果认为市场需求波动的可能性很高，可以估计概率为70%。

4. 风险应对

为了减轻这个风险的影响，你可以采取哪些措施？请列出至少两个应对策略。

例如：对于市场需求波动，策略可能包括多元化市场渠道和建立灵活的生产计划。

5. 风险监控

你将如何持续监控这个风险的状况，以确保及时响应？

例如：可以通过定期市场调研和销售数据分析来监控市场需求的变化。

(三) 风险处理

所谓风险处理，是指针对经过风险识别、风险衡量之后的风险问题，须进行相应的处置。风险处理是风险管理的关键阶段，具体处理举措可分为控制型和财务型两种。首先控制型风险处理举措，主要是指在风险损失形成前应采取的预防和降低风险损失的措施，它以风险损失达到最小为目的，主要包括风险回避、损失预防、控制型非保险转移等。其次财务型风险处理举措，主要是指应通过事先的财务计划筹集资金，以便对风险造成的损失进行及时补偿，进而确保企业财务状况的稳定，主要包括财务型非保险转移、保险等。

小任务3：假设你是一位乡村振兴创业者，你的有机农产品在当地市场销售良好，但随着项目规模的扩大，你开始考虑拓展到更远的外地市场。然而，外地市场的消费者对有机农产品的认知度和接受度可能不如当地市场。此外，长途运输也可能增加产品损坏的风险，影响产品质量。面对上述风险，你会采取哪些具体措施来进行风险处理？请列出至少三种策略，并简要说明每种策略的预期效果。

(四) 风险管理评估

所谓风险管理评估，是指对风险管理手段的适用性和效益性进行分析和判断。风险管理评估具有以下不可替代的重要作用：第一，风险管理过程是一个动态过程，原有风险会消失，新的风险也会产生，过去适用的风险管理方法，将来可能不再适用。第二，风险管理决策不是一成不变的，随着时间变化须对风险管理进行综合评估，对其中不恰当的地方应及时予以调整。关于评估风险管理的效益，要看是否能以最小的成本获得最大程度的安全保障。以此为基准，风险管理人员就可以选择效益比最大的方案作为最终的实施方案。

小任务 4： 假设你计划在你的村庄开展一个有机蔬菜种植项目。在进行风险管理评估时，你需要考虑哪些关键因素？请列出至少三个可能的风险，并为每个风险提出一个预防或缓解措施。

综上所述，风险管理的四个阶段是一个周而复始、循环往复的过程。[22]

第四节 资金与利润计划：启动资金、财务预测与财务控制

成本控制是企业管理的核心之一，它关系到企业的生存和发展。
——彼得·德鲁克

一、创业资金的估算

准备启动资金是创业的关键环节。启动资金究竟需要多少，在创业项目实施前，要对其进行一次估算。只有经过认真地估算，才能做到心中有数，保证创业活动的顺利开展。对职业农民创业者来说，创业资金的估算主要包括资产费用、周转资金和风险资金三个方面的估算。

（一）资产费用的估算

农民创业者应根据创业项目的产品或服务对象、建设规模、工艺水平、技术要求、营销策略、主要销售方式和营销渠道等，对项目投入可能需要的资产费用进行估算。资产费用估算，一般包括拆迁征地补偿、土建工程、设备购置、安装费用及其他配套工程或附属工程费用，生产前的技术、管理人员培训，各种资本支出和流动资产投入，项目在运营期内的各种运营费用、维护费用的预测等。

估算时如果低估了资金需求，在开始有收益前，可能就已经用光了运营资金。如果高估了资金需求，又可能无法筹集足够的资金而影响项目的启动，即使筹集资金到位，也会增加利息支出，提高了创业的生产经营成本。因此，创业者在估算创业资金时，一定要控制在合理的范围内，不能只为利益所诱惑，而不计成本地投入。只有这样，农民创业才能由小到大、由弱变强，健康成长。

（二）周转资金的估算

周转资金也称为流动资金，是创业项目在运转过程中所需要支付的资金。创业项目一般要在运转一段时间后才能有收入，所以运行一个项目，要准备能支付三四个月的经营周转资金，包括人员工资、差旅费、办公费、材料费、广告费、维修费、水电气费、清洁环保费、税费及分期偿还的借款等。如果是创办农产品加工厂，除了以上的一些费用外，还要对占压在半成品、产成品、原材料等上面的资金进行估算。还要预留一定的突发事件处理金，以解决企业在生产经营中发生的不可预见问题。

（三）风险资金的估算

在激烈的市场竞争中，创业者某一方面或某个环节在运行中出现问题都有可能使风险转变为损失，导致企业陷入困境甚至破产。企业财务风险主要来源于筹资风险、投资风险、现金流量风险、外汇风险等。主要影响因素是：资金利润率不高、债权不安全两个方面。农业创业项目还有可能面临自然资源风险、自然灾害风险、技术风险、市场风险等带来的风险损失。因此，在估算创业资金时，要对创业资金的使用做好统筹安排，充分考虑将要遇到的困难，预留风险资金，做到有备无患、有的放矢。

二、创业资金的筹措

乡村振兴创业者创业，除了做好一些基本工作之外，重要的是创业资金的筹措。拥有的资金越多，可选择的余地就越大，成功的机会就越大。而没有资金，一切就无从谈起。筹措资金的方法多种多样，比较常见的有以下几种。

（一）自有资金

创业者在创业初期，更多的是依赖于自有资金，而且，只要拥有一定的自有资金才有可能从外部引入资金，尤其是银行贷款。

外部资金的供给者普遍认为，如果创业者自己不投入资金，完全靠贷款等方式从外部获得资金，那么创业者就不可能对企业的经营尽心尽力。一位资深的银行贷款项目负责人毫不掩饰地说："我们要企业拥有足够的资金，只有这样，在企业陷入困境的时候，经营者才会想方设法去解决问题，而不是将烂摊子扔给银行一走了之。"至于自有资金的数量，外部资金供给者主要是看创业者投入的资金占其全部可用资金的比例，而不是资金的绝对数量。很显然，一位创业者如果把自己绝大部分的可用资金投入即将创办的企业，就标志着创业者对自己的企业充满信心，并意味着创业者将为企业的成功付出全部的努力。这样的企业才有成功、发展的可能，外部资金供给者的资金风险就会降至最低。

另外，创业者自己投入资金的水平还取决于自己和外部资金供给者谈判时所处的谈判地位。如果创业者在某项技术或某种产品方面具有大家认同的巨大市场价值，创业者就有权自行决定自有资金投入的水平。

（二）亲戚和朋友的投入

在创业初期，如果技术不成熟，销售不稳定，生产经营就会存在很多的变数，企业没有利润或者利润甚微。同时由于需要的资金量较少，对银行和其他金融机构来说缺乏规模效益。此时，外界投资者很少愿意涉足这一阶段的融资。因此，在这一阶段，除了创业者本人，亲戚或朋友的投入就是最主要的资金来源。

一般来说，亲戚朋友不会是制造麻烦的投资者。事实上，创业者往往找一些志同道合，并且在企业经营上有互补性的朋友通过入股并直接参与经营管理，从而为企业建立一支高素质的经营管理团队，以保证企业的发展潜力。

为了尽可能减少亲戚朋友关系在融资过程中出现问题，或者即使出现问题也能减少对亲戚朋友关系的负面影响，有必要签订一份融资协议。所有融资的细节（包括融资的数量、期限和利率，资金运用的限制，投资人的权利和义务，财产的清算等），最终都必须达成协议。这样既有利于避免将来出现矛盾，也有利于解决可能出现的纠纷。完善各项规章制度，严格管理，必须以公事公办的态度将亲戚朋友与不熟悉的投资者的资金同等对待。任何贷款必须明确利率、期限及本息的偿还计划。利息和红利必须按期发放，应该言而有信。

亲戚和朋友对创业者可能提供直接的资金支持，也可能出面提供融资担保以便帮助创业者获得所需要的资金，这对创业者来说同等重要。

案例拓展阅读1：阿里巴巴在创业初期面临资金短缺的问题，创始人马云首先向朋友和家人借款。1999年，阿里巴巴获得了日本软银集团的投资，随后在2000年进行了第二轮融资，筹集了1.5亿美元，投资方包括软银、富达投资等。2004年，阿里巴巴上市，筹集了超过15亿美元，成为中国最大的互联网公司之一。

（三）银行贷款

银行很少向初创企业提供资金支持，因为风险太大。但是，在创业者能提供担保的情况下，商业银行是初创企业获得短期资金的最常见的融资渠道，具体贷款形式可参见第九章第二节中创业融资渠道版块银行贷款的内容。如果企业的生产经营步入正轨，进入成长阶段的时候，银行也愿意为企业提供资金。所以有人认为，银行应视为一种企业成长融资的来源。

商业银行提供的贷款种类可以根据不同的标准划分。我国目前的主要划分方式有以下几种。

1. 按照贷款的期限划分为短期贷款、中期贷款和长期贷款

在用途上，短期贷款主要用于补充企业流动资金的不足；中、长期贷款主要用于固定资产和技术改造、科技开发的投入。在期限上，短期贷款在 1 年以内；中期贷款在 1 年以上 5 年以下；长期贷款在 5 年以上。短期贷款利率相对较低，但是不能长期使用，短期内就需要归还；中、长期贷款利率相对较高，但短期内不需要考虑归还的问题。企业应该根据自己的需要，合理确定贷款的期限。但有一点必须遵守的是：不能将短期贷款用于中、长期投资项目，否则企业将可能面临无法归还到期贷款的尴尬局面，有损企业的信誉。在创业初期，企业从银行获得的贷款主要是短期贷款或中期贷款。

2. 按照贷款保全方式划分为信用贷款和担保贷款

信用贷款是指根据借款人的信誉发放的贷款。担保贷款又可以根据提供的担保方式不同分为保证贷款、抵押贷款和质押贷款。保证贷款是指以第三人承诺在借款人不能归还贷款时按约定承担一般责任或连带责任为前提而发放的贷款。抵押贷款是指以借款人或第三人的财产作为抵押物而发放的贷款。质押贷款是指以借款人或第三人的动产或权利作为质物而发放的贷款。在创业初期，企业从银行获得贷款绝大部分都要求提供银行认可的担保。[23]

案例拓展阅读 2： 多羽信息是一家由上海复旦毕业生自主创办的科技型企业，在创业初期面临资金难题。通过虹口区就业促进中心的介绍，企业认识了上海银行漕河泾支行，并成功办理了个人创业担保贷款，缓解了企业的资金压力。截至 2024 年 2 月，上海银行累计发放创业担保贷款 37.55 亿元，服务创业组织与创业个人共计 2.37 万户，帮助解决近 4 万人就业问题。[24]

三、财务预测

预测是科学决策的前提。财务预测是根据企业财务活动的历史资料，考虑现实的要求和条件，采用科学的方法，对企业未来一定时期的资金、成本、收入和盈利水平进行测算，对企业的财务预测进行估计。财务预测是企业进行正确的财务决策的前提条件。通过财务预测，测算收入、成本、现金流量等财务数据，可为企业选择未来的筹资方案、投资方案、利润分配方案等提供必要的依据。财务预测有助于公司合理安排收支，提高资金使用效益。

财务预测主要包括销售预测、成本预测、利润预测及资金需求量预测几个方面的内容。从目前现有的资金需求量预测方法来看，都是基于已有经营业务或销售收入的企业。而对于创业初期企业来说，没有这方面的资料，从而现有的销售百分比法、线性回归分析法、高低点法都不适用。对于初期的创业者来说，可以进行初步的销售预测、成本预测，从而确定最初的资金需求预测。如果企业运转了 1 年，到下一年就有利用销售百分比法的条件了。

(一) 销售预测

销售预测有定量预测和定性预测两种方法。定量分析法，也称数量分析法，是指在预测对象有关资料完备的基础上，运用一定的数学方法，建立模型进行预测；定性分析法，即非数量分析法，是指由专业人员根据实际经验，对预测对象的未来情况及发展趋势进行预测的一种分析方法。定性预测法有全面调查法、典型调查法和专家调查法等。鉴于初创企业资金有限、精力有限，选择典型调查法比较好。典型调查法就是对某种或某几种产品，有意识地选取少数具有代表性的典型单位进行深入细致的调查研究，借以认识同类事物的发展变化规律的一种非全面调查，以推算市场需求及发展趋势，其主要内容包括对产品的数量需求、用户的购买能力等方面的调查。典型调查的内容包括以下几个方面。

1. 产品生命周期分析法

产品生命周期分析法就是利用在不同生命周期阶段上的产品销售量变化趋势，进行销售预测的一种定性分析方法。产品生命周期是指产品从投入市场到退出市场所经历的时间，一般要经过萌芽期、成长期、成熟期和衰退期四个阶段。判断产品所处的生命周期阶段，可根据销售增长率指标进行。一般萌芽期增长率不稳定，成长期增长率最大，成熟期增长率相对稳定，衰退期增长率为负数。如果创业者进入的是一个新兴行业，那些产品大多数处于萌芽期或成长期；如果进入的是一个传统行业，大多数应该处于成熟期。对于创业者来说，了解拟经营的产品处于哪个生命周期是很关键的，因为这决定了后面的营销策略等。

> **小任务 1：** 假设一个乡村创业项目涉及当地特色农产品的种植和销售。该产品在当地市场已经有一定的知名度，但尚未大规模推广到外地市场。请问如何通过分析产品的生命周期阶段，预测未来的销售趋势，并据此调整销售策略？

2. 消费者情况调查

消费者情况调查主要包括调查消费者的主要特征、经济条件、购买特点、风俗习惯及对产品的要求等因素，据此分析未来一定时期的市场情况。

调查的目的主要是了解购买本企业产品或服务的团体或个人的情况，如民族、年龄、性别、文化、职业、地区等。购买行为调研法，是调研各阶层顾客的购买欲望、购买动机、兴趣爱好、购买习惯、购买时间、购买地点、购买数量、品牌偏好等情况，以及顾客对本企业产品和其他企业提供的同类产品的欢迎程度。该方法广泛应用于家电、食品、饮料、化妆品、洗涤品、日用品等快速消费品和耐用消费品等行业。

小任务 2： 假设某乡村企业专注于生产和销售本地特色农产品。为了扩大市场份额并提高销售额，创业者决定进行一次消费者情况调查，以更好地理解目标市场的需求和偏好，请问具体的实施步骤大致有哪些？

3. 市场竞争情况调查

市场竞争情况调查的目的主要是支持企业营销的总体发展战略，做到知己知彼，发挥竞争优势。这主要侧重于本企业与竞争对手的比较研究，以识别企业的优势和劣势，判断出本企业所具备的能与竞争对手相抗衡的条件或可能性，确定企业的竞争策略，以达到以己之长克彼之短的功效。其内容主要有：了解行业的竞争结构和变化趋势；了解竞争者的战略目标、核心能力、市场份额、产品策略、价格策略、销售渠道策略、促销策略等。

小任务 3： 让我们通过一个小互动来模拟乡村创业者如何利用市场竞争情况调查来进行销售预测。请根据以下情境选择或填写相应的内容：

你是一位乡村创业者，计划在当地开设一家特色农产品加工厂，主要生产当地特色水果的加工食品。为了确保产品能够成功上市并获得良好的销售业绩，你决定进行市场竞争情况调查。

1. 目标市场分析

你打算通过哪种方式了解消费者对特色水果加工食品的喜好和购买意愿？（单选题）

A. 社交媒体调查

B. 电话访谈

C. 问卷调查

D. 现场品尝活动

2. 竞争对手分析

在调查竞争对手时，你最关注的是哪一方面？（单选题）

A. 竞争对手的产品特点

B. 竞争对手的定价策略

C. 竞争对手的市场占有率

D. 竞争对手的销售渠道

3. 市场趋势预测

你认为哪些因素可能影响特色水果加工食品的未来市场需求？(多选题)

A. 健康饮食趋势

B. 季节性水果供应变化

C. 经济衰退导致的消费能力下降

D. 政府对农业产业的扶持政策

4. 销售预测

如果你发现高品质、低糖的特色水果加工食品在市场上有较大需求，你会如何调整你的产品线和营销策略？(填空题)

产品线调整：______________________________

营销策略：______________________________

5. 风险评估

如果原材料价格上涨，你打算采取什么措施来应对成本上升的行业风险？(填空题)

应对措施：______________________________

请根据你的理解和判断完成上述问题，这将帮助你模拟实际创业过程中的决策过程。

4. 营销渠道调查

现代企业的竞争，很大程度上取决于整条营销渠道效率的竞争，创业者要了解同类商品生产厂家及其他进货渠道的分布状况，以及这些厂家所生产、经营商品的花色、品种、质量、包装、价格、运输等情况，并确定各种渠道因素对销售量的影响。营销渠道调查的调查内容主要包括商品销售区域和销售网点的分布、潜在销售渠道分析、销售网点服务品质、铺货调研、商品运输线路、商品库存策略。

将上述四个方面的调查资料进行综合、整理、加工、计算，就可以对某种商品在未来一定时期内的销售情况进行预测。

小任务 4：你通常会通过哪些渠道了解新产品或服务？

社交媒体、当地广告、朋友推荐、__________、__________。

（二）成本预测

现有的成本预测方法，一般都是根据企业产品成本的历史资料，按照成本的主要构成要素应用数学方法来预计和推测成本的发展变动趋势。但对于新创企业来说，如果其提供的产品在市场上已经广泛存在，则可以使用现有的统计数据；如果市场上有相似的产品，可以参考相似产品的成本统计数据；如果没有相近或相似的产品，则需要对构成产品成本的各种因素进行全面的分析，充分考虑产品每个部件的成本及相应的人工费、加工费、其他的制造费、营销推广费用等，同时还要考虑库存、产品不良率等诸多因素，这样才可以初步确定产品的变动成本，再结合固定成本的预测，从而确定总成本。

（三）利润预测

根据上面的销售预测，可以对销售收入进行预测；结合上面的成本预测，可以进行利润预测。为了验证利润是否合理，需要进行一个行业的比较。

一般情况下，各个行业都有一个平均的利润率，如果预测的结果是利润率高于行业平均数说明企业的市场行情是比较好的，需要将企业的战略规划落到实处；反之，则说明企业的利润率偏低，企业需要采取措施扩大市场份额，增加企业营业收入，或者减少成本费用。

（四）资金需求量预测

资金是企业进行生产经营活动的必要条件。企业的资金一般分为固定资金和流动资金。准确地进行资金需求预测，不仅能为企业生产经营活动的正常开展测定相应的资金需求量，而且能为经营决策、节约资金耗费、提高资金利用效率创造有效条件。

在销售预测、成本预测和费用预测的基础上，就可以对资金的需求进行预测。一般所讲的资金需求量指的是对外融资需求量，即根据企业的现实条件，确定企业的资金缺口，这个资金缺口就是资金需求量。但对于初期的创业者来说，在确定资金缺口之前，更重要的是对资金需求总量的预测。

对于这个资金需求，企业的资金可以通过现有的负债（如赊购原材料、借款等）、现有的自有资金及预计新增的收入来计算。如果现有的负债、自有资金及预计新增的收入不能满足资金需求总量，要考虑新的借款或是吸收新的投资等。对外资金需求量的计算公式为：

对外资金需求量＝资金需求总量－资金来源

对于初创企业，可以利用前两年的预计报表对第三年的资金需求量进行预测，运行了一段时间后，对未来资金需求的预测可以采用销售百分比法。

销售百分比法就是根据企业各个资金项目与销售收入总额之间的依存关系，按照计划期销售额的增长情况来预测需要相应追加多少资金的方法。那些与销售收入总额有依存关系的资产和负债项目称为敏感性项目。

销售百分比法的应用步骤如下：

（1）根据企业的实际情况确定企业的敏感性资产和敏感性负债

（2）计算销售百分比

资产销售百分比＝敏感性资产/销售收入

负债销售百分比＝敏感性负债/销售收入

（3）计算预计敏感资产、负债

（4）计算预计总资产、总负债

预计总资产＝非敏感性资产合计＋预计敏感性资产

预计总负债＝非敏感性负债合计＋预计敏感性负债

（5）计算预计的留存收益

（6）计算预计的所有者权益总额

预计所有者权益总额＝原来的所有者权益＋留存收益

（7）计算外部融资额

外部融资额＝预计总资产－预计总负债－预计所有者权益

此方法的特点是假设资产和负债中有敏感性资产和敏感性负债，核心问题是看清哪些资产和负债属于敏感性的。

四、财务控制

新创企业和小公司成败的关键因素之一，就是正确、严格的财务控制。许多融资非常顺利的公司，其商业计划书非常完善，产品或服务满足了市场的某一类需求，销售组织效率很高，市场营销颇为有效，定价也十分合理，但最后却还是失败了，其关键原因就是缺乏财务控制。新创企业及成长阶段的小公司必须对各种支出加以规划和严格控制。创业者必须对公司的财务关键控制点给出相应的对策，这不仅有助于增加企业的销售额，更重要的是，公司能够从中获得利润和现金。

财务控制是指利用有关信息和特定手段，对企业的财务活动进行影响和调节，以便实现所规定的财务目标的过程。对于新创企业，事前控制比较重要。比如，对企业开业必需的所有费用就要事先做好控制和安排，其他的财务控制发生在经营之后。创业者要掌握一定的方法，一旦出现问题，要采取适当的措施。

(一) 现金流量预算与控制

对于刚刚起步、企业财务制度还不是很健全的初创企业来说，现金使用分析和估计是一个强有力的计划工具，它将有利于创业者作出科学的财务决策。在创业企业成长过程中，决定企业兴衰存亡的最关键的因素是现金流，最能反映企业本质的也是现金流，而非利润。在众多价值评价指标中基于现金流的评价是最具科学性和权威性的。由于企业创业初期的市场基础薄弱，市场情况还不是特别的明朗，企业的销售会出现波动，当有大的现金流入时，企业会乐观认为前途一片光明，在企业经营决策上过于乐观，出现盲目扩张。结果当市场出现萎缩时，出现大量的应还债务，极大地增加了企业破产的可能性，这会给企业带来生存的危险。对于处于创业初期的小企业来说，实际情况是费用支出往往比预计的要多一些，而收入比预计的要少一些，创业者要科学估算现金流量，避免企业面临现金流断裂的危险。

现金流量预算又称为现金预算，是企业预算期现金流转时间及金额数量，是企业的一种综合性预算。现金流量预算的编制遵循“以收定支，与成本费用相匹配”原则，采用零基预算的编制方法，按收付实现制来反映现金的流入与流出。经过企业上下反复汇总、平衡，最终形成年度现金流量预算。

在实践中，编制现金流量预算主要以销售（营业）收入的收现数为起算点，然后将其他收入与费用项目的收现数、付现数分别列出，以直接反映最终的现金净流量。

其中，营业现金流量预算包括现金收入、现金支出、现金多余或不足的测算及不足部分的筹措方案和多余部分的利用方案等。

(二) 应收账款控制

应收账款是指企业因对外赊销产品和材料、供应劳务等而应向购货或接受劳务单位收取的款项，是企业短期投资的主要组成部分。

应收账款成本主要由三方面构成。机会成本，是指企业由于将资金投放于应收账款而放弃的投资于其他方面的收益；管理成本，包括对顾客的信用状况进行调查所需的费用等；坏账成本，是指由于应收账款不能及时收回发生坏账而给企业造成的损失。

企业应收账款的管理包括建立应收账款核算办法、确定最佳应收账款的机会成本、确定科学合理的信用政策、严格赊销手续管理、采取灵活营销策略和收账政策、加强应收账款的日常管理等几方面内容。在市场竞争日趋激烈的今天，新创小微企业有时会以部分甚至全部的信用形式进行业务交易。减少应收款项，确定合理的信用政策，加速资金的回笼，是应收账款控制的主要任务。

应收账款控制主要从以下三个方面来进行。

一是企业必须建立销售与收款控制业务的岗位职责制，明确相关部门和岗位的职责、权限，确保办理销售与收款业务的不兼容岗位相互分离、制约和监督；同时，财务核算准确翔实，债权债务关系明确。新创企业必须有完善的应收账款核算体系，并且原始单据必须准确完整。

二是评价客户资信程度，确定相应信用政策。中小企业必须根据顾客的资信程度来制定给予客户的信用标准。传统的信用资格评价通常从信用品质（character）、偿还能力（capacity）、资本（capital）、抵押品（collateral）、经济状况（conditions）五个方面来评价客户的资信程度。

初创企业可以通过客户的资信程度的分析数据对客户进行排队分析，选择资信程度好的客户，而拒绝那些资信程度差的客户。做好客户的信用调查，对赊销金额的用户的资产状况、财务状况、经营能力等进行实地调查，根据调查结果来评定其信用等级，建立赊销信用档案。

三是加强应收账款的账龄分析，确定收款率余额百分比。账龄分析是不同欠款期应收账款金额占全部应收金额的比例。一般来讲，逾期拖欠时间越长，账款催收的难度越大，成为坏账的可能性也就越高。如某个企业的应收账款欠款期在 3 个月内的占 40%，3～6 个月的占 25%，6～12 个月的占 10%，1 年以上的占 25%。通过账龄分析表，如果平均收款期开始延长或账龄分析表开始显示过期账户所占百分比逐渐增加，那么就必须采取相应措施，改善信用状况。一般来说，1 年以内的应收账款在企业正常信用期限范围内；1～2 年的应收账款虽属逾期，但也属正常；2～3 年的应收账款风险较大；而 3 年以上的应收账款通常回收的可能性极小。

在实践中，初创企业总有一部分应收账款由于种种原因不能及时收回，这就要求企业确定合理的催收程序和催收方法。

（三）成本控制

初创企业本身资金就比较少，更需要关注成本的节约和成本控制。通过成本控制可以节省企业资金，降低企业的经营成本，让利于消费者，从而获得市场竞争优势。

成本控制是从技术、生产、经营各个角度对产品的生产过程采用一定的标准进行经常的监督，发现问题，及时采取措施，对产品成本进行全面管理，以达到降低成本、求得最佳经济效益的目的。成本控制应该有计划、有重点地区别对待，各行各业不同企业有不同的控制重点，控制内容一般可以从成本形成过程和成本费用分类两个角度加以考虑。

成本控制内容主要有以下几点。

一是产品设计成本，加工工艺成本，物资采购成本，生产组织方式，材料定额与劳动定额水平等。这些内容对成本的影响最大，基本上决定了产品的成本水平。

二是员工工资成本。创业者要结合企业实际，做好公司薪酬管理，提高员工工作效率，在不损害员工工作积极性的基础上，合理安排工作时间，控制好工作时间，提高劳动生产率。

三是制造费用控制。企业应编制弹性预算，采取费用包干，归口负责。

四是营销费用成本，包括产品包装、厂外运输、广告促销、销售机构开支和售后服务等费用。新创企业在发展初期，往往会存在营销费用过高，抵消了企业利润的问题，这需要创业者做好定量分析和研究。[25]

本章综合练习：

1. 请结合乡村振兴的背景，设计一个商业计划书的大纲，并说明每个部分的主要内容和目的。

2. 选择一个具体的乡村创业项目，分析其市场营销策略，并提出改进建议。

3. 描述一个乡村创业企业可能面临的主要运营风险，并提出相应的风险控制措施。

4. 假设你是一位乡村创业者，你的企业计划推出一款新产品，请预测该产品的销售收入和成本，并制订一个初步的资金需求计划。

5. 分析一个成功的乡村创业案例，总结其成功的主要因素，并探讨如何将这些因素应用到其他乡村创业项目中。

本章参考文献：

[1] 卢世军，周丽，张晓春，等．创业实战方法、工具与应用［M］．北京：经济科技出版社，2023.

[2] 朱海雄．商业计划书编写指南［M］．北京：电子工业出版社，2021.

[3] 郎宏文，郝婷，高晶．创业与创新管理［M］．北京：中国铁道出版社有限公司，2019.

[4] [5] [6] [7] 佚名．商业计划书的成功案例与启示 [EB/OL]．(2023-10-05) [2024-9-2]．https://wenku.baidu.com/view/5c6f628bb90d4a7302768e9951e79b89680268ad.html?_wkts_=1725693922746&needWelcomeRecommand=1.

[8] 王炎彬，孔原．创新创业基础 [M]．武汉：华中科技大学出版社，2021.

[9] 佚名．成都首座乡村振兴体验馆来了 [EB/OL]．(2023-02-01) [2024-9-2]．https://baijiahao.baidu.com/s?id=1756592823003662188.

[10] 佚名．丹寨万达小镇加快推动旅游发展，实现“精准营销” [EB/OL]．(2024-03-14) [2024-9-2]．https://baijiahao.baidu.com/s?id=1793468627429443072.

[11] 石棉县委宣传部．石棉县：文化旅游产业融合发展成效显著 [EB/OL]．(2021-12-10) [2024-9-2]．http://sc.china.com.cn/2021/difang/1328/1210/430028.html.

[12] 佚名．四川蒲江猕猴桃节暨产销对接活动在蒲江县大兴镇国际猕猴桃公园举行 [EB/OL]．(2023-10-05) [2024-9-2]．https://www.pujiangmihoutao.com/75698.html.

[13] 闫永杰．兴县举办乡村e镇6·18电商促销节暨线下集市活动 [EB/OL]．(2024-06-19) [2024-9-2]．https://www.sohu.com/a/786945466_253235/.

[14] 徐霞．2022年奇台县年货节营销活动——助力奇台县乡村振兴发展 [EB/OL]．(2022-02-15) [2024-9-2]．https://www.zhonghongwang.com/show-140-233242-1.html.

[15] 王方．市场营销策划与品牌推广 [M]．北京：中国人民大学出版社，2021.

[16] 佚名．易鑫集团荣膺“2023年度乡村振兴发展特别贡献企业奖” [EB/OL]．(2024-01-09) [2024-9-2]．https://www.toutiao.com/article/7322018005880521242/?wid=1725694807977.

[17] 佚名．泰康罗浮山经营公司荣获“年度乡村振兴先行企业”荣誉称号 [EB/OL]．(2024-01-19) [2024-9-2]．https://zhuanlan.zhihu.com/p/462089951.

[18] 佚名．以科技注入乡村振兴新动力——北京奇点时空科技有限公司荣获“和美乡村全国乡村振兴典型案例”荣誉称号 [EB/OL]．(2024-

01-17）[2024-9-2]. https：//www.toutiao.com/article/7325036037184340514/.
[19] 许艳辉．商业运营管理的理论与实践 [M]. 长春：吉林人民出版社，2021.
[20] 王媚莎，陈飞飞．创业指导 [M]. 北京：人民邮电出版社，2017.
[21] 刘畅．创业基础 [M]. 北京：化学工业出版社，2018.
[22] 宋来，朱姝，倪炜．创业基础 [M]. 上海：华东理工大学出版社，2022.
[23] 柏可林．为初创企业及时“输血”，上海银行累计发放创业担保贷款37.55亿元 [EB/OL]. （2024-04-05） [2024-9-2]. https：//www.sohu.com/a/769306133_120823584/.
[24] 陈建．大学生创新与创业基础 [M]. 北京：北京理工大学出版社，2021.

第五章　实战篇：农业创业实战

【学习目标】

1. 能描述特色农业与特色农产品的内容与类型；
2. 能描述农业科技创新的内涵与特性；
3. 能简述农业科技创新的意义；
4. 能说出农业品牌建设的内涵与重要性；
5. 能描述农业品牌建设的途径。

【学习重点】

1. 特色农产品的开发与推广方式；
2. 农业科技创新的模式；
3. 农业科技创新的现实应用与路径选择；
4. 农业品牌的市场营销策略。

概　述

本章介绍了特色农产品开发与推广、农业科技创新与应用、农业品牌建设与市场营销三大内容。通过本章的学习，读者将了解如何开发特色农产品、采用先进的农业科技与应用、打造特色的农业品牌，并进行市场营销，推动农业产业的创新发展。

第一节　特色农产品开发与推广

> 产业振兴是乡村振兴的重中之重，要落实产业帮扶政策，做好“土特产”文章，依托农业农村特色资源，向开发农业多种功能、挖掘乡村多元价值要效益，向一二三产业融合发展要效益，强龙头、补链条、兴业态、树品牌，推动乡村产业全链条升级，增强市场竞争力和可持续发展能力。
>
> ——习近平总书记在2022年中央农村工作会议上的讲话

一、特色农业与特色农产品的内涵、类型、特点

（一）特色农业的内涵、类型、特点

1. 特色农业的内涵

特色农业是按照市场经济的客观要求，依托当地独特的地理、气候、资源、产业基础和条件形成的。相对于常规农业而言，特色农业具有一定规模优势、品牌优势和市场竞争优势，主导一定区域农村经济发展的高效农业。[1]

2. 特色农业的类型

特色农业具有多种类型，可以从不同的角度进行分类。

（1）按生产对象

可分为特色种植业、特色养殖业、特色水产业、特色加工业和特色服务业等类型。

（2）按提供的产品形式

可分为产品型特色农业（如特色种养业）、服务型特色农业（如都市农业和观光农业）等类型。

（3）按要素构成重点

可分为资源主导型特色农业（如海边特有的养殖、城市周围的农家乐）、科技主导型特色农业（如农业高新科技示范园的特色农业、设施农业）、市场主导型特色农业（如生产优质果品、优质大米等农业）等类型。

3. 特色农业的特点

（1）鲜明的地域性

各地自然条件的差异性决定了农业生产的地域性。由于特色农业所要求

的气候、动植物物种、技术水平和生产条件比常规农业要高，而这些条件并不是任何地方都能满足。因而，特色农业的生产分布范围不像常规农业那样广，地域性特征更加突出。尽管科学技术在不断进步和创新，也不能从根本上改变农业生产的地域性。

小任务 1： 地方水果是特色农业地域性特征的典型案例。你知道以下地区的特色水果是什么吗？

福建莆田——________、新疆阿克苏——________、山东烟台——________、浙江余姚——________、海南文昌——________、新疆吐鲁番——________。

（2）产品的独特性

特色农业产品的重要标志，即区别于常规农业的关键是其独特的品质。这些独特品质通常体现在产品质量、上市时间、季节性和服务等多个方面。产品的独特品质能够带给产品一定的竞争优势，即在市场上具有稀缺性，或在同质产品中提供更高品质和服务。

（3）需求的多样性

特色农业的发展主要满足人们日益多样化的需求，这是特色农业能够持续发展的市场基础。如果特色农业仅能满足人们的温饱型消费，其发展将缺乏足够长久的动力，难以形成较大的生产规模。

（4）经济的高效性

特色农业的发展追求一定的生产规模和较高的经济效益。经济效益的驱动是特色农业发展的核心动力，其投资回报通常高于常规农业，从而吸引生产者从常规农业转向特色农业的开发。

（二）特色农产品的内涵、类型、特点

1. 特色农产品的内涵

特色农产品是指在地域、品质、文化等方面具有独特性的农产品。特色农产品的开发能够丰富农产品市场，提高农产品的附加值，满足消费者多样化的需求。

2. 特色农产品的类型

根据农业农村部在 2014 年发行的《特色农产品区域布局规划（2013—2020 年）》，特色农产品可分为特色蔬菜、特色果品、特色粮油、特色饮料、特色花卉、特色纤维、中药材、特色草食畜、特色猪禽蜂及特色水产等 10 类。同时，该文件也对特色农产品的分类及优势区域分布作了详细的说明。

小任务 2：请列举出你知道或者接触过的各类特色农产品。

特色蔬菜：山东章丘大葱、________、________、________。

特色果品：辽宁丹东草莓、________、________、________。

特色水产：辽宁大连海参、________、________、________。

小任务 3：根据你的积累，猜测以下地区是什么类型的特色农产品产地。

河北坝上、燕山、太行山及冀中、冀南平原地区——中药材；

新疆吐鲁番盆地地区——________；

四川省川西盆地地区——________。

3. 特色农产品的特点

（1）地域性

特色农产品通常具有鲜明的地域特征，生长条件和土壤质量与特定地区密切相关。

（2）优质性

特色农产品通常具有独特的品质和口感，远远超过一般农产品的质量水平。

（3）季节性

特色农产品的生产和消费具有季节性，一些农产品如水果、蔬菜和坚果等通常在特定的时间段内生产。

（4）文化性

特色农产品往往与地方文化、历史和传统习俗密切相关，它们是当地重要的文化符号和代表，透露着地方人民的智慧、劳动和精神，对于保护和传承当地文化具有重要意义。

（5）经济性

特色农产品的发展对于农村经济、农民收入和地方经济具有重要意义，有利于带动当地农业产业的发展，提高农民收入，促进地方经济发展。[2]

二、特色农产品开发与推广的方式（见图 5－1）

（一）特色农产品的开发方式

1. 打造绿色农业，提高农产品生产标准

随着生活水平提高，消费者对农产品的品质要求日益严格，特别关注农药和污染物残留，从而绿色农业和有机农产品备受青睐。因此，农产品的开发须深刻洞察消费者需求，整合农产品生产资源，挖掘原生态、无添加等绿色概念，提升农产品生产标准，构建绿色生产流通体系。

案例拓展阅读 1：天津市武清区是天津市种植大区和养殖大区。近年来，武清区坚持绿水青山就是金山银山理念，立足本地农业资源禀赋条件，以资源环境承载力为基准，不断优化种养结构，加快发展绿色种养循环农业，构建农业生态循环链条，推广生态种养模式，推进畜禽粪污还田利用，促进农业资源环境的合理开发与有效保护，探索出一条种养结合循环农业发展的农业绿色发展新路子，实现保供给与保生态的"双赢"目标。

2. 提高科技创新能力，增强农产品核心竞争力

科技创新使得农业生产更加精准、高效，提高了农产品的产量和品质，满足了市场对优质农产品的需求，有助于减少农业生产对环境的负面影响，推动农业向绿色、可持续方向发展。农业科技创新是驱动农业进步的根本动力，它不仅能够提高农业生产效率，还能够催生农产品新业态，增强农产品的核心竞争力。

案例拓展阅读 2：重庆涪陵榨菜历经 120 余年发展，已成为涪陵区农业农村重要支柱产业，涪陵榨菜传统制作技艺被列入"国家级非物质文化遗产"保护名录。近年来，涪陵区全面推广高产抗病、适宜机收机种的优良品种，实施青菜头绿色种植，宜机化土地整治，夯实原料基地，建成世界最大最全青菜头遗传种质基因库，以科技赋能夯实品牌基础。

3. 加强产业协作，延长特色农产品产业链

依托特色农产品资源，培育和发展农产品加工业集群，形成完整的产业链和产业集群。另外，可将特色农产品加工成附加值更高的食品、饮料、保健品等产品，拓展产业链长度和宽度。同时，可推动农业与旅游、文化、物流等产业的深度融合和协作，形成多元化的产业发展格局。

案例拓展阅读 3：广西壮族自治区百色市田东县国家农村产业融合发展（芒果）示范园以农产品加工与物流产业园区为抓手，积极引进香港巨人园、深圳从玉集团等农产品加工企业，促进加工仓储与物流集散联动，推动芒果产品向精深加工和集群化发展，着力延伸产业链、提升价值链。目前，示范园内共有自治区级加工龙头企业 2 家，市级加工龙头企业 2 家，产品以预包装产品、芒果汁、有机肥等关联产品为主。有机农产品交易中心建立了农产品质量检测、冷链物流、电子商务等完整的交易体系和产业链条。

4. 结合特色产业，打造农旅融合新模式

将特色农产品的开发与乡村旅游、生态旅游等相结合，打造农旅融合的新模式。通过挖掘农产品的特色和优势，结合乡村的文化资源和旅游资源，发展多种形式的旅游活动，不仅可以提高农产品的附加值和市场竞争力，还可以促进乡村经济的发展和文化的传承，加强地方的多元化发展。

案例拓展阅读 4： 宁夏贺兰山东麓产区在酿酒葡萄种植方面有着得天独厚的自然地理环境，在“葡萄酒＋文旅”产业融合发展的背景下，整合贺兰山东麓的史前文化、农耕文化、西夏文化、黄河文化和移民文化，做强做透“葡萄酒＋文旅”产业链，逐步成为具有中国特色的葡萄产业综合开发示范样本。

（二）特色农产品的推广方式

特色农产品的推广方式主要有线上和线下两种类型。

1. 线上推广方式

（1）社交媒体推广

利用微信、微博等社交媒体平台发布农产品的种植、成长、采摘等信息，吸引用户关注和购买；利用淘宝、京东的内容软文营销，发布关于农产品的文章、视频等，提高品牌知名度和用户认知度。

（2）自媒体平台

通过短视频平台（如抖音、快手）发布农产品的视频内容，展示产品特点和生产过程，吸引用户关注并购买；也可利用直播平台进行农产品的直播销售，通过直播互动增加用户对产品的信任和购买意愿。

（3）电商平台

在电商平台（如淘宝、京东、拼多多等）开设店铺，展示和销售特色农产品，提供线上购买和配送服务，同时利用平台的促销活动、优惠券等营销手段，吸引用户购买特色农产品。

（4）农产品众筹与预售

可通过众筹平台发起农产品众筹项目，吸引消费者提前支付购买农产品，降低销售风险；还可通过电商平台进行农产品预售，提前锁定消费者需求，确保销售稳定。

2. 线下推广方式

（1）展会推广

参加如农展会、食品展会等的全国性或地方性展会，展示特色农产品，提升采购商或消费者对特色农产品的关注度。此外，与展会组织者合作，通过展会的宣传和推广，提高农产品的知名度和影响力。

（2）农贸市场与超市

在农贸市场设立摊位，或与超市合作，将农产品上架到超市销售，这是农产品销售最直接有效的方式。

（3）餐饮合作

与餐饮店合作，将农产品作为原材料供应给餐厅，通过餐厅的推广和销售，提高农产品的知名度和消费量。

（4）农产品体验活动

组织农产品采摘、加工等体验活动，让消费者亲自参与农产品的生产过程，增强消费者对产品的信任感和购买意愿；举办农产品知识讲座、品鉴会、美食节、文化节等活动，吸引消费者前来参与，提升消费者对产品的认知和了解。

（5）传统媒体广告

利用电视、广播、报纸等传统媒体进行广告宣传，或与当地政府合作宣传，提高品牌知名度和产品认知度。

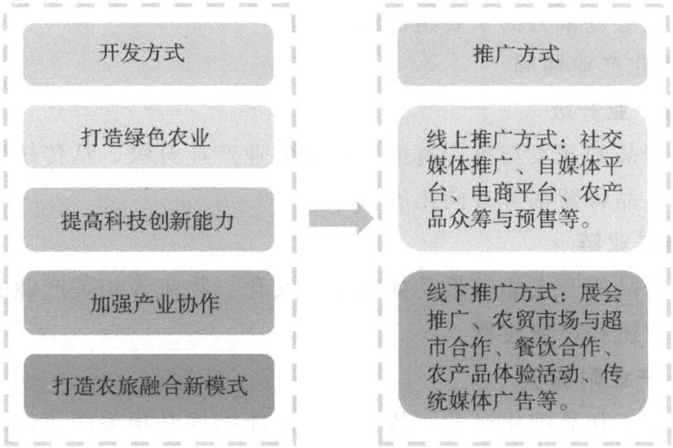

图 5－1　特色农产品开发与推广的方式

三、特色农产品开发与推广的意义

（一）扩大品牌影响力

1. 提升品牌认知度

特色农产品的开发与推广能够显著提高其市场曝光率，使更多消费者了解和认识这些产品，从而增强品牌的认知度。

2. 强化品牌形象

通过精心策划和有效传播，可以塑造特色农产品独特的品牌形象，使其在市场上具有鲜明的识别度和竞争力。

3. 增加品牌忠诚度

当消费者对某个品牌的特色农产品产生了良好印象和信任，就会增加品牌忠诚度，促进其再次购买并促进口碑传播。

（二）增强核心竞争力

1. 产品质量提升

特色农产品的开发通常伴随着种植、养殖、加工等技术的创新和改进，有助于提高产品质量和附加值。

2. 差异化竞争

特色农产品具有独特的地域、品种或文化特色，能够满足消费者对多样化和个性化的需求，从而在市场上形成差异化竞争优势。

3. 创新能力提升

特色农产品的开发与推广需要企业不断进行创新和改进，这种创新能力将成为企业核心竞争力的重要组成部分。

（三）优化产业格局

1. 推动产业升级

特色农产品的开发与推广有助于推动农业产业升级，从传统的种植、养殖向深加工、品牌营销等方向拓展。

2. 拓展产业链

特色农产品的开发能够带动如旅游、文化、物流等相关产业的发展，形成完整的产业链和产业集群。

3. 提升产业附加值

通过深加工和品牌化运营，特色农产品能够提升相关产业的附加值，提高产业的整体效益。

（四）促进地区发展

1. 带动地方经济

特色农产品的开发与推广能够增加农民收入，提高地方经济发展水平，对于促进乡村振兴和区域均衡发展具有重要意义。

2. 促进就业创业

发展特色农产品加工，能够延长产业链，带动相关产业的发展，创造更多的就业和创业机会。

3. 传承和弘扬地域文化

特色农产品通常与当地的历史、文化、传统等紧密相关，通过开发与推广能够传承和弘扬地域文化，增强文化自信。

小任务 4： 如果你是一家特色农产品企业负责网络营销宣传的人员，你会从哪几个平台进行产品宣传？

小任务 5： 假如你所在的 A 市是著名的柑橘之乡，柑橘的产量与质量位居全国前列。现要策划一个柑橘文化节进行特色农产品推广，请列举出可操作的活动。

第二节 农业科技创新与应用

要依靠科技和改革双轮驱动加快建设农业强国。要紧盯世界农业科技前沿，大力提升我国农业科技水平，加快实现高水平农业科技自立自强。

——习近平总书记在 2022 年中央农村工作会议上的讲话

一、农业科技创新的内涵与特性

(一) 农业科技创新的内涵

农业科技创新是农业科技成果在农业生产实践中应用并引发生产要素的重新组合，整个过程涵盖农业科技研发、试验推广、生产应用及创新扩散等一系列涉及科技、组织、金融活动等的前后相继、相互关联的发展过程。这一定义涵盖了从研发到应用的全过程，既包括农业科学研究和试验发展，又包括农业技术推广和农村实用人才培训。

(二) 农业科技创新的特性

1. 公共性与社会性

农业科技创新具有显著的公共属性，其成果在一定程度上具有非竞争性和非排他性，即任何人都可以享受到农业科技创新带来的好处。另外，由于农业科技创新的高风险性、效益外溢性和成本收益不对称性，政府成为支持农业科技创新的重要力量，在农业科技创新中发挥着主导作用。

农业科技创新的社会服务功能显著，它涉及政府、企业、科研院所、农业合作组织、农民和国外机构等多方社会力量的参与，以实现持续的社会、经济利益。

2. 主体多元性

现代农业科技创新具有创新主体多元化、科技投入主体多元化和农技推广参与主体多元化的特征。同时，现代农业科技创新不再是孤立的存在，而是各个主体间分工明确、协同耦合，以提高创新系统效率。

3. 系统性

农业科技创新是一个复杂的综合系统，涉及农业生产产前、产中和产后三个阶段，融合多门学科知识，集聚多元主体参与。

4. 开放性

农业科技创新强调开放包容，避免封闭式创造，注重优势互补和互利共赢，强化科技资源的流动。[3]

二、农业科技创新的意义

（一）促进农业现代化和产业升级

农业科技创新是推动农业现代化和产业升级的核心动力。通过引入新技术、新品种和新方法，可以优化农业生产结构，提高农业生产的智能化、自动化和精准化水平。这不仅能够提升农产品的产量和质量，还能够推动农业产业链的延伸和升级，形成具有竞争力的现代农业产业体系。

（二）提高农业资源利用效率

随着全球资源短缺和环境污染问题的加剧，农业科技创新在提高农业资源利用效率方面具有重要意义。通过科技创新，可研发节水、节肥、节药的农业新技术，提高农业废弃物的利用率，实现农业生产的低投入、高产出和可持续发展。

（三）增强农业防灾减灾能力

农业生产受天气、病虫害等自然灾害影响较大，而科技创新为农业防灾减灾提供了有力支持。通过研发和应用先进的农业气象监测、病虫害预警和防治技术，可及时掌握灾害发生信息，提前制定应对措施，降低灾害对农业生产的影响。此外，通过提高农产品的抗逆性和适应性，农业生产可以稳定可靠。

（四）促进农民收入增长

农业科技创新是增加农民收入的重要途径。通过科技创新，可以推动农业产业升级和结构调整，提高农产品的附加值和市场竞争力，从而增加农民的收入；另外，通过提高农业生产效率，降低生产成本，农民能够在市场竞争中获得更多的利润和收益。

（五）推动城乡融合发展

农业科技创新在推动城乡融合发展方面也具有重要作用。通过科技创新，可以推动农村产业的融合发展，形成农村新的经济增长点。同时，科技创新还能够促进城乡间先进技术和经济要素的双向流动和有效配置，缩小城乡差距，推动城乡一体化发展。[4]

（六）保障国家粮食安全和食品质量

农业科技创新是保障国家粮食安全和食品质量的关键手段。通过科技创新，可以研发出高产、优质、抗逆性强的农作物新品种和高效、环保的农业生产技术，提高粮食产量和质量；科技创新还能够加强农产品质量安全监管和追溯体系建设，保障人民群众的食品安全。

案例拓展阅读：精确农业（precision agriculture）是现代农业技术创新发展的重要方向，它结合了现代信息高科技与传统农业知识，通过精细化的管理策略，实现农业生产的高效、可持续和生态。精确农业基于农田小区作物产量及其生长环境因素的实时数据，精准调整土壤和作物管理措施，以优化农业投入，最大化产量和经济效益，同时保护生态环境和自然资源。与传统农业相比，精确农业更加注重“空间差异”和“时间差异”的数据采集与处理，能够根据作物实际需求确定投入的量、质和时机，实现因土、因作物、因时平衡施肥。这种精细化的管理方式使得农业主体能够根据不同的目标作出准确决策，并及时调整管理策略以应对社会经济市场的变化。

从技术角度来看，精确农业集成了全球卫星定位系统（GPS）、地理信息系统（GIS）、遥感技术（RS）、模拟系统（SS）、专家系统（ES）、决策支持系统（DSS）和智能控制系统（ICS）等现代信息技术，并与地理学、土壤学、作物科学、农艺学、植物保护科学、资源环境科学、管理学等基础学科相结合，形成了一套完整的农业动态管理系统。精确农业不仅适用于种植业，还可以扩展到养殖业、加工业、园林、林业等大农业经营的各个领域。它通过提高管理的精确性和资源的利用效率，实现了农业生产的最佳效果，并将完善的管理、资源的高效利用和社会、经济、环境效益有机统一起来，推动了农业的可持续发展。[5]

三、农业科技创新的模式（见图 5-2）

（一）种植技术创新

种植技术创新主要包括培育新品种、改良种植模式和研发高效农药等。通过培育适应气候和土壤条件的新品种，有效提高农作物的产量和质量；通过改良种植模式，提高资源利用效率和农业生产的可持续性；通过研发性质稳定、剂量传递高效、环境安全友好的农药制剂和助剂体系，实现农药减施增效、推动农业绿色高质量发展。

（二）养殖技术创新

养殖技术创新主要包括改进饲料配方、疾病防治和环境控制等。通过科学合理地配制饲料，提高动物的饲养效益；加强疾病预防和控制，提高畜禽的生长速度和抗病能力；改善养殖环境，提升养殖场的生产效率和生态环境。

（三）农机装备创新

通过研发高效节能的农机设备和智能化农机控制系统，提高农业生产的自动化水平和作业效率，减少人力成本和能源消耗，推动农业生产向工业化方向发展。其中，农业无人化是农机装备创新的重要方向，指借助无人机、自动驾驶和机器人技术，实现农田巡查、种植、喷洒农药、收割等工作的自动化和智能化。

（四）信息技术创新

信息技术创新包括数字化农业、精准农业、农业物联网等。数字化农业可以提高生产效率、降低资源消耗，并对农业生产过程进行实时监测和控制；精准农业通过应用遥感技术和地理信息系统，实现农田精细化管理和农作物个性化栽培；农业物联网则是将物联网技术应用于农业生产，实现农业生产的智能化和精准化。

（五）生物技术创新

生物技术主要包括基因工程、细胞工程、酶工程、发酵工程、生物电子工程、生物反应器、灭菌技术及新兴的蛋白质工程等。这些技术通过利用生物体的遗传物质（如 DNA、RNA）进行基因操作，改变某些特定基因的表达，从而实现对生物体的改良和控制。生物技术在农业中的创新能够促进农业生产的可持续发展、提高农作物的产量和品质、减少化学农药的使用、保护生态环境。

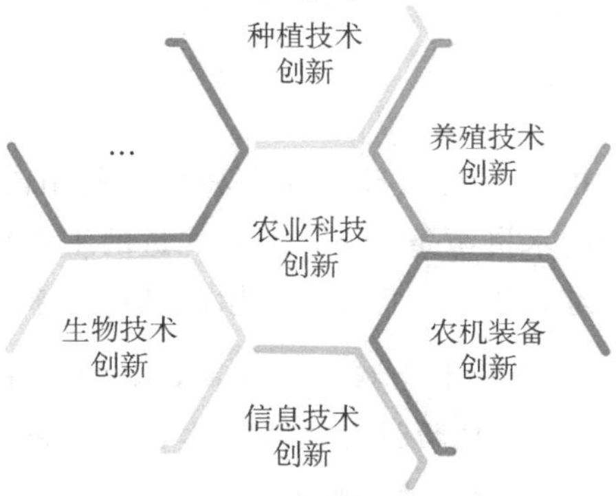

图 5－2　农业科技创新的模式

小任务 1：垂直农业是农业科技创新的一大重要成果，它是一种在有限空间内进行多层农业种植的方法，可以最大限度地利用空间，缩短农作物生长周期，提高资源利用效率，并得到了广泛使用。请查阅相关资料，谈谈你认为垂直农业的优势与面临的挑战。

小任务 2：基因编辑技术（如 CRISPR－Cas9）是一项重要的生物技术，它能够实现对病虫害相关基因的精确编辑，加快新品种选育进程。例如可针对作物的营养成分、生长周期等特性进行改良，提高农作物的产量和质量。你知道基因编辑技术在农作物上的应用还有哪些吗？

四、农业科技创新的应用

（一）农业科技创新的现实应用

1. 智能农业技术

智能农业技术是指在相对可控的环境条件下，采用工业化生产，实现集约高效可持续发展的现代超前农业生产方式。它集成了现代生物技术、农业工程、农用新材料等学科，以现代化农业设施为依托，实现周年性、全天候、反季节的企业化规模生产。

小任务 3：农业物联网技术是一项智能农业技术，其主要通过实时监测和远程控制实现农田、大棚等农业生产环节的智能化管理，提高农业生产效率和农产品质量，服务于整个社会的农业生产和食品安全。[6]请你查阅相关资料，分析农业物联网技术在农业生产过程中是如何应用的？

2. 生态农业技术

生态农业技术是基于生态学、生物学和农学等科学原理，旨在实现农业可持续发展的一种技术模式，它强调资源的综合循环利用和生态环境的保护。

3. 节水农业技术

节水农业技术是指充分利用自然降水和高效利用灌溉水的现代农业技术。其核心是在有限的水资源条件下，通过先进的工程技术、适宜的农业技术和用水管理技术等综合措施，提高农业水的利用效率和生产效益。

小任务4：节水农业技术包括多个方面，其中最重要的是灌溉技术，它可以精准地将水输送到作物根部，减少水的蒸发和流失，提高灌溉效率。你知道目前运用的灌溉技术有哪些吗？

4. 生物农业技术

生物农业技术是指利用生物科学的方法和技术来改进和发展农业生产的一种技术模式，通过促进自然过程和生物循环保持土地生产力，用生物学方法防治病虫害。目前，生物农业技术在农业生产中应用广泛，主要有生物农药、生物化肥、转基因技术等。[4]

（二）农业科技创新的路径选择

1. 构建协同创新战略联盟，推动产学研农科教融合

通过建立产学研联盟，有效整合企业与科研院所、政府机构资源，实现优势互补；通过构建以企业为主体的产学研联动机制，创造良好政策环境，完善利益分配制度，优化资源配置；通过推动农业产业升级，强化农业科技人才培养，提升农业产业竞争力。

2. 打造现代农业科技示范区，加强产业技术体系建设

现代农业科技示范区是展示现代农业的重要平台，应全面推进其规划建设，构建一体化服务体系，促进区域科技资源整合，发挥比较优势，形成农业全产业链经营模式，实现农业科技创新与产业化的良性互动。

3. 建立农业科技创新动力机制，推动技术转移与成果转化

针对农业科技创新动力不足的问题，建立长效动力机制，完善激励机制，鼓励企业参与科技创新，支持农民运用创新成果，加强知识产权保护；同时，建立高效的科技成果转化交易服务平台，推动资源配置市场化，提高转化效率，并建立科学合理的绩效考评机制，促进科技合作与成果转化。

4. 强化农业科技推广服务，构建“三位一体”推广体系

针对农业科技推广服务体系的不足，构建“三位一体”的推广体系，包括公益性、多元化和社会化服务组织，克服“最后一公里”问题。通过科技特派员、农业科技示范户等多种方式，促进科技成果的有效转化与应用，确保农技推广与服务系统高效运转。[7]

5. 加大农业科技创新投入，创新投入政策体系

农业科技创新需要加大财政投入，优化投入结构，提高投入效率。政府应发挥主体作用，设立专项资金支持农业前沿技术发展，引导私人和社会资本进入农业科技领域，形成多元化投资格局。同时，投入评价应兼顾科学性和经济性，确保科技链与产业链有效对接。

6. 完善农业科技创新人才体系，强化人才支撑

农业科技创新离不开人才支撑，应完善农业科技创新人才体系，加强农业科技人才培养和引进，构建高层次、多元化、专业化的人才队伍。此外，加强人才激励机制建设，提高人才待遇和地位，激发人才创新活力，为农业科技创新提供强大的人才保障。

7. 吸收先进经验，加强国际农业科技领域交流与合作

以科技为主导的多功能现代农业已成为全球农业发展的主流。为应对这一趋势，我国现代农业发展深化国际农业科技交流与合作，引用吸收先进经验，强化原始创新与集成创新的融合，以推动我国农业科技实现跨越式发展，提升我国农业科技在国际上的竞争力，促进现代农业产业的优化升级，从而加快我国农业现代化的步伐。

第三节　农业品牌建设与市场营销

> 农业品牌是农业高质量发展的重要标志。“十三五”期间，各级农业农村部门深入贯彻党中央、国务院决策部署，加快实施品牌强农战略，品牌意识大大增强，品牌数量快速增长，品牌效益显著提升，为助推农业转型升级、提质增效提供了有力支撑。
>
> ——《农业品牌打造实施方案（2022—2025 年）》

一、农业品牌建设的内涵与重要性

（一）农业品牌建设的内涵

农业品牌建设是指通过一系列的品牌策划、推广和营销活动，为农业产品打造一个有影响力、有竞争力的品牌形象，从而提升农业产品的知名度、美誉度和市场竞争力，并最终实现农业产业的可持续发展。这个过程涉及品牌定位、品牌策划、品牌推广和品牌管理等关键环节。[8]

（二）农业品牌建设的重要性

1. 农业品牌建设有助于推进农业现代化

农业品牌建设是农业现代化的重要驱动力。在“四化”同步发展的背景下，通过加强品牌建设，可使农产品具备更高的科技含量和市场竞争力，同时实现资源的合理利用和环境的友好型发展。[9]品牌建设的过程就是农业现代化进程中的关键一环，它鼓励企业投入更多资源来提升农产品的品质和竞争力，进而推动整个农业现代化建设的进程。

2. 农业品牌建设有助于打造农业特色产业

农业品牌建设有助于各地区根据自身的资源优势和产业基础，打造具有地域特色的农业产业。我国地域广阔，自然环境多样，农业品牌建设能够充分挖掘和利用这些独特的资源，形成各具特色的农产品品牌，推动地方农业经济的发展，优化产业结构，提升农业整体竞争力。

3. 农业品牌建设有助于实现农业可持续发展

农业品牌建设强调资源的合理利用和环境的保护，有助于实现农业的可持续发展。在当前农业资源有限、环境污染严重的情况下，通过品牌建设可以引导农业生产向绿色、高效的方向转变，提升资源利用效率，减少环境污染，保护农业生态环境，为农业的长期发展奠定坚实基础。

4. 农业品牌建设有助于增强农业国际竞争优势

农业品牌建设有助于提升农产品的国际竞争力。在全球化的背景下，加强品牌建设可以使我国农产品更好地融入国际市场，参与国际竞争。通过“引进来”和“走出去”相结合的战略，可以吸收国外先进的农业技术和管理经验，同时推广我国优质的农产品品牌，提升我国农业的国际地位和影响力，实现农业的转型升级和现代化发展。[10]

小任务 1：列举你知道的著名农业品牌。

浙江安吉白茶；江苏兴化大闸蟹；________；________；________。

小任务 2：你认为在农业品牌建设中，如何设计具有吸引力和识别度的品牌标志和口号？谈谈你的理解。

二、加强农业品牌建设的路径

作为农业产业化的基础，农业品牌建设是推进现代农业发展的重要举措。早在十多年前，胡锦涛同志就强调，中国农业要走品牌化发展道路，需要从品牌、质量、技术乃至包装上面下大功夫。为此，地方政府出台优惠政策以强化品牌建设，这对于提升区域竞争力和创新能力意义重大，关乎人民利益和社会经济的稳健发展。

(一) 增强农业品牌意识，促进多方协作

农业品牌建设是提升农产品市场竞争力的关键。要摈弃过去以品种或产地命名的简单模式，转向以科学营销手段和高品质产品为核心的品牌建设，需要农户、企业、政府等多方主体共同参与。因此，政府应提高品牌意识，倡导并扶持农业品牌建设；农户、加工者、经营者应加强沟通合作，共同提升农产品附加值。通过品牌建设，农民可以获得技术指导，缓解销售难题；企业可确保原料供应，提升产品质量；政府则能增加财政收入，实现多方共赢。

(二) 重视品牌基础建设，提升品牌竞争力

品牌基础建设是提升品牌竞争力的基础，其中包括加强水利、物流、信息等基础设施建设。水利建设要确保农业生产稳定，物流建设要保障农产品顺畅流通，信息建设则要通过电子商务等手段提升农产品销售效率和范围。各级政府应加大投入，构建覆盖城乡的信息网络系统，并培养专业信息服务队伍，为农业信息化建设提供智力支持。

(三) 培育壮大龙头企业，推进农业产业化经营

龙头企业是农业品牌建设的重要力量。政府应制定政策，培育壮大龙头企业，加强企业间协作，形成农业产业竞争优势。同时，要引导龙头企业与农户建立紧密的合作关系，形成产供销一体化的经营模式。政府还可以通过补贴政策鼓励企业增加生产基地建设投入，改善基地条件，强化基地监管。

(四) 加强技术创新与推广，提高农产品科技含量

技术创新是提升农产品科技含量的关键。通过重点培育优良品种，调整品种结构，实现种植管理技术的创新；通过加强如农产品加工、保鲜、包装等产后技术的研发和应用，提高农产品的生产品质；通过技术创新和推广，农民可以掌握先进的农业技术和管理方法，提升农产品的品质和附加值。[11]

案例拓展阅读1：烟台苹果作为山东省的标志性名优特产，在全国乃至全球范围内享有盛誉。当前，烟台苹果正通过科技赋能促进品牌迈向高质量发展的新天地。主要措施包括建设烟台苹果科技创新中心、大数据中心、展示交易中心和苹果文化博物馆等，促进其传统生产技术与现代智慧农业技术

深度的融合，不断提升烟台苹果的品牌附加值和竞争力。较2019年，2021年烟台采用无人机喷防的应用面积增加6倍，水肥一体化面积占比由10%增至27%，新建数字果园6.1万亩，建设苹果绿色防控观测点81处，绿色防控覆盖率达50.34%，增长2个百分点，品牌效益得到了有效提升。

案例拓展阅读2：浙江五芳斋是中华老字号品牌，创始于1921年，已有101年历史，在全国范围内具备品牌力。多年来，五芳斋致力于自主研发技术的升级，发展了粽子定量灌装设备，粽子冷却“金探”计数三合一流水线，粽叶清洗等设备，并掌握了行业先进的粽子定量灌装技术、粽子保鲜生产技术等，为品牌发展助力。同时，经过现代化农业技术的改良与升级，五芳斋逐步形成了以粽子为核心，涵盖月饼、汤圆、糕点、蛋制品及多种米制品的丰富产品线。在坚守民族饮食文化的同时，五芳斋不断追求技术创新，通过多元化的营销策略，强化品牌的市场应变能力，为广大消费者提供更优质的产品与服务。

三、农业品牌的市场营销方式（见图5-3）

（一）精准定位与目标市场

1. 深入了解农业品牌市场细分

市场细分是将整体市场划分为若干个子市场或群体，每个子市场或群体具有相似的需求和购买行为。通过深入的市场细分，农业品牌可以更加准确地识别目标消费者群体，并为其量身定制营销策略。市场细分有助于品牌了解不同消费者群体的需求和偏好，从而避免资源的浪费和营销策略的盲目性。农业品牌可以根据市场细分的结果，选择最具潜力的目标市场，并集中资源进行营销和推广。

2. 明确农业品牌的定位

品牌定位是品牌在市场中的独特位置和价值主张，它是品牌策略的核心，决定了品牌在市场中的位置和价值。通过明确的品牌定位，农业品牌可以与竞争对手区分开来，树立独特的形象和信誉；还可以帮助消费者更好地识别和记忆品牌，并在众多选择中优先选择该品牌。同时，良好的农业品牌定位也有助于品牌与消费者建立情感连接，提高品牌的忠诚度和口碑。

（二）视觉化内容与文化传播

1. 制作视觉化宣传内容

通过制作精美的图片、视频等视觉化内容，展示农产品的种植、加工过程，以及品牌背后的故事，并且利用社交媒体、短视频平台等渠道广泛传播，吸引更多消费者的关注和兴趣。

2. 文化传播

将农业品牌与当地文化元素相结合，打造具有地方特色的农业品牌。可以结合如春节、中秋节、丰收节等传统节日和文化活动，推出与品牌相关的文化主题营销活动；也可通过举办线上互动交流等方式，与消费者建立情感连接，提高品牌的知名度和美誉度；或者通过举办文化体验活动、推出地方特色产品等方式，让消费者在品尝美食的同时，也能感受当地文化的魅力，且为农业品牌带来更多的曝光机会和口碑传播。

（三）品质保证与可持续发展

1. 建立品质追溯系统

品质追溯系统是保障农产品品质和安全的重要手段之一。通过建立这样的系统，品牌可以确保产品的每一个环节都符合相关标准和要求，从而为消费者提供更加安全、可靠的农产品。消费者可以通过扫描产品上的二维码或输入相关信息，查询到产品的种植、加工、检测等全过程信息，从而更加放心地购买和使用产品，进而提高消费者对品牌的信任度和忠诚度。

2. 实现绿色生产认证

随着消费者对环保和健康的关注度不断提高，绿色生产和有机认证等权威认证已经成为农产品市场的重要趋势。农业品牌获得这些认证可以证明其在生产过程中注重环保和可持续性发展，从而得到更多消费者的青睐。同时，这些认证也可以作为品牌的独特卖点之一，提高品牌的竞争力和市场份额。

（四）体验式营销与互动式营销

1. 增强消费者的体验感

体验式营销的核心在于为消费者提供真实、个性化和有趣的消费体验。通过参与农业生产的各个环节，如播种、养殖、采摘等，消费者能够亲自动手，体验农作物的生长过程和农民的劳作艰辛，从而增强对农业的理解和认同，提升对农业品牌的好感度。通过体验式营销，消费者与品牌之间建立了更深层次的情感联系。他们不仅购买了产品，还体验了参与生产的过程，对农产品产生了更深层次的认同感和情感价值。

2. 采取互动式营销

互动式营销强调农业品牌与消费者之间的双向沟通。这种模式可以实时获取消费者的反馈和数据，帮助农业品牌了解消费者的需求和偏好变化，及时调整营销策略和产品设计。这种实时反馈机制有助于农业品牌更好地适应市场需求的变化，提高营销效果和竞争力。

（五）农产品的研发与定制化

1. 农产品的研发

新品种的研发是产品创新的重要手段之一。与科研机构合作研发新品种农产品可以满足消费者对新鲜、独特产品的需求，也能为农产品可以带来更高的附加值，提高农业品牌在市场中的竞争力。

2. 定制化农产品

根据消费者的特殊需求提供定制化农产品可以满足消费者的个性化需求。这种模式满足了消费者日益增长的个性化需求，使消费者在购买过程中感受到独特的价值和体验，有助于农业品牌与消费者建立更紧密的联系，提升品牌的经济效益。

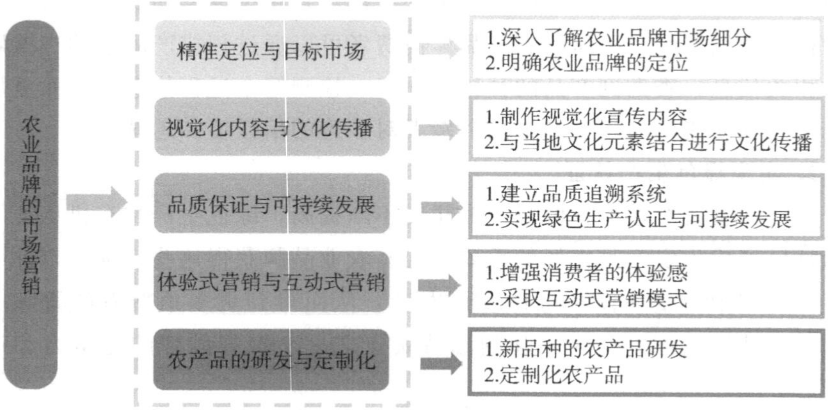

图 5－3　农业品牌的市场营销流程

小任务 3： 农业国际化成为农村经济发展的重要推动力。在国际化过程中，你觉得农业品牌需要关注哪些挑战和机遇？

本章综合练习：

1. 你认为发展特色农业与特色农产品最重要的因素是什么？

2. 请分别站在农民、政府和企业的角度，思考农业科技创新的优势与挑战？

3. 如果你是一名政府宣传工作者，你所在地区是全国茶叶特产区，你将如何选择电商平台，开展农产品的宣传与营销？

本章参考文献：

[1] 孔祥智，关付新．特色农业：西部农业的优势选择和发展对策［J］．农业技术经济，2003（3）：34－39.

[2] 吕火明．论特色农业［J］．社会科学研究，2002（3）：27－30.

[3] 王雅鹏，吕明，范俊楠等．我国现代农业科技创新体系构建：特征、现实困境与优化路径［J］．农业现代化研究，2015，36（2）：161－167.

[4] 吴优丽，潘虹．我国农业科技推广体制创新研究［J］．中国种业，2008（7）：16－17.

[5] 周国红，汪海珍，王克强．精确农业科技创新及在我国应用的框架体系［J］．科技进步与对策，2000（5）：72－73.

[6] 聂鹏程，张慧，耿洪良等．农业物联网技术现状与发展趋势［J］．浙江大学学报（农业与生命科学版），2021，47（2）：135－146.

[7] 钟秋波．我国农业科技推广体制创新研究［D］．成都：西南财经大学，2013.

[8] 何传新，时海燕．农业品牌建设问题研究——以山东省泰安市为例［J］．农业经济，2018（8）：3－5.

[9] 陈磊，姜海，孙佳新等．农业品牌化的建设路径与政策选择——基于黑林镇特色水果产业品牌实证研究［J］．农业现代化研究，2018，39（2）：203－210.

[10] 裴四海．我国农业品牌建设的现状及对策［J］．农业经济，2017（5）：121－123.

[11] 王丽杰．我国农业品牌化发展的方针及对策［J］．兰州学刊，2014（12）：181－184.

第六章　乡村文创篇：乡村旅游与文创产业的创业实践

【学习目标】

1. 能提炼乡村旅游资源的内容与特点；
2. 能说出乡村旅游资源的开发模式；
3. 能说出文创产品设计的主要路径；
4. 能描述文创产品设计的发展趋势；
5. 能说出文创产品营销的渠道和方法；
6. 能描述乡村旅游与文创产业融合发展路径。

【学习重点】

1. 乡村旅游资源的分类和特点；
2. 乡村旅游资源开发模式的具体应用；
3. 乡村文创产品的市场营销策略；
4. 乡村旅游与文创产业融合的创新模式。

概　述

本章介绍了乡村旅游资源的开发利用、乡村文创产品的设计与营销，以及乡村旅游与文创产业融合发展三大内容。通过本章的学习，读者将了解如何在乡村振兴战略背景下，利用乡村独特的自然和文化资源，结合创意设计与市场营销，推动乡村旅游和文创产业的深度融合，助力乡村经济多元化和可持续发展。

第一节 乡村旅游资源的开发与利用

> 全面推进乡村振兴，要立足特色资源，坚持科技兴农，因地制宜发展乡村旅游、休闲农业等新产业新业态，贯通产加销，融合农文旅，推动乡村产业发展壮大，让农民更多分享产业增值收益。
>
> ——习近平总书记对深化东西部协作和定点帮扶工作作出的重要指示

一、乡村旅游资源内涵、分类、特点

（一）乡村旅游资源内涵

乡村旅游资源是指能吸引游客前来进行旅游活动、为旅游业所利用，并能产生经济、社会、生态等综合效益的乡村景观客体，是以自然环境为基础、人文因素为主导的人类文化与自然环境紧密结合的文化景观，由自然环境、物质和非物质要素共同组成的和谐的乡村地域复合体。

（二）乡村旅游资源分类

乡村旅游资源可根据其特性和内容主要分为自然资源和特色文化资源两类，其共同构成了乡村旅游的核心吸引力。

(1) 自然景观资源，指乡村能为游客提供的、可进行自然风光观赏和沉浸式乡村劳作体验等活动的优势资源。

> **小任务1：** 请列举出在以往的乡村旅游中体验过的自然景观资源。
>
> 四川九寨沟、内蒙古呼伦贝尔草原、________、________、________。

(2) 特色文化资源，指乡村地区保护完好的历史建筑、古迹遗址、传统村落等物质文化资源，以及能够展示乡村地区独特文化风貌和生活方式的民俗文化等非物质文化资源。

> **小任务2：** 请列举出在以往的乡村旅游中体验过的民俗特色传统节日和活动。
>
> 传统节日：汉族端午节、壮族三月三、________、________、________。
>
> 民俗活动：龙舟竞渡、抛绣球、________、________、________。
>
> **小任务3：** 请列举出你所了解的、具有浓郁乡土风情的乡村特色民居。
>
> 黄土高原窑洞、客家五凤楼、________、________、________。

（三）乡村旅游资源特点

乡村旅游资源具有文化性、多样性、参与性、地域性、季节性等特点，对其深入的理解和合理的开发能够带来独特的旅游体验。

（1）文化性。即乡村的传统建筑、节庆、民俗艺术、乡土史志等所蕴含的地方特色文化，可通过资源挖掘和整合进行文化产品开发和文化传播。

（2）多样性。即不同地区乡村所具有的从自然风光到人文景观，从农业体验到民俗活动的多样化、地方性资源，可进行特色旅游活动与服务设计。

（3）参与性。即乡村资源可提供游客亲身参与农耕、采摘、手工艺制作等活动的机会，真实感受乡村生活。

（4）地域性。即不同乡村地区在自然地理环境、民俗文化、农业生产、聚落景观等方面呈现的差异性和多样性。

（5）季节性。即季节变换所展现的不同风貌，可利用并开发为特色旅游产品（如春季赏花、夏季避暑、秋季采摘、冬季赏雪等），以及根据当地气候和农事活动安排相应的节庆活动（如赏花节、丰收节等）。

二、乡村旅游资源开发模式（见图 6－1）

（一）生态保护型开发模式

乡村生态保护型开发模式强调在“生态保护优先”的前提下，实现经济效益与生态效益双赢，即在保护乡村自然生态环境的同时，合理利用乡村资源，发展生态旅游、休闲农业等产业，实现乡村经济可持续发展。同时，生态保护型模式开发需注意根据当地环境和资源的实际情况，合理控制旅游规模和承载力，避免过度开发和超负荷接待游客。

案例拓展阅读 1：台湾桃米生态村通过挖掘资源潜力、打造生态 IP“青蛙共和国”等方式，在保护和恢复当地生态环境的同时扩大产业的经济效益，从震后废墟转型成为融有机农业、生态保育、文化创意、乡村旅游于一体的乡土生态典范。

（二）文化传承型开发模式

乡村文化传承型开发模式注重挖掘、保护和传承乡村文化，通过文化产品的开发和游客参与体验活动的设计，推动乡村经济与文化共同发展。

案例拓展阅读 2：贵州千户苗寨是一个以苗族文化为核心的乡村旅游目的地，在其旅游产品的各个环节都充分融入地方文化特色。游客可以观看苗族歌舞表演、参与苗族节庆活动、购买苗族手工艺品，全面感受苗族文化的魅力。

（三）农耕体验型开发模式

乡村农耕体验型开发模式是以农业资源为基础，通过规划设计，将农业生产过程、农村生活场景和农耕文化体验等融入旅游活动中，使游客在参与农耕活动的过程中了解农村文化，感受乡村魅力。

案例拓展阅读 3： 独山县秀峰村依托天洞景区旅游资源，推进农旅结合，打造“旅游＋农耕体验”模式。村庄充分利用景区农田土地资源，通过“公司＋合作社＋农户”的方式，建设农耕文化体验基地。景区内根据季节气候和地块结构，种植了牡丹、向日葵、莲藕、桑葚、草莓、铁皮石斛等具备经济价值与观赏价值的作物。通过景观化种植打造生态田园，为游客提供观光休闲、果蔬采摘等沉浸式的农旅体验。

（四）扶贫开发型模式

乡村旅游扶贫开发型模式是指通过乡村旅游的发展来带动贫困地区脱贫，利用乡村的自然资源、文化资源、农业资源等，结合旅游产业的特性，开发具有地方特色的乡村旅游产品，提高贫困地区的居民收入及生活水平。

案例拓展阅读 4： 贞丰县位于贵州省黔西南州，是贵州省首个民族文化旅游扶贫试验区。该项目依托独特旅游资源，结合文化特色，打造全域乡村旅游，形成了以旅游产业为引领的扶贫开发建设，并逐步发展成为国际知名、全国一流的山地文化旅游休闲养生胜地。

（五）康养旅游型开发模式

乡村康养旅游型开发模式将健康养生、医疗康复等需求与乡村旅游紧密结合，形成独具特色的康养旅游产品。通过整合乡村的自然生态资源、农业资源、文化资源等，为游客提供身心愉悦、健康舒适的康养体验。

案例拓展阅读 5： 浙江安吉县位于浙江省西北部，是习近平总书记“绿水青山就是金山银山”理念的发源地。安吉县依托其独特的山水田园风光和乡村文化，积极探索乡村康养旅游型开发模式，打造宜居、宜业、宜游的美丽乡村，开发多样化的康养旅游产品，满足游客对健康和休闲的需求，并引入中医药康养、食疗康养等元素，提供中医养生体验、药膳美食等服务。

（六）综合开发型模式

乡村旅游综合开发型模式以乡村为核心，通过全面规划打造集观光、休闲、度假、体验、教育、购物等多功能于一体的乡村旅游目的地。

案例拓展阅读 6： 江苏盐城“七彩阜宁”国家农业公园集农业观光、休闲度假、农事体验、文化传承等多功能于一体，通过资源整合形成“水、花、稻、蔬”四大主题片区，为游客提供多样化旅游体验，并通过农耕文化展示和节庆活动吸引游客、推动乡村文化的传承。

图 6-1　乡村旅游资源开发模式

三、乡村旅游资源开发的独特意义

（一）推动乡村振兴战略开展

乡村旅游作为乡村振兴的重要抓手，能够带动基础设施建设、环境整治和公共服务提升，改善农村面貌。同时旅游收入可以用于支持农业现代化，建设现代农业示范园区、引进先进农业技术等，反哺农业生产。

（二）促进农村经济多样化

乡村旅游业的发展能够让农民不离乡也不离土、实现再就业，有效吸收农村剩余劳动力，缓解农村就业压力。另外，通过观光农业、采摘体验等方式将农业生产与旅游服务结合，进行农产品的深加工和品牌建设，提高农产品的附加值，帮助农民增收致富。

（三）保护和传承乡土文化

乡村旅游的发展能够促进乡村传统文化的挖掘和保护。通过展示和体验传统农耕文化、民俗活动、地方戏曲等，不仅能保护和传承宝贵的非物质文化遗产，还有利于增强当地居民对自身文化的认同感和自豪感。

（四）促进生态保护和可持续发展

乡村旅游资源的开发能够促进对自然环境的保护，维护生态平衡和生物多样性。同时，乡村旅游资源开发能够助推绿色产业发展，实现农村经济的绿色转型。

（五）优化乡村社会结构

乡村旅游发展能够吸引城市中年轻人的回流，共同参与乡村建设和旅游项目，缓解农村人口流失问题。同时，乡村旅游发展有助于农村产业结构的多元化发展，通过提供旅游服务增加农村经济的附加值。

第二节　乡村文创产品的设计与营销

> 要推动乡村文化振兴，加强农村思想道德建设和公共文化建设，以社会主义核心价值观为引领，深入挖掘优秀传统农耕文化蕴含的思想观念、人文精神、道德规范，培育挖掘乡土文化人才，弘扬主旋律和社会正气，培育文明乡风、良好家风、淳朴民风，改善农民精神风貌，提高乡村社会文明程度，焕发乡村文明新气象。
>
> ——2018 年 3 月 8 日，习近平总书记在参加十三届全国人大一次会议山东代表团审议时的讲话

一、乡村文创产品设计的内涵与意义

（一）乡村文创产品设计的内涵

乡村文创产品的设计是一种以乡村文化为基础，结合现代创意和科技手段所创造出的具有独特魅力和市场竞争力的产品。

原创性和创新性是乡村文创产品的核心内涵。原创性强调在尊重和继承传统的基础上创造出独一无二的作品；创新性则注重通过创意和技术手段，对传统元素进行重新演绎，使其焕发出新的生命力。

（二）乡村文创产品设计的意义

1. 唤起对乡村生活的向往

乡村文创产品能够将人们对乡村生活的美好记忆和向往通过具象化的产品表达出来，不仅具有观赏性和实用性，还能引起人们对乡村生活的情感共鸣。

2. 提升乡村旅游吸引力

乡村文创产品的开发可为乡村旅游增添新的亮点和吸引力，传播乡村特色文化，提升乡村的知名度和影响力。

3. 促进乡村经济可持续发展

通过发展乡村文创产业，拓宽乡村经济的增长点，提供新的就业机会，提高乡村居民的收入水平，并推动乡村基础设施的改善和整体经济的提升，

实现经济效益和社会效益的双赢。

4. 推动文化传承与发展

通过创意设计，乡村文化不再局限于传统的表现形式，而是以更加多样化和现代化的方式在产品设计中得以呈现，不仅丰富了产品的文化内涵，也使传统文化得以传承和创新。

二、乡村文创产品设计的路径与未来发展趋势

（一）乡村文创产品设计的路径（见图6－2）

1. 抽象文化创意

乡村文创产品的设计首先需要从乡村独特的乡土文化、民俗文化和地域文化中提取文化元素，通过艺术化和现代化的手法进行创意设计。

2. 文化创意与农产品结合

以文化创意设计“包装”当地特色农产品，开发出具有地方特色和市场竞争力的文创农产品。

案例拓展阅读1：芹壁村通过将传统美食和文化元素融入产品包装设计，以展示其独特的乡村风情，并向外界传递了当地的文化魅力。这种创新的乡村文化创意，不仅提升了产品的市场竞争力，也为芹壁村的经济发展和文化传承注入了新的活力。

3. 文化创意与精深加工结合

通过精深加工技术，将当地自然资源或传统食品等原材料加工转化为具有现代审美价值的文创产品，提升产品附加值，延长产业链。

案例拓展阅读2：在四川乡村地区，竹资源极为丰富。村民结合传统竹编技艺与现代精深加工技术，将竹子转化为一系列高附加值的竹编艺术品，并向市场进行推广。

4. 文化创意与乡村旅游结合

结合乡村旅游资源，将文化创意融入旅游产品和体验项目中，打造如旅游纪念品、文化体验项目等独具特色的乡村旅游品牌，从而传播乡村文化并提升游客的参与感和认同感。

案例拓展阅读3：浙江莫干山地区依托其优美的自然风光和独特的乡村文化，将文化创意融入民宿旅游，打造出集住宿、文化体验、乡村休闲于一体的特色旅游产品。游客可以在这里体验传统手工艺、品尝农家美食、参与农耕活动，感受浓厚的乡村文化氛围。

5. 构建乡村文化产业链

通过文化创意产品的开发和推广，最终形成一条完整的乡村文化产业链，即包括文化资源的挖掘、创意产品的设计与生产、市场营销与销售，以及文化体验和旅游服务等紧密合作的环节，实现乡村文化的全面振兴和可持续发展。

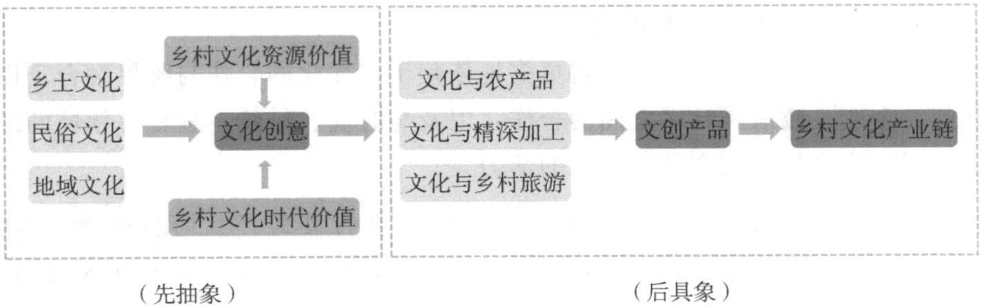

图 6－2　乡村文创产品设计路径流程图

（二）未来发展趋势

乡村文创产品设计的发展趋势将以科技融合、创新与传统结合、品牌营销、生态设计和跨界合作为主要方向，不断推动乡村文创产品的创新与发展。

1. 科技与乡村文化的融合

随着科技的不断发展，乡村文化创意设计将越来越多地与现代科技相结合。例如，虚拟现实（VR）、增强现实（AR）等技术可用于重现传统乡村节庆场景、展示和传播乡村文化，让游客身临其境地感受乡村文化的魅力，增强游客的体验感。同时，智能农具、智能家居设备等智能化乡村产品，也将逐步融入乡村生活，提高生活质量。

小任务 1： 想象一下，如果你是一名乡村文创设计师，你会如何利用 VR 技术来重现和展示乡村的哪些传统文化场景与活动？

2. 创新与传统的结合

创新和传统的结合将成为乡村文创产品发展的重要趋势。在尊重和保护传统文化的基础上，注入现代元素和设计理念，将传统的手工艺技艺与现代设计相结合，开发出既具有传统韵味，又符合现代审美的文创产品。

小任务 2： 你认为在尊重和保护传统文化的基础上，哪些现代元素和设计理念可以融入乡村文创产品中？

3. 可持续发展的生态设计

随着环保意识的增强，可利用当地可再生资源，采用环保材料和工艺，开发绿色文创产品，既减少资源浪费，又赋予当地资源以新的生命价值。

小任务3：在开发乡村文创产品时，你认为有哪些可供利用的可再生资源？你还了解哪些环保材料和工艺？

4. 多元化合作与跨界融合

未来乡村文创产品的发展将更多地依赖于多元化的合作与跨界融合。设计师、企业、政府和社区之间的合作，以及与时尚、科技、教育等领域的结合，可以为乡村文创产品注入新的活力。

小任务4：请设想一下，如果你是一名乡村文创产业的推动者，你会如何与各个领域的合作伙伴进行跨界合作，为乡村文创产品注入新的活力？

三、乡村文创产品的营销渠道与方法

（一）乡村文创产品的营销渠道

乡村文创产品的营销渠道可以分为线下渠道和线上渠道，通过多元化的销售方式，将产品推广给更广泛的消费者。

1. 线下渠道

（1）乡村旅游景区

将乡村文创产品摆放在乡村旅游景区的特色商店或展示中心，利用游客的高流量和对当地文化有浓厚的兴趣，促进产品销售。

（2）农家乐

在农家乐的餐厅或接待中心设立展示和销售区域，让游客在享受乡村美食和体验农家生活的过程中，方便地购买到文创产品，增加农家乐的吸引力和附加值。

（3）特色店铺

与当地的特色店铺合作，将乡村文创产品放置在这些店铺中进行销售，有效地进行产品的推广和销售。

2. 线上渠道

（1）电商平台

在各大电商平台上开设线上店铺，提供产品展示和销售服务，利用电商平台的广泛覆盖和便捷的购买流程提升产品的曝光率和销量。

（2）社交媒体

通过社交媒体平台发布产品介绍、使用场景、顾客评价等内容进行宣传推广，增强互动性和传播效果。

（3）微信小程序和 App

开发微信小程序和 App，提供在线购买和产品展示功能，方便用户随时随地浏览和购买产品，并进行个性化推荐和服务。

（二）乡村文创产品的营销方法

乡村文创产品的宣传推广需要多渠道、多角度的综合运用，提升产品的知名度和美誉度。

1. 品牌建设

品牌建设是乡村文创产品推广的核心环节。可根据产品特点和定位，选择具有代表性和独特性的品牌名称、设计独特的品牌 Logo、制定简洁有力的品牌口号等以体现产品特色和品牌形象并突出产品的卖点和独特性。除此之外，可以将品牌建设与故事营销、IP 设计相结合，增强品牌吸引力。

2. 媒体宣传

媒体宣传是提高产品知名度的重要手段。可通过乡村旅游和文化类的报纸杂志进行广告宣传提高产品的曝光度。在适合的电视节目中投放广告，提高品牌知名度。此外，在乡村旅游景区周边的公交站台、地铁车厢等位置进行户外广告宣传，吸引来往游客的注意力。同时，可通过社交媒体、博客、论坛等进行品牌宣传，利用网络平台的互动性和广泛传播优势，增强品牌影响力。

3. 建立合作伙伴关系

建立合作伙伴关系，与当地的手工艺品制作企业、旅游机构等共同推广乡村文化创意产品，通过合作以共享资源，共同承担推广成本，提高推广效果。

4. 创意产品展览

结合乡村文化创意产品展览、文化节庆等特色活动在乡村文化广场、乡村博物馆等地展示文创产品，并邀请有影响力的相关人士、专家等参与展览，让更多人有机会接触、了解并购买乡村文化创意产品。

案例拓展阅读 4：瓷米乡村艺术生活馆位于浙江省龙游县的未来乡村，占地 250 平方米，建筑面积 500 平方米，原为废旧黄铁矿仓库。自 2021 年改建以来，该艺术生活馆致力于将文创设计、艺术创作、策展和艺术研学引入乡村，推动乡村振兴。它以“艺术驻留计划”为核心，吸引了大量艺术家进驻乡村，旨在通过当代艺术的跨视野性、文化根脉性和在地性，激活乡村内生动力，强化乡村品牌建设。

艺术馆内设有艺术展厅、陶艺工坊和艺术驻留创作区，旨在通过扎根乡土的艺术深耕，让艺术真正融入人们的生活。自入驻以来，瓷米艺术馆与当地居民紧密互动，提供了包括文创艺术空间、陶瓷手工体验、艺术乡村研学等多样化的乡村生活场景，迅速吸引了居民、游客、大学生、艺术家和创客。艺术馆不仅为乡村提供了丰富的文化活动，还通过与中国美院、浙江传媒大学等院校的合作，吸引了大量的高校大学生和专业人士参与其中，为艺术馆的运营和发展注入了新的活力。

在与创客的合作方面，瓷米艺术馆于2022年2月成立了溪口青春联合会，成为一个青年创客群体的常态化交流平台。通过该平台，创客们能够共同为乡村振兴和家乡共富而努力，创客人数从最初的40多人发展到100多人。此外，艺术馆还积极参与了龙游文艺两新发展促进会的创建，进一步推动了地方文艺的发展和文化交流。

艺术馆举办了众多的文化艺术活动，包括竹露清风成扇书法作品巡回展、“艺术走进溪口 青年创造未来”雕塑绘画艺术展、龙游水脉艺术节等，累计超过100场。通过这些活动，艺术馆不仅展示了丰富的艺术形式，还通过艺术赋能乡村振兴，促进了在地文化的传播和乡村资源的整合。这些艺术活动涵盖了书法、雕塑、绘画、实验艺术等多种形式，吸引了国内外艺术家和游客的参与，为龙游的文化品牌注入了新的活力。

瓷米艺术馆的成功不仅在于其丰富的艺术活动，还在于其对乡村的深度融入。艺术馆坚持“精诚团结、互相交流、共谋发展”的理念，与乡村共同成长。它不仅提升了当地居民的文化自信，也为艺术创作者提供了广阔的创作平台。通过与景德镇陶瓷大学等学术机构的合作，艺术馆有效整合了社会资源，推动了艺术与乡村文化的融合。

展望未来，瓷米艺术馆将继续以艺术为媒介，深入推进乡村建设。它将持续举办类似龙游水脉艺术节这样的艺术活动，探索艺术与乡村建设的深度融合，推动城乡文化的有机联动。瓷米艺术馆不仅是一个艺术创作的空间，更是乡村振兴的助推器，它通过艺术的力量，为乡村注入了新的生机与活力，探索了一条艺术与乡建相结合的创新路径。

第三节　乡村旅游与文创产业的融合发展（见图 6 - 3）

> 文化产业和旅游产业密不可分，要坚持以文塑旅、以旅彰文，推动文化和旅游融合发展，让人们在领略自然之美中感悟文化之美、陶冶心灵之美。
>
> ——2020 年 9 月 22 日习近平总书记在教育文化卫生体育领域专家代表座谈会上的讲话

一、乡村旅游与文创产业融合发展的意义

（一）推动旅游业转型，助力乡村振兴

首先，通过与文创产业的融合，乡村旅游的发展方式从粗放型向集约型转变，有助于乡村经济的转型升级。其次，与文创产业的有机结合可以引导乡村旅游产业走上人文旅游的可持续发展道路。最后，乡村旅游与文创产业的融合发展有助于打造美丽乡村品牌，为乡村振兴注入新的活力。

（二）延伸农业产业链，促进乡村产业多元化发展

通过整合优化乡村文旅资源、推动产业结合、发展文创产业、探索融合模式等方式，延伸农业产业链，将乡村资源优势转化为产业优势，为乡村经济建立新的创收点，促进产业多元发展。

（三）促进乡村文化的保护、传承与发展

文化创意产业为乡村旅游业注入多元创意元素和广阔平台，而文化创意产业向乡村旅游的延伸能够为文化创意产业提供多渠道、多层面、深层次的表达空间，两者的深度融合有助于乡村文化的有效保护、传承与发展。

二、乡村旅游与文创产业融合发展的路径

（一）确定角色定位，打造特色文化

首先，通过梳理乡村旅游、文创产业和乡村文化等相关领域的核心理念，深入分析内在联系和互补优势，找到共同发展的契合点。其次，全面评估乡村环境系统，确定其在整体战略布局中的角色定位。第三，挖掘乡村独特的文化资源、自然景观和历史传统，打造各具特色的乡村文化。

（二）制定发展策略，打造特色品牌

明确乡村旅游与文创产业融合发展的方向和目标，制定针对性的角色定位策略并构建具有地方特色的产业品牌能够凸显乡村地区的独特魅力和核心竞争力，同时要注重品牌的维护与提升，不断改进和提升旅游产品和服务质量，保持品牌的竞争力和生命力，推进优质特色产业品牌的塑造。

（三）培育创意主题，创新开发方式

以特定主题为核心，通过创意设计、活动策划等方式，将旅游与文化、艺术、科技等领域相结合，为游客提供独特的旅游体验，满足其对旅游的多元化需求，全面提升乡村旅游的参与性、互动性和体验性。

（四）强化政策引导，健全合作机制

全面深化落实各级政府关于发展乡村旅游的意见，进一步出台、修订和完善各项法律法规和制度条例，规范乡村旅游和文创产业的发展；争取政府在资金、税收、土地等方面的政策支持，全面保障乡村旅游开发中的“用地、用人、用资”问题；强化政策引导效应，建立政府、企业、社会等多方参与的合作机制，鼓励社会资本参与，打通乡村旅游项目的融资渠道，为乡村旅游发展提供资金保障，共同推动乡村旅游和文创产业的融合发展。

（五）拓展营销渠道，加强人才培养

拓宽网络营销渠道，建立景区旅游网站，充分利用第三方平台、自媒体、电商等进行推介，将乡村的产品和服务推向更广阔的市场。同时，积极引进建筑、园林、规划、管理等领域高素质专业人才，加强本土专业人才培育，确保乡村旅游人才队伍的专业化。

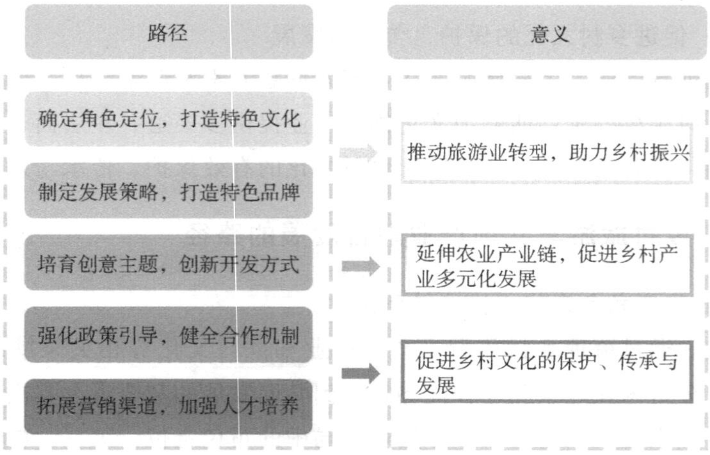

图 6－3　乡村旅游与文创产业融合发展的路径与意义

本章综合练习：

1. 你对于乡村旅游与文创产业的创业最感兴趣的内容是什么？

2. 对于个人而言，学习乡村旅游和文创产业的创业实践对你有哪些帮助？

3. 你如何看待乡村旅游与文创产业的关系？

4. 假如你有一个创业机会，你会如何进行乡村旅游资源的开发、文创产品的设计及旅游与文创产业的结合？

第七章　农村电商篇：农村电商创业实战

【学习目的】

1. 能简要表述电商平台的类别及特点；
2. 能提炼电商平台选择及运营要点；
3. 能描述农产品网络营销模式；
4. 能简要表述农产品网络营销策略；
5. 能说出农村电商物流配送模式；
6. 能描述农村电商物流配送体系建设流程。

【学习重点】

1. 电商平台的选择及运营；
2. 农产品网络营销模式的具体应用；
3. 农产品网络营销提升策略；
4. 农村电商物流配送体系建设具体流程及注意事项。

概　述

本章介绍了农村电商平台选择与运营、农产品网络营销策略、农村电商物流配送体系建设三大内容。通过本章的学习，读者将了解如何在互联网迅速发展的大环境下，利用电商平台，结合创意性的网络营销策略，建设规范化的物流配送体系，推广乡村特色农产品，促进乡村经济发展，助力乡村振兴。

第一节 农村电商平台选择与运营

> 实施农村电商高质量发展工程，培育一批农村电商直播基地和县域数字流通龙头企业，组织开展农村直播电商相关活动，推动农产品产业链数字化转型。
>
> ——《数字商务三年行动计划（2024—2026 年）》

一、电商平台发展现状、类别及特点

（一）电商平台发展现状

中国作为电商大国，市场规模巨大，据数据统计，2023 年中国直播电商市场规模达 4.9 万亿元，同比增速为 35.2%，且其市场规模还在持续扩大。

与此同时，消费者购物更加注重品牌和品质。[1] 2024 年 1 至 5 月份，全国网上零售额 5.77 万亿元，同比增长 12.4%，其中，实物商品网上零售额 4.8 万亿元，增长 11.5%，相比去年，市场增速放缓，这种变化反映了消费者购物已经逐渐理性和成熟。在供大于求的市场环境下，能提供高质量的产品和服务的商家往往更能获得消费者的青睐。他们愿意为高品质、高附加值的产品支付更高的价格，并倾向于选择具有良好口碑和信誉的品牌。在这一变化下，电商平台和商家需要不断提升产品品质和服务水平，以满足消费者的需求和期望，重视长效经营价值。

此外，电商行业的销售形式也在不断变化。淘宝、京东等传统电商平台依然拥有巨大的市场规模和交易额，占据主导地位，但近年来迅速崛起的如抖音、快手等新兴电商平台凭借视频营销、直播营销等新型营销手段，已然成为消费者青睐的对象。这些新兴电商平台通过个性化的推荐及有趣的视频内容，为消费者提供更加身临其境的体验，吸引了更多年轻消费者的关注。例如，抖音的直播带货模式通过讲解、实地直播等方式，以更加直观、生动的视角，为消费者提供了更好的购物体验，从而促进商品交易额的增长。根据《2023 年中国直播电商市场数据报告》显示，2023 年国内直播电商交易规模达到 4.9 万亿元，同比增长 40.48%，2023 年直播电商行业企业规模达 2.4 万家，同比增长 28.34%。

在此背景下，农村电商蓬勃发展，农产品电商交易额呈现增长趋势，2023年全国农产品网络零售额达到5870.3亿元，同比增长12.5%。随着乡村振兴战略的深入实施和数字乡村建设的推进，农产品电商将迎来更加广阔的发展前景。预计未来农产品电商交易额将继续保持增长态势，并涌现出更多具有地方特色的农产品电商品牌。

案例拓展阅读：浙江省衢州市龙游县，是浙西文明的发源之地，龙游全县森林面积94万亩，森林覆盖率达54.86%，其中竹林资源面积超40万亩，享有“浙西大竹海”的美誉。

2015年，龙游电商城开园，要建设淘宝网特色中国龙游馆项目，包装销售龙游的农特产品。“一切就像冥冥之中的安排。”以这个项目为契机，1988年出生于龙游县塔石镇的姜鹏，辞去了在杭州的工作，带着对家乡的热爱和对创业的热情，回到龙游县。在龙游县人社局提供免费办公场地后，姜鹏以最快速度开展业务。他首先将目光放在了无花果上，并以“童年的味道”命名进行推销，三天内就收到了千余份订单。可无花果易腐烂并难以运输，接踵而至的售后问题让他头疼不已，导致两年内一直没有盈利。

姜鹏不甘就此放弃，随着不断失败和尝试，以及物流愈发的成熟，莲子、发糕、冬笋等龙游特产也逐步加入了姜鹏的业务当中，随着一盒盒龙游特产发向全国各地。2018年，“一盒故乡”品牌正式成立。他创立品牌的目标是挖掘“乡愁元素”，共创“乡愁经济”，让更多的人感受到家乡的魅力。

“一盒故乡”共富工坊，是姜鹏团队的心血结晶。工坊位于龙游县溪口镇溪口村老街，2018年12月建成，总面积约1500平方米。这不仅是一个生产基地，更是一个文化交流的平台。工坊以电商和文创融合为抓手，整合溪口镇的特色竹资源，推动特色农产品线上线下展销，有效盘活了当地的竹产业资源。近年来，省二轻集团发挥优势，借助“一盒故乡”共富工坊，有效联动社会资源，助力溪口镇因地制宜发展竹产业、弘扬竹文化。

2020年初，姜鹏与龙游溪口镇一起全程参与“溪口乡村振兴综合体”建设工作。围绕“直播经济”“乡愁经济”定期推出“竹够好听、竹够好玩、竹够好吃、竹够好用”四大系列主题活动，为老街商户和周边群众提供线上销售渠道和直播带货培训，发展本地特色的竹产业、竹文化、竹文旅。推动龙南山区竹产业一二三产业融合发展。

在姜鹏的引领下，一群有志青年回归家乡，他们用“互联网+乡村”的创新思路，探索农旅文创相融合的发展模式。从粽子、发糕到冬笋、酥饼，龙游的特产通过他们的巧思包装，通过一个个小盒子，飞出大山，走进千家万户。他们的团队不仅在龙游开展电商助农活动，还积极整合四川叙永县等地的农特产品，推动消费扶贫。

姜鹏深知，发展“乡愁经济”离不开对龙游资源禀赋的深度挖掘。他主张产品结合文化创意，展现龙游的地域特色和乡愁元素。为了拓展销售渠道，他探索线上线下相结合的新零售模式，线上开发“微商城”，开设拼多多、淘宝、京东等店铺，将乡愁打包，通过电商平台销往全国各地。截至目前，通过“互联网＋乡村”的营销模式助力龙游农特产销售已达5000多万元，大幅增加了当地农民收入，村集体年增收30万元，真正实现了当地农民增收，复兴了当地民艺。

（二）电商平台类别及运营机制

电商平台根据其特点和运营机制的不同可以分为传统网购电商平台、以拼购模式获取流量的网购平台、社交类电商平台、内容电商—自媒体电商平台、社交—视频电商及直播电商平台五类，不同电商平台对运营者能力和资金的要求也不同。

1. 传统网购电商平台

此类平台的运营机制基本以B2C、C2C为主，这类电商平台是以需求关键词搜索和品类搜索为核心的电商平台，相对来说比较成熟，商品供应主体为个人或企业。因此，只要是为消费者提供任何货品和服务的组织，均可以在平台上开店。此类平台需要经营者具备一定的店铺运营能力，主要考核商家运营的基础操作及推广、营销、变现的能力。与此同时，由于这些平台具有免费流量较难获取、付费流量占比较大、不做推广难以获取流量的特性，需要经营者有一定比例的投资预算。此外，运营此类平台还须具有优质的供应链。经营者可以通过与物流公司及当地的农产品生产者建立合作关系，帮助生产者规范化生产，提高产品质量，提供高效的物流服务，确保农产品能够及时送达消费者手中。

小任务1：请列举几个传统网购电商平台。
淘宝、天猫、________、________、________。

2. 以拼购模式获取流量的网购平台

此类平台打破了天猫、京东传统的单次单件成交模式，将成交与获客捆绑在一起，在购买东西的同时协同砍价，成交一单的同时会带来两个或三个以上的客户成交，形成巨大的客户裂变机制，更多强调薄利多销的原始规则，获客成本相对较低。其运营机制不以搜索为核心，而是以推荐和活动为中心的流量获客模式。此类平台以推荐、活动为中心，需要适当的预算投入以提升电商运营能力，但如果产品足够优秀，同时价格又有很强的竞争力，可以降低对运营能力的要求，适合新手练习试运营。同时，因其价格低于其他平台，因此有优质的供应链可以更快地发展店铺。

小任务 2：请列举几个以拼购模式获取流量的网购平台。

拼多多、苏宁拼购、________、________、________。

3. 社交类电商平台

此类平台主要以社群为主，通过建立会员制和分销机制，利用消费即赚钱的"人带人"理念，带动消费的同时促进二次销售的裂变。运营此类平台需要较强的产品功能和利润率作为支撑，对私域流量的扩展和维护即对客户的维护是重要的工作内容，适合保健品、化妆品等毛利高的商品。此外，这类平台针对老用户，消费黏性强，对运营者来说，需要有一定的人脉影响力和社交能力。

小任务 3：请列举几个社交类电商平台。

淘小店、微商、________、________、________。

4. 内容电商—自媒体电商平台

此类平台的运营机制主要是借助平台流量，建立个人领袖式的内容电商模式，或者以分享知识、经验、常识、品牌种草等的内容触达，再引导产品销售的过程，其核心内容以文章为主，因此要求从事人员具备产品服务的应用能力，其中擅长写作是运营平台的核心能力要求。此类平台针对资质的审核要求较低，前期投入少，企业或个人均可进入。

小任务 4：请列举几个内容电商—自媒体电商平台。

微博、小红书、________、________、________。

5. 社交—视频电商及直播电商平台

此类平台主要以视频短片或通过代言展示产品，运营机制是通过品牌种草或意见领袖的影响力来让粉丝关注，并通过视频或直播的形式来进行产品变现，主要有三种类型，分别为种草类视频、植入类视频及直播销售。运营此类平台需要企业或个人具备视频剪辑、剧情创造能力、表演力等基础素质，需要有较强的表达能力。

小任务5：请列举几个社交—视频电商及直播电商平台。

抖音、快手、________、________、________。

（三）电商平台特点

1. 多样化的交易模式

电商平台存在多种交易模式，其中B2C、B2B、C2C和O2O是电子商务领域中四种主要的交易模式。B2C模式是指企业直接面向消费者销售商品或提供服务的在线商业模式，如亚马逊、淘宝等电商平台，商品数量丰富，侧重于品牌建设、个性活动等吸引消费者的方式；[2] B2B模式有着交易次数少，交易金额大，交易对象广泛，交易操作规范等优点，该模式还分为水平型和垂直型两种类别，水平型是指跨行业交易，垂直型指某一类产品的交易；C2C模式是指消费者之间通过电子商务平台进行交易的模式，例如闲鱼等平台，商品来源广泛，价格灵活；O2O模式是线上线下结合的一种商业模式，消费者可在线上完成预订、支付等环节，在实体店中消费或享受服务，如美团、饿了么等平台，该模式注重本地化服务，提供即时服务。不同的交易模式适应了不同的商业需求，使得电商平台具有灵活性，这些模式在互联网经济中发挥了不可替代的作用，有利于满足消费者的不同需求，促进市场的繁荣和创新。

2. 开放性与共享性

电商平台为卖家和买家提供一个公平公正的交易环境，促进信息的共享与交流，通过互联网技术，任何注册用户都可以在电商平台上进行交易，消除了传统线下交易中的时空限制。同时，电商平台促进了资源的共享，在传统商业模式下，消费者通常依托于个人需求对商品进行选择，而在新型电商模式的发展下，个人可以通过平台进行资源置换、租赁等活动，实现资源共享。

3. 便捷的支付和物流

传统的商品交易需要消费者在实体店进行产品的购买，而在电子商务模式下，消费者可以通过电脑和手机购买需要的产品和服务，并通过快递送达，这种便捷性不仅节省了时间和精力，也提高了消费者的购物体验。在电子商务中，支付和物流是两个关键的环节，直接影响用户的购物体验和商家的运营效率，电商平台通过提供安全、快捷、便利的在线支付方式，如支付宝、微信支付等，满足消费者的不同需求。同时，电商平台还提供灵活、安全的物流配送服务，包括快递、空运、海运等，提高消费者的满意度。

4. 融合线上线下

电商平台能够融合线上线下，满足消费者多样化需求，线上交易增加了购物的便利性和高效性，线下交流则提供了更加真实的商品体验。通过与实体店铺、商超等平台合作，电商平台可以提供更加优质便捷的服务，如消费者可以选择到店体验、线上购买的方式进行消费。这种融合模式不仅为消费者提供了更多购物途径，也为电商平台和实体店双方带来了新的发展机会。

5. 大数据应用

电商平台通过收集和分析用户的交易数据、浏览习惯和购买偏好等信息，从而更好地了解消费者的需求和市场趋势，为卖家提供个性化的推荐服务，提高消费者满意度和交易成功率，商家也可以根据这些数据更好地选择营销策略和进行产品开发，提高销售额和市场份额。

6. 提供售后服务

电商平台通过构建线上社交平台，如朋友圈、微博等方式，鼓励消费者之间交流和分享购物体验，从而增加话题度和关注度。平台也推出评价与反馈机制，倾听消费者诉求，为消费者提供优质便捷的售后服务，包括退货、换货、维修等，提高消费者的信任度。同时，电商平台通过互联网技术实现了商家和消费者的互动，消费者可以通过电子邮件、在线聊天等渠道与商家进行沟通和交流，以便商家更好地了解消费者的需求，提供更好、更具个性化的服务。

二、农村电商平台选择

（一）农产品选品及定位

农村电商平台选择的首要任务是进行农产品选品与定位。

选品方面，在供给侧结构性改革的大势下，要先选择销路再进行生产，而非先生产再找销路。随着电商的迅速发展，年轻人纷纷投身农产品种植与销售，促进本地经济发展，新农人数量不断增加，但是在创业初期，大量新农人普遍忽视市场调查，盲目跟风，盲目引进，导致滞销问题出现，如将适合南方种植的热带水果引进至北方种植，在经济发展相对落后的地区修建高规格的农庄等。这些失败案例大多由于创业者在初期没有充分考虑市场需求、当地资源条件等因素，因此，新农人进行农产品创业的首要任务就是进行农产品的选择。首先，要分析内部环境，发展适应性产业。要根据当地的自然条件、资源禀赋状况，包括水土、经验等要素，选择符合当地发展规律和产业特色的产品和电商平台，与当地农民进行沟通，学习经验及心得，努力挖掘、提炼农产品特色价值，进行品牌建设，促进产品销售。其次，要分析外部环境，选择市场发展潜力大的产品。现阶段农产品销售的问题在于供需不平衡、同质化严重，一方面，大蒜、土豆等常见农作物普遍供大于求，导致市场竞争严重，许多新农人经营困难；另一方面，当前消费者普遍追求更高质量、更健康的农产品，对安全且有鲜明定位的产品需求更多。因此，要针对市场环境与平台特点，选择价格适中、品质优良且有巨大市场潜力的产品。此外，要分析周边环境，避免同质化问题。如前所述，消费者更倾向于选择有鲜明特色和品牌定位的产品，尤其是在部分农产品过分追求外形而忽视口味的今天，老产品的生产也成为一个趋势，消费者通过购买老产品，能够回忆起童年的味道，因此要根据情况、资源不同，打造绿色农业、品牌农业等有别于同品类竞争者的产品，选择适合的农产品和平台。

比选品更重要的是进行产品定位。在网络销售不断发展的今天，不同类别的农产品都能在电商平台上进行销售，创造了巨大的发展机遇，但也带来了产品差异变小、竞争者数量不断增加等问题，并且随着各项技术的发展，网络竞争将更加严峻，产品定位的重要性进一步加强。因此，要根据新的发展趋势，对农产品重新定位，同时，要根据农村产业发展目标，明确产品的客户群体，了解产品面向的是本地消费者，还是全国乃至全球消费者，从而选择合适的电商平台。如亚马逊和沃尔玛在北美市场极具优势，抖音平台更受年轻消费者的欢迎，根据目标市场选择合适的平台，可以更有效地接触到潜在顾客，促进产品销售。此外，不同的平台对产品的优势也不一样。例如，京东的优势类目是 3C 产品，唯品会的优势是服装，得物的优势是潮牌，拼多多的优势是快消品等，要根据产品和产品定位，选择与平台优势相契合的平台。

（二）平台知名度与信誉度

在选择平台时，平台的知名度和信誉度也是一个重要的考虑因素。在传统的销售模式中，消费者通常通过广告、展会等方式对产品进行了解，但是，这种推广方式受时间、空间和成本的限制。电子商务平台的出现，打破了这种限制，使得产品在更广的范围内进行宣传，提高产品的知名度和可信度。电子商务平台还可以通过社交媒体等方式，与消费者建立更深的联系，增强品牌影响力和用户黏性。知名度高的平台通常拥有更多用户和流量，能够提供更多的曝光和销售机会，信誉度高的平台能够提供更可靠的服务和保障，保证交易的安全和顾客的满意度。因此，可以选择一些在农村电商领域有较高知名度和信誉度的平台，如淘宝、京东等。这些平台通常拥有较大的影响力和吸引力，能够吸引更多的潜在消费者，从而促进产品交易量的提高，这类平台也具备较高的信誉度及更丰富的用户数据库，能为创业者提供便捷的服务。

（三）平台功能

传统的农产品销售通常需要通过多个中间商才能抵达消费者手中，中间商会加价以获取更多的利润，导致农民获得的收益较少。而电子商务平台通过完善的平台功能直接将农产品与消费者连接起来，如图 7－2 所示，电商销售能够去除中间环节，使得农产品的价格更为合理，消费者可以以更低的价格购买到优质的农产品。

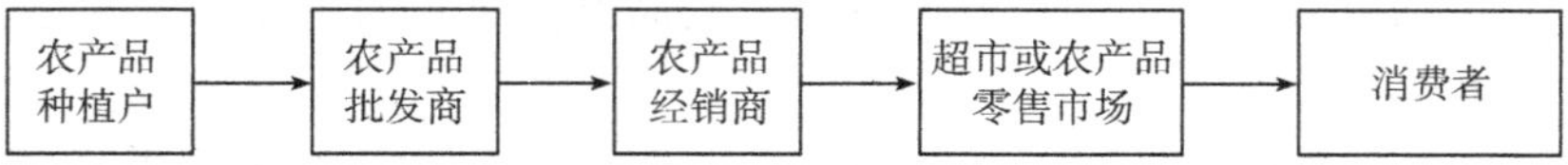

图 7－1　传统产品销售

来源：谢代国《新媒体视角下农产品网络营销思路及策略研究》[3]

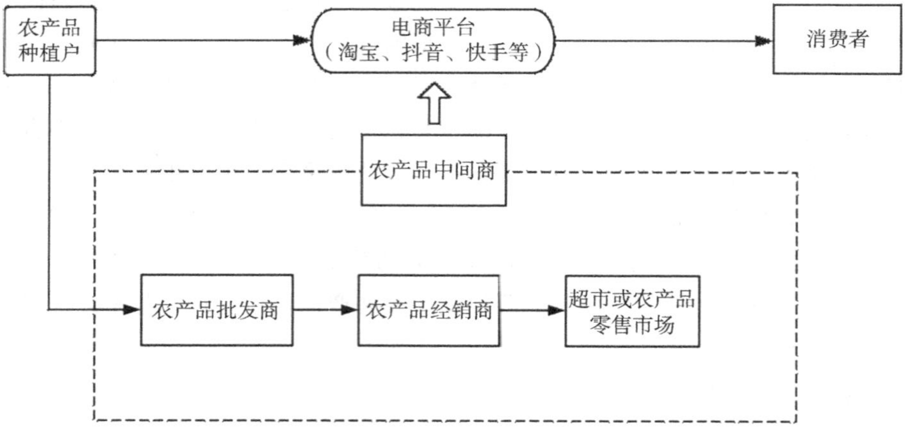

图 7－2　电商产品销售

来源：谢代国《新媒体视角下农产品网络营销思路及策略研究》[3]

完善的产品展示和推广功能，有利于充分展示农产品的特点与优势，帮助消费者快速对产品加以了解，方便操作。电商平台上的商品信息和农产品的详细介绍，使消费者能随时随地了解农产品的品种、产地、生长环境、生产工艺等信息。这为消费者提供了更多的选择余地和购买的便利性，同时也帮助消费者更好地了解农产品。一些平台还引入了溯源系统，消费者可以通过扫描二维码了解农产品的种植、加工、运输等各个环节的信息，进一步提升了产品的透明度和信任度。

安全的交易和支付系统，能够保障买卖双方的权益，进一步提升平台的信誉度和用户使用量。安全的交易和支付系统能通过加密传输、双重认证等安全措施，保护用户的个人信息和支付数据，确保交易过程的安全性，这种安全性能够增强消费者对产品的信任度，促进消费者进行产品购买活动。同时，由于支付环境更加安全，交易的公平性和准确性更高，有利于减少因支付问题引起的交易纠纷和退款问题，从而降低企业因支付问题而面临的风险和损失，降低运营成本。

优秀的数据分析工具能够帮助创业者分析具有较高热度的搜索关键词，了解消费者的消费习惯和需求。电子商务平台拥有庞大的用户数据和智能化的推荐系统，可以根据消费者的购买记录和偏好进行精准推送，提供个性化的商品和服务，这将增加消费者购买农产品的积极性，促进销售量的增长。人工智能、大数据、虚拟现实（VR）与增强现实（AR）、区块链等新技术在电商行业得到广泛应用，为电商平台提供了更精准的用户画像、更个性化的购物体验、更安全的交易环境等。例如，通过 AI 技术，电商平台能够实时分析消费者的购物行为、喜好和偏好，为消费者推荐更符合其需求的产品；VR 和 AR 技术则为消费者带来了沉浸式的购物体验。[4] 此外，通过电子商务平台的数据分析功能，供应链管理人员可以更好地把握市场需求，优化商品的供应和库存管理，有利于推动农业产业结构的升级。

完善的售后服务体系包括退换货、投诉处理等，可以提升用户满意度，帮助创业者不断优化产品和服务。经营者可以通过电商平台了解消费者的反馈和意见，及时调整生产和销售策略，提供更好的产品和服务。同时，电子商务平台为消费者提供完善的配送服务和售后服务，有利于进一步提高农产品的附加值，增强消费者对农产品的信任度。

(四) 专业性和专注度

专业性和专注度较强的农村电商平台如一亩田、惠农网等平台，往往对农产品市场有较为深入的了解和研究，能够提供更精准的市场定位和策略建议，也能为青年创业者提供更为专业的创业支持与指导，有助于创业者更好地把握市场需求，降低创业者进入的门槛，提高农产品的交易额和客户满意度。

以一亩田为例，一亩田 App 每天发布 30 万条农产品供应信息，涵盖 1.2 万种农产品，利用人工智能、大数据等先进技术，实现产销精准匹配，高效促成卖家与买家的交易。一亩田平台拥有包括新鲜蔬菜、水果、肉类、干货等在内的广泛农产品资源，为商家和消费者提供了丰富的产品选择，满足各种饮食需求，为消费者带来不一样的购物体验。该平台还拥有包括仓储、物流、售后服务等在内的强大供应链支持，确保农产品从产地到消费者手中的每一个环节都得到有效管理和控制，这种强大的供应链支持使得农产品能够保持新鲜度和质量，同时降低商家的运营成本和风险。此外，因其专业性和专注度较高，能够为商家提供产品生产规划、运营培训等一站式服务，助力商家快速实现盈利，这种专业性和专注度使得一亩田在农产品销售领域具有显著的优势。

在竞争激烈的市场环境中，专业性和专注度成为企业构建差异化竞争优势的重要手段，企业选择专业性和专注度较高的平台，能够吸引更多目标客户，并在竞争中脱颖而出。满意的客户往往会向他人推荐心仪的产品，因此，当电商平台展现出高度的专业性和专注度时，消费者更有可能对产品产生好感，并愿意向他人推荐，这种口碑传播能够进一步推动产品交易额的增长。

小任务： 如果你是一名青年创业者，你希望选择什么样的电商平台？以及你希望该电商平台为你提供哪些帮助？

三、电商平台运营要点

（一）运营团队组建

运营团队的组建是农村电商平台成功的保障。专业的运营团队应具备丰富的电商经验、敏锐的市场洞察力和创新能力，在组建运营团队时要注重人才的选拔和培养，打造一支高效专业的运营团队，为平台的长期发展提供有力支持。

首先，运营团队成员的选拔至关重要。电商运营团队需要各类专业人才，如电子商务人员、市场营销人员、数据分析师、客服服务人员、技术人才等。不同的团队成员负责不同的工作内容，团队之间通过沟通协作，形成合力，促进整个团队的发展。因此，在选择成员时，要充分考虑团队发展目标及方向，并根据需求对候选者的专业背景进行筛查。此外，除专业能力外，还要考核候选者的团队配合能力，为整个团队的发展提供保障。

其次，团队成员的培训及提升也很关键。电商行业迅速发展，市场环境和技术要求也在不断变化。因此，在组建物流团队时，要注重对团队成员的考核与培训，通过专业技能培训、行业知识更新、职业规划等途径，提升运营团队成员的专业素养和能力。此外，设置激励机制，定期开展考核，并对优秀成员进行奖励，能够提升团队成员的积极性，促进团队发展。

最后，团队文化的建设也是组建电商运营团队的重要环节。积极、合作、团结的团队文化和氛围，有利于促进团队成员相互学习和帮助。通过定期召开团队会议，团队成员之间分享工作进展、讨论问题并制订计划，使团队目标更加清晰，方向更加明确。同时，可以开展团队建设活动，增强团队凝聚力和归属感。

总之，组建一支高效、专业的电商运营团队需要综合考虑多方面因素。要选拔具有较高专业能力和团队合作能力的成员，并对其进行培训，及时沟通，解决问题，为成员提供良好的工作环境，才能不断提升团队能力和业绩，实现团队的长远发展。

（二）物流配送体系建设

物流配送是农村电商的重要环节。电子商务物流体系建设的内涵是以电子商务为核心，融合现代物流理念、信息技术和物流设施，为企业提供高效、便捷、安全、低成本的物流服务支持。针对农村地区的交通不便和物流设施不完善等问题，应建立高效便捷的物流配送体系，通过合作与整合，实现物流资源的共享和优化配置，提高物流效率、降低物流成本。进行物流配送系统建设时，需要多方面考量以确保物流系统顺畅、高效运行，以相对低的成本获得较高效益。

物流配送体系建设主要包括供应链管理、仓储管理、运输和配送管理等环节。供应链管理是指对商品从生产、采购、库存、销售到配送全过程进行管理，提升供应链整体效率，如在生产过程中，生产者要遵循行业规范，符合各项指标，注重防止各种疾病，确保农产品高质量生产，在销售过程中，要根据市场需求和消费者偏好进行产品定价和促销策略等；仓储管理是指对商品的集中储存、分区管理、快速出库等进行管理，为物流配送提供有力支持，信息技术的发展有利于建立智能化的仓储管理系统，实现农产品入库、储存、出库等环节的信息化管理，提高仓储管理的效率和准确性；在运输和配送管理环节，应选择合适的运输方式和路线，减少运输时间和成本，使用专业的冷链物流系统，并对运输过程中的温度、湿度等条件进行监控，确保易腐农产品的质量，防止农产品变质。

同时，物流配送体系建设还依赖大数据、云计算、物联网、人工智能等技术支持，需要不断进行技术创新。智能化的配送系统能实时规划路线、监控车辆位置并进行导航，确保配送过程高效顺畅，降低配送误差，加强物流信息的跟踪与反馈，确保商品能够准确、及时地送达消费者手中；冷链监控系统能实时监测、调整温湿度并对温湿度异常进行预警，确保温湿度数据准确，及时对突发情况作出应对，减少产品损失；节能减排技术有利于减少能源消耗与排放，优化运输路线和方式，实现物流体系的可持续发展。

此外，随着物流行业的发展，消费者对物流体系的要求也在进步，物流配送系统需要适应这种发展趋势，不断创新。顾客对于物流体系的要求除快捷、安全之外，更多强调社会化物流、绿色物流和个性化物流。因此，在进行物流配送体系建设时，要充分利用社会物流资源，实现物流配送的共享和协同，降低物流成本；采用环保、低碳的物流设备和手段，减少对环境的影响；同时，根据消费者的需求和特性，提供个性化的物流服务，提高用户体验。

（三）售后服务与质量保障

优质的售后服务和质量保障是提升消费者满意度和忠诚度的重要途径。优质的售后服务和质量保障有利于增强客户黏性，发展终身顾客，提升产品知名度，使得企业在竞争中始终处于优势地位，相反，服务质量低下的店铺可能面临罚款、下架甚至直接关闭。因此，农村电商平台应建立完善的售后服务体系，提供便捷的退换货、投诉处理等服务，加强产品质量监管，确保销售的农产品符合相关标准和规定，保障消费者的权益。创业者可以从以下三个方面进行质量与服务建设：

第一，商品质量与特殊保障。在电子商务中，良好的商品质量是平台开展一系列营销活动的前提。平台应对商品的质量进行严格审核并设置消费者友好型退换货政策。对于特殊商品，如食品、药品等，可以引入第三方机构对商品进行检测，确保商品安全合规。

第二，售后服务体系与投诉处理机制。电子商务平台须构建完善的售后体系，高效响应消费者反馈，采用多元化沟通渠道，如在线客服、电话热线等方式，提升交互便捷性与效率。同时，建立售后服务评价机制，推广用户评价系统，激励消费者反馈与评分，利用这些数据促进服务持续改进与创新，增强顾客满意度及整体效能，不断优化服务流程。

第三，反假货与维权保障。电子商务平台上存在很大程度上的假货问题，平台应加大反假货力度，建立健全的假货监测体系。通过技术手段、行业合作等方式，对卖家的商品进行严格把关。同时，加强维权保障措施，对用户的维权请求予以认真处理，给予及时补偿与解决。

（四）营销策略创新

随着人们生活水平的提高，市场环境及消费者对农产品的需求也日益多元化，进行策略创新，能更准确地把握市场需求，提供符合消费者口味、健康、安全的农产品，有利于树立农产品品牌形象，增强品牌竞争力和市场影响力，满足消费者多样化需求。提高消费者的满意度和信任度，帮助企业在激烈的市场竞争中脱颖而出。

营销策略创新主要表现在以下几个方面：一是渠道方面，短视频平台与直播营销崛起，借助短视频平台和直播营销，如抖音、快手、淘宝直播等，以视频或直播形式展示农产品的种植、采摘、加工等过程，不仅能够增强直观性，拉近与消费者的距离，还能使产品生产过程透明化，增强消费者的信任度和购买欲望。例如，云南省思珺儿贸易有限公司通过电商平台销售新鲜水果，并利用短视频和直播等方式进行营销，产品交易量高达五百万单。二是价格方面，价格直接影响着产品的销量、利润和竞争力，然而，商品定价并不是一件简单的事情，它需要考虑多种因素，如成本、市场、竞争、需求、价值和心理等。不同的产品和市场，有不同的定价策略，因此，要根据不同的产品和市场，选择和组合合适的定价策略，以达到最佳的定价效果。可以采用拼团、满减、限时折扣等促销手段，根据农产品的种类、品质、季节等因素，灵活调整价格，制定差异化的定价策略，以适应市场需求和竞争态势，吸引消费者购买。三是个性化营销方面，个性化农产品营销要迎合当代消费者的个性化需求，开发具有个性的农产品和农产品附属品，提高农产品的特性。比如，开发采摘园、农村度假区等，为消费者提供休闲娱乐场所，满足消费者的个性化需求。此外，农产品营销还可以与旅游业、民族特色和当地文化结合，如农村旅游、民俗活动等，进行产品营销，通过文化营销，提升农产品的附加值和竞争力。

（五）农民合作与共赢

农村电商平台的成功运营离不开与农民的紧密合作。在过去，由于信息不对称和流通环节烦琐，中间商获取大多数利润，农产品往往难以实现优质优价，而互联网技术的发展，电商平台为农产品提供了新的销售渠道，使得农产品可以直接从生产地区到达消费者手中，省略了中间环节，从而降低了成本，提高了农产品的售价和利润。

通过与农民建立稳定的合作关系，实现资源共享和互利共赢，平台可以为农民提供市场信息、销售渠道和技术支持等服务，帮助农民提高农产品附加值和市场竞争力，农民也可以为平台提供优质的农产品和稳定的货源，促进平台的持续发展。

从平台角度，与农民合作有以下几个优势：一是能够增加用户黏性和流量。与农民合作，平台可以引入更多具有地方特色的农产品，满足消费者对新鲜、健康、有特色的农产品的需求，从而增加用户的购买欲望和忠诚度。二是有利于丰富商品种类和供应链。与农民直接合作，电商平台可以获取到更多元化、个性化的农产品，丰富平台的商品种类。同时，由于农民是供应链上游的供给者，与农民合作能够提供更加稳定、可靠的供应，帮助平台建立更加稳固的供应链体系。三是可以提升品牌形象与信誉。针对消费者需求变高，电商平台可以打造“原产地”“绿色”“有机”等关键词作为卖点，而农民则能够提供产品和技术支持，共同塑造更加健康、环保、可持续的品牌形象。四是有利于降低运营成本。一方面，与农民合作减少了中间环节，从而降低采购成本、提升运营效率；另一方面，电商平台可以利用自身的技术优势和数据分析能力，为农民提供精准的市场信息和营销策略，帮助农民提高销售效率和盈利能力，从而进一步降低平台的运营成本。

与此同时，与电商平台进行合作也拓宽了农产品的销售渠道，一些地方特色农产品通过平台进行宣传，使得一些原本默默无闻的农村特色产品被更多消费者了解并认可，能够增加农民收入。同时，提供了更多就业机会，缓解了农村的过剩劳动力，也为返乡青年提供了更多创业机会，促进农村经济的发展。

综上所述，与农民合作共赢对平台及农民都有很大益处，未来，电商平台应继续加强与农民的合作，推动农村电商产业的持续发展。

小任务1：结合实际分析，你认为消费者会倾向于选择怎样的平台购买农产品？

小任务2：根据以上内容，如果你是一名农村电商创业者，你将如何运营电商平台？

第二节　农产品网络营销策略

> 着力在农村建立完善县域统筹，以县城为中心、乡镇为重点、村为基础的农村商业体系。
>
> ——商务部等 9 部门联合印发《县域商业三年行动计划（2023—2025 年）》

一、农产品主要网络营销模式

（一）产品供给侧营销模式

产品供给侧网络营销模式主要是由当地供应商主导，在产品生产地开展网络营销的一种农产品销售模式。其特点是使产品生产者与消费者直接建立联系，减少中间环节成本、时间损失，因此，此模式具有便捷、低成本、高可信度等优势。随着互联网等技术的发展，市场上规模最大、交易量最多的网络营销模式无疑是“直播带货”。由于从事农产品营销直播的多为产品生产者或供应商，所需设备及技术较简单，进入门槛低，更易于操作。

案例拓展阅读 1： 王小帮（原名王志强），中国农民国外参加阿里巴巴公司上市敲钟第一人。2008 年 8 月，在淘宝网正式开店——王小帮农家店，主营绿色、无公害、无污染的原生态五谷杂粮。2014 年 3 月份，注册成立山西王小帮电子商务有限公司。到 2018 年，王志强的年销售额已达 1000 万以上，为家乡村民提供渠道，成为山西省顶尖的个人网络卖家之一。阿里巴巴集团董事局主席马云如是评价：“从大山里走出来的王小帮之所以能在全国成千上万农民电商中脱颖而出，正是因为他热爱家乡，一直致力于推销家乡出产的绿色食品，塑造了新时代的新农民形象。”

（二）“网络达人”营销模式

“网络达人”营销模式是一种利用具有一定粉丝基础和影响力的网络红人（即“网红”）来推广农产品的营销策略。网红具有一定量的粉丝基础和强大的社交影响力，能够提升农产品的品牌关注度和美誉度，利用形象代言人效应，有助于实现品牌、达人和消费者之间的有效链接，近年来，“网络达人”营销模式的新趋势在于微影响者崛起及垂直达人营销热潮。微影响者通常拥有的粉丝量不大，但因其真实性、可信度和紧密的粉丝关系而受到品牌的青睐，越来越多的品牌开始与微影响者合作，以实现更精准的定位和深度参与；同时，各类垂直达人如教师、置业顾问、整理师等特定领域的从业者正在加速进入生态，参与达人营销，这些垂直领域的达人通过专业知识和实际经验，吸引了一群特定的受众，为品牌带来精准流量和深度互动。（见图 7－3）

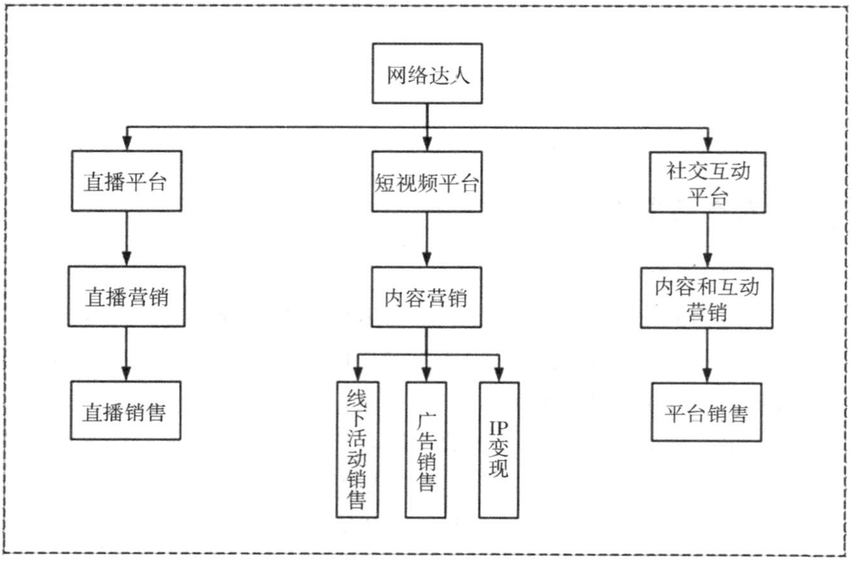

图 7－3　网络达人农产品营销途径

案例拓展阅读 2： 子归村播采用“源头拿货＋分销”的方式，通过孵化待业青年、宝妈、农户、退伍军人等素人主播，在线上直播渠道开展当地农特产品的线上售卖。他们孵化了多个知名主播，打造了菌菇、黄鱼、银耳、黄酒等特色农产品。子归村播在屏南县探索出了一套比较成熟的乡村电商模式：孵化主播和本地团队，打造农产品主播 IP，升级农产品为标准化产品，挖掘产品优势，形成品牌影响力，真正帮助农产品扩大线上市场份额。如今，子归村播还把屏南县的乡村电商模式复制到周边其他市县，带动更多乡村居民增收致富。

（三）本土官员网络营销模式

本土官员网络营销模式是在互联网技术和社交媒体平台快速发展的背景下，各级政府官员利用网络平台进行官员营销助农的一种新型网络营销模式，旨在通过网络平台积极推广政府政策、公共产品及地方特色产品。本土官员网络营销模式是一种具有创新性和实践性的政府宣传方式，此类模式能够凭借官员的强大权威性和公信力，提升消费者的信任度，通过充分利用互联网平台的优势和特点，加强政府与公众之间的沟通和互动，提升政府形象和公信力，推广地方特色产品和文化，具有强大的互动性、地域性及创新性。

案例拓展阅读 3：湖南省平江县副县长杨宇，致力于推广平江辣条，促进平江县脱贫。他注意到，目前平江县尝试了直播带货的企业，产品销量的确有增长。2020 年初，快手平台助农产销，在“百城县长直播助农”活动中，杨宇通过直播，2 个半小时内吸引 484.7 万人次观看，产品销售额达 57.8 万。此外，他撰写文章《推动辣条特色产业品牌化 高质量巩固脱贫战果》，呼吁社会各界科学看待辣条产业，深入思考辣条产业如何品牌化发展，带动百姓脱贫和县域经济发展。

二、农产品网络营销困境

（一）农产品质量难以保证

农产品在种植过程中受到气候、土壤、技术等多种因素的影响，导致质量参差不齐，环境的恶化，尤其是土壤污染和生态失衡，正悄然侵蚀着特色农产品的根基。以“砀山酥梨”为例，由于长期的化肥滥用，土壤结构改变，直接影响了酥梨的口感与品质，特色不再鲜明。同时，由于农产品生产者比较分散，不同农户对种植技术的掌握程度存在差异，这也进一步影响了农产品质量的稳定性，农产品质量的不稳定直接影响了消费者的购买决策，从而限制了农产品网络营销的发展。

由于农产品存在周期性和季节性，出货量起伏比较大，导致农产品难以形成标准化、规范化、规模化生产。农产品质量标准不统一，使得农产品线上销售时难以确定统一售价标准，没有专业的质量评级，也较难与商家对接，销售渠道也难以拓展，从而影响整个农村电商的良性循环；另一方面，电商对发货时效性要求较高，在一定程度上缩短了产品生产周期，对产品质量和消费者反馈也难以把握，备货困难，没有形成相应的产业链，后备生产力不足。这些原因都导致了目前农产品难以形成标准化、规范化、规模化生产。

此外，农产品的传统销售方式是由消费者自主挑选商品，消费者倾向于选择质量高的产品，自然形成优胜劣汰，对农产品品质把控比较严格。而与传统销售方式不同，电商平台销售农产品是由卖家集中挑选并发货，经由物流平台送至消费者手中，中间环节透明性较差，存在信息不对称等情况，导致农产品质量存在隐患。同时，由于电商平台对于农产品定价的规则不够明确，很容易出现同质不同价、同价不同质的情况，商家恶意竞争，导致失去消费者信任。

（二）网络营销同质化严重

当今市场，初加工农产品较多，精深加工农产品少，产品重复、同质化严重，多数企业不适应经济转型、买方市场形成后出现的需求变化和竞争环境。此外，农产品行业技术门槛低，资金投入少，产品线在很大程度上都很相似，缺乏市场细分与定位，导致农产品同质化现象严重，市场竞争力低，加之企业之间相互竞争压价，进一步制约了农产品企业的规模化发展。面对这种情况，开展特色化的产品营销十分必要，应制定差异化营销战略，吸引消费者购买。

在网络营销活动中，由于竞争压力、市场趋势或技术限制等因素，导致不同企业和品牌采用相似的营销策略、手段或方式，进而使得消费者难以区分不同品牌或产品的差异性，降低了品牌辨识度和忠诚度。具体表现在营销手段同质化、产品宣传同质化和目标市场同质化三个方面。

营销手段同质化是指许多企业采用相似的社交媒体推广、内容营销、搜索引擎优化（SEO）等手段，导致消费者在众多品牌信息中难以分辨。究其原因，首先是农产品本身的高度同质化，非加工型农产品如蔬菜、水果等，其外观与内在成分差异不大，导致在营销过程中难以突出其产品特色；其次是市场调研不足，农产品生产者对目标市场的消费者需求、竞争对手情况及市场趋势了解不足，难以制定有针对性的营销策略；最后，品牌建设意识薄弱也是原因之一，很多农产品生产者缺乏品牌建设意识，导致品牌形象模糊，难以在消费者心中形成深刻印象。

产品宣传同质化指产品宣传文案、图片、视频等内容相似度高，缺乏创新和特色，使得消费者难以产生品牌记忆和忠诚度。我国农产品市场竞争激烈，许多品牌为了快速吸引消费者，追求“短期流量”，采用相似的宣传策略，倾向于模仿已有的成功案例，缺乏创新意识，不愿或没有能力尝试新的宣传方式和手段，导致产品宣传内容同质化现象严重。

目标市场同质化是指多个企业在定位农产品目标市场时，选择了相同或非常相似的市场细分作为自己的目标市场，导致这些企业在产品、价格、渠道、促销等方面都面临激烈的竞争，且难以采取有效的差异化竞争策略。而目标市场同质化则是由于许多企业都试图覆盖广泛的消费者群体，缺乏对特定目标市场的精准定位和差异化策略，或是企业为快速进入市场、降低成本，选择与其他企业相同或相似的目标市场，导致目标市场同质化。

综上所述，农产品品牌应该注重创新、突出特色和差异化定位，进行农产品品牌建设，以解决网络营销同质化问题，提高品牌竞争力和发展潜力。

（三）消费者信任度不足

进行农产品网络营销离不开对消费者信任度的研究，消费者对农产品品牌的信任直接影响他们的购买意愿，而农产品质量安全则是影响消费者信任度的关键。一方面，如果农产品存在质量问题，如农药残留超标、重金属污染等，会直接对消费者的身体健康造成潜在威胁，在这种情况下，消费者的信任度将会受到严重影响，导致消费者对农产品产生疑虑和不信任，进而影响他们的购买决策，因此，农产品质量安全是获取消费者信任的前提和基础；另一方面，如果消费者对某一种品牌的信任度较高，该产品受关注程度高，会促进生产者采取严格的措施进行生产和管理，相反，若消费者信任度低，就会导致市场需求下降，进一步导致农产品质量降低。

品牌形象不佳、消费者教育不足也是影响消费者信任度的因素。因为市场竞争加剧，相当一部分商家为了追求超额利润选择低质量的原材料或生产工具，以获得竞争优势，存在不诚信行为，导致消费者对整个行业产生负面印象；与此同时，由于部分消费者对农产品的认识存在误区，缺乏科学的消费观和食品安全知识，导致信任度不足。

此外，由于农产品网络营销的虚拟性，消费者往往难以直接了解农产品的生产、加工和运输过程，且消费者在购买时无法直接观察和体验产品，对产品的真实性和质量无法作出准确判断，这无疑增加了消费者的购买风险和不信任感；同时，由于农产品物流交易环境复杂，农产品损失率较高，一般农产品损失率高达 30%，从而使消费者对本店产品乃至同品类产品信任度低。

（四）人才与技术短缺

近年来，移动互联网快速发展，使一大批青年人纷纷选择在农村创业，新农人数量逐渐增加，同时，因为支付方式与物流服务便利化、高效化发展，电商平台兴起，“农产品上行”进入爆发式增长阶段，农产品网络营销重要性凸显。农产品网络营销需要具备网络营销、数据分析等多方面知识和技能的复合型人才，然而，目前农村地区网络营销人才储备相对不足，制约农产品网络营销的发展。

农村电商人才面临引不来、留不住、难培养的困境。根据 2021 年 8 月发布的第 48 次《中国互联网络发展状况统计报告》显示，我国建制村通过光纤和4G网络比例均超过99%，农村地区通信基础设施逐步完善，多地逐渐建立起县、乡、村三级电商服务体系，但是，多处农村存在空心化和老龄化问题，导致农村电商发展困难。[5]

首先，由于农村地区缺乏满足电商行业所需要的产业基础，农特产品种类多，但产品不聚焦、产量不高、品牌知名度低，难以吸引和培养电商人才。其次，虽然电商进入门槛不高，但经营难度较大，在农民进行专业培训时，所学课程也存在理论性较强、实用性低的问题，农民难以理解，培训效果不佳。此外，由于农村地区工作环境不如城市，刚性吸引力不足，很多年轻人将农村作为“跳板”，为谋求更好的职业前景和生活环境，趋向于进入发达城市发展，人才下沉意愿不强，导致电商复合型人才缺乏。

人才与技术对农村电商发展的重要性不言而喻，二者是推动农产品营销创新、提升效率、扩大市场影响力的关键因素，因此，要采取相关措施，消除因农村基础设施薄弱而带来的“数字鸿沟”，吸引更多电商人才驻扎农村，促进乡村振兴。

三、农产品网络营销关键

（一）有机和健康

随着居民生活水平和质量的不断提高，人们对健康、有机、绿色农产品的关注度加大，健康食品与有机食品市场快速发展，调查显示，越来越多的消费者愿意为健康食品和有机食品买单。首先是健康意识消费者。这一消费群体对于自身健康非常关注，注重食品的安全和营养价值，他们倾向于选择有机农产品，因为这些产品更加健康、无污染。其次是高收入人群。由于有机农产品的生产成本较高，价格相对也较高，所以高收入人群更容易接受这样的产品，并且愿意为其支付更高的价格。第三是家庭主妇和家庭消费者。这一消费群体在家庭日常生活中对食品的选择和购买起着重要的作用，他们通常会选择对家人健康有益的食品，并愿意投入时间和精力去寻找有机农产品。最后是城市白领和年轻消费者。城市白领和年轻消费者对于新鲜、有品质的食品有较高的需求，注重个人形象和生活品质，他们更愿意购买绿色农产品，因为这些产品通常具有新鲜、优质和健康的特点。有机农产品越来越受欢迎，这也成为农产品市场营销的关键趋势。通过获取有机认证，强化健康的品牌形象，进行科学管理、精细化生产和严格把控，确保产品的品质和卫生安全，经过严格的检测和认证，使产品符合相关国家和地区的食品安全标准，从而吸引健康意识较强的消费者。

（二）产地透明度

可追溯是农产品发展的大趋势，也是网络营销的重要内容，通过地理溯源，能够提升农产品的附加价值，有助于产品品牌建设。对农产品进行地理溯源，可以追溯其具体的生产地区和生产过程，进入溯源系统，消费者可以充分了解产品的种植、养殖、加工等环节，增加消费者对产品的信任度和可信度。此外，在信息系统和数字技术不断发展的今天，各项智能技术发展比较成熟，为地理溯源提供了支持，如 QR 扫码技术、VR 虚拟现实技术等，让消费者通过扫描了解全部的供应链信息，增强消费者与农产品的互动，提升透明度。

小任务 1： 在日常生活中，你见到过哪些提升农产品产地透明度的方法？

（三）品种多样性

与传统的单一作物相比，品种多样性更有利于生态保护和动物品种的丰富性。农产品市场竞争日益激烈，品种多样性成为吸引消费者的重要手段之一。通过提供多样化的产品，农民和企业可以增强自身的市场竞争力，扩大市场份额，可以推广一些少见或地方特色产品，它们往往具有明显的地域特征、独特的品种和生产工艺或深厚的文化内涵，例如云南的普洱茶、四川的脆皮蜜柚等。同时，电子商务产品要有卖点，并不是所有的农产品都适合电子商务，比如鸡蛋。线上购买鸡蛋需要经过各个环节，且鸡蛋作为易碎品，在运输过程中的各种成本比线下购买更贵。然而，如果鸡蛋经由特殊生产过程加工或具有更高营养价值，其线上盈利空间会大大增加。不仅如此，新奇的农产品，如果冻橙、小甘薯等食药同源农产品，也是农村农产品的卖点。

小任务 2： 请试着再列举一些地方特色型产品。

广西沙糖橘、山西陈醋、________、________、________。

（四）可持续性

随着生活水平的提高和环境保护意识的增强，消费者对农产品的需求已经由基本的食品供应转变为更加注重健康、安全和环境友好的产品，符合当前可持续发展的趋势。可持续性农产品有助于塑造企业的环保、健康、负责任的品牌形象，这种形象能够吸引更多关注环保和社会责任的消费者，提升品牌的知名度和美誉度。同时，通过采用环保的包装材料和生产方法来吸引环保意识较强的消费者，强调农产品的可持续性特点，企业可以在激烈的市场竞争中脱颖而出，形成独特的竞争优势。

此外，开展可持续性建设有利于获得政府政策支持。政府鼓励和支持农民采用绿色农业生产技术，提供相应的补贴和奖励，引导农民朝着生态友好型和无公害农产品生产方向发展。这些政策有利于推动农产品可持续性的发展，提升农产品的市场竞争力。

小任务3： 在选取材料时，市场上常见的环保材料有哪些？

四、农产品网络营销提升策略

1994年科特勒在《市场管理：分析、计划、执行与控制（第八版）》中，提出产品五层次结构，包括核心产品、形式产品、期望产品、延伸产品和潜在产品[6]。在农产品营销过程中，核心产品指为消费者提供的使用价值和效用，形式产品指农产品的品质、式样及包装等基本内容，期望产品是指消费者对产品属性及条件的期望，延伸产品指销售服务与保障，而潜在产品则指产品可能的发展前景，五个层次构成了一个有机整体，如图7-4所示。因此，在农产品网络营销过程中，不仅要注重对农产品质量的保障，还要发掘农产品的特殊价值，更要提供优质的服务与保障。

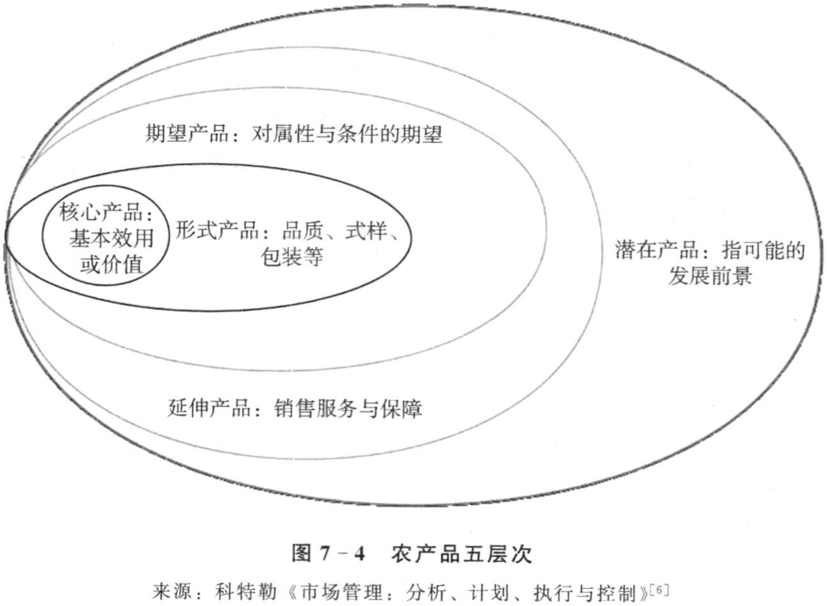

图7-4　农产品五层次

来源：科特勒《市场管理：分析、计划、执行与控制》[6]

（一）规范生产，提高产品质量

农产品提升质量对网络营销有至关重要的意义，它不仅有助于增强消费者信任与忠诚度、提升品牌形象与价值、拓展市场与销售渠道，还能应对市场竞争与挑战、促进可持续发展与环境保护。因此，农业生产者应重视农产品质量的提升，加强质量管理，以满足市场需求并推动网络营销的发展。具体应从生产和监督两个方面提升产品质量。

在生产方面，第一，应建立严格的生产规范。在整个生产过程中，应注重细节和标准化操作。从种植、采摘到加工、包装，制订详细的生产流程图和计划书，确保每个环节都有明确的操作规范作指导，产品应符合食品安全要求和国际质量管理体系要求，确保生产过程的规范性和可追溯性。第二，应优化设备和工艺。在有一定成本积累的基础上，引进先进设备和技术并定期对设备进行维护和保养，提高产品的生产效率和质量；同时，不断改善生产工艺，降低生产成本，提升产品质量，集成研发推广产地清洁、品种培优、节水灌溉、减肥减药、废弃物循环利用、农产品收储运和加工等绿色生产技术模式。[7]

在监管方面，经营者要强化质量管理和监督。首先，应建立完善的质量管理体系，包括从原料采购、生产过程控制到成本检验的全过程质量管理。通过实施严格的质量控制措施，规范生产流程，确保产品质量的稳定性和可持续性提升。其次，在生产过程中，对产品生产的各个步骤进行质量管控，及时整改问题，必要时，可成立专业化的质量管理部门，负责全面质量管理工作的组织和实施。再次，员工是农产品经营企业质量保证的重要环节。加强对员工的培训和质量意识教育，使员工具备质量管理的专业知识和技能，能够主动发现和处理质量问题。最后，应加强与消费者的沟通，建立反馈机制。及时收集与分析消费者的意见和建议，从而发现产品质量问题，提升产品质量，满足消费者需求。

（二）内容创新，开展品牌建设

乡村振兴背景下，农产品网络营销同质化的问题比较突出。与线下销售相比，网络营销存在一定弊端，消费者想要了解农产品的外观只能通过图片、视频，无法看到实物，所以选择起来较为困难。目前，大部分消费者都将产品品牌作为选择的重要参考，以知名度高的产品为首选。而农产品网络营销对品牌的重视度不足，忽略了品牌效应，仅仅注重销售形式，没有深入思考如何打造品牌形象，所以农产品品牌建设效果较差，不利于农产品网络营销的发展。

农产品与其他类别的产品不同，存在周期性和季节性，产品品类方面较难进行差异化生产，但日常需求较高，具有较大的经济效益，因此，进行农产品营销时，可以从内容创新、品牌建设等方面打造产品差异性。[8]

农产品差异化营销，追求的是营销农产品的差异，追求将同质化市场转化为异质市场。因此，农产品经营者不仅无须降价，还可能利用品牌化营销获得较高价格，强化差异化优势，更好满足不同消费者的需求和偏好，推动农产品竞争模式的转变，减少恶性竞争，增强农产品品牌辨识度，提高营销效益。品牌建设可以从以下几个方面展开：

1. 利用公共资源

创建农产品品牌的第一步，就是发现、利用和抢占公共资源，打造自己的品牌，做产地和品类的前沿代表。公共资源包括政府资源、产地资源和农业科技资源。

首先是政府资源。在乡村振兴的大环境下，政府对农村发展的支持力度不断加大，助农项目和政策增多，因此，青年创业者要积极关注政府发布的农业政策和资金补贴，争取将自己的产品纳入政策支持范围；同时，政府作为公共平台，有着丰富的宣传渠道，如各种展会、电视、报纸、新闻及政府官网等，有利于宣传和展示农产品。

其次是产地资源。某些农村特色农产品和品牌的发展壮大，除了其产品优势外，还具有强大的产地优势，包括产地独特的土壤、环境优势及文化、旅游优势等，如东北黑土地生长的大米比普通大米口感更好，经济效益更高。

最后是农业科技资源。由于农业科技资源的外部效应，创业者可以利用农业科研机构的科研成果、技术培训和推广服务，与农业专家沟通学习，引入现代农业技术，如智能农业、物联网等，提高农业生产的智能化和精准化水平。

案例拓展阅读 4：杭州西湖龙井茶叶有限公司，创办于 1984 年，是西湖乡第一家乡办企业，坐落在盛产狮峰龙井茶的狮子峰脚下。公司是首个被获准使用西湖龙井茶国家地理保护专业标志品牌，2024 年被认定为省级非遗工坊。经过 30 余年的发展，公司在北京、上海、西安、扬州及杭州均设有“贡”牌西湖龙井茶专卖店，在全国大城市设有销售店 300 余家，西湖龙井茶年销售量天猫类目“贡”牌第一，并建有全国唯一一座市级“西湖龙井茶博物馆”。

2. 讲好品牌故事

当前，中国经济进入品牌经济时代，品牌故事正在成为推动企业价值增长的关键点。对广大消费者和投资者而言，品牌是企业外在的一个具象化符号，同时也是企业内生的价值所在。

在品牌营销中，打造一个易于流传的品牌故事能够为品牌宣传造势，并达到事半功倍的效果。[9]一个引人入胜的品牌故事能够帮助消费者更深入地了解品牌的起源、理念、价值观及发展历程，有助于消费者形成对品牌的独特认知和情感连接，从而增强品牌的辨识度和吸引力。运用社交媒体、网站、博客等渠道展示品牌文化和故事，增强用户对品牌的认知和情感共鸣。

好的品牌故事必须附着于产品，通过产品包装、产品细节、产品卖点等环节的塑造，这是进行品牌建设的重要部分。但是，品牌故事不能只停留在包装上，还要流传在消费者口中，因此，提升品牌故事的可感度，与消费者产生共鸣，品牌根基才能扎实。要深入了解消费者的情感需求，使用情感化、真实化的语言，讲述与消费者相关的故事并鼓励他们分享自己的故事，增强故事的可信度，让受众能够身临其境地感受故事，激起他们的购买欲望。同时，可以将故事分为多个章节或系列，以连续剧的形式呈现给消费者，每个章节或系列都可以围绕不同主题或情节展开，增加消费者的期待感和参与度。

案例拓展阅读5：很多人在想起湾仔码头这个品牌时，会不自觉地想起“温暖母亲”的形象，这其实是品牌深耕市场后的结果。

与树立起品牌再丰富品牌内涵的做法不同，湾仔码头品牌营销是用品牌故事——也就是用单身妈妈臧健和的创业故事来产生品牌知名度。换句话说，湾仔码头把“臧妈妈”这一形象当作一项品牌资产，向众多消费者传递“像妈妈一样用心做美食”这一品牌理念，从而和湾仔码头品牌形象产生联系。事实上，成功的品牌都是会讲故事的品牌。用故事将品牌的历史、内涵打包给消费者让其慢慢消化，在不知不觉中完成品牌理念的灌输。

3. 创新品牌差异

由于农产品的生产受到地域、气候等自然因素影响较大，使得农产品的同质化程度较高，企业间的竞争主要集中于价格和品质等方面，因此要想在竞争激烈的市场上脱颖而出，避不开对品牌差异的研究。品牌差异化是企业品牌战略的核心，有助于提高企业的市场竞争力，增强消费者对品牌的认可度和信任度，实现品牌价值的增值。品牌差异化是指企业通过创造和宣传独特的品牌形象，使其产品与竞争者产品形成明显差异，从而更好地吸引和保留目标消费者，品牌差异主要包括产品差异、产地差异及价值差异。

产品差异要求企业能够了解消费者需求，提升技术，生产不同类型的产品，并擅于将这些产品的差异性融入品牌，使之成为自己品牌的特征，提升品牌辨识度。例如某些消费者有减肥和控制饮食的需求，一些企业针对这一需求，打造了糙米这一产品，因其具有更低的热量和更强的饱腹感而深受消费者的欢迎。此外，可以通过遗传改良技术，培育出更多适应不同环境和气候条件的农作物品种，例如无籽西瓜、软籽石榴等产品。但农产品天生特殊，产品同质化程度高，即使内在口感、营养价值等存在差异，这种差异也很难外化，而产地是农产品的根，这是天然的差异化优势，是农产品独一无二且不可复制的核心竞争力。

长期以来，很多企业习惯在产品名之前加上产地名，如西湖龙井、五常大米、阳澄湖大闸蟹等。不是西湖产的茶叶就不是龙井，这背后体现的是人们对产地独特的地域认知及对产地产品品质的高度认可。产地包含的内容很广，包括地区、地形、地貌、生态、气候、资源、历史人文等多种因素，农业和食品企业，要着眼于产地，以产地为核心寻找亮点，彰显品牌独特差异。打造产品差异和产地差异固然重要，但某些农产品经营者没有巨大成本支持，也缺乏产地优势，因此，进行产品价值差异打造是每个企业进行品牌化建设的重要部分。

产品价值差异是指同一类产品在市场上由于各种原因，如功能、设计、品牌、服务等差异，从而在消费者心目中形成的不同价值感知。产品价值差异是企业在竞争激烈的市场中区分自身产品与其他产品，满足消费者特定需求，从而赢得市场份额的关键。价值差异需要对产品进行深入挖掘，在品牌和价值上制造差异，赋予产品独特的价值。例如顺丰速递差异化建设，通过提供高效、安全、便捷的快递服务，实现了服务差异化。

案例拓展阅读 6： 平谷大桃，北京市平谷区特产，中国国家地理标志产品，产于素有“中国桃乡”之称的北京市平谷区。平谷大桃的产地具有唯一性，即只有在平谷这 22 万亩果园中的大桃才能称得上是平谷的大桃。平谷大桃的特殊主要是因为水、土壤、光照这三个只有平谷才有的独特条件。在水资源方面，平谷境内多河流，共有常年河和季节河 10 多条，年平均径流量 4.5 亿立方米，地下水资源丰富，储量达 4.5 亿立方米，属于独立水系，且水质好，无污染，有“神水”之称。在光照方面，平谷为三面环山，西南开口的敞开型地形，日照充分，昼夜温差大，这有利于桃子在树上充分地吸收营养。此外，平谷区大桃种植区的土壤独特，周边群山有大量富钾火山岩，这也为大桃提供了大量的微量营养元素。2006 年，原国家质检总局批准对“平谷大桃”实施地理标志产品保护。

4. 打造品牌辨识度

打造特色品牌，品牌效应是增加农产品价值的重要因素，网络营销人员须明确不同农产品的独特之处，将其作为品牌打造的核心，树立个性化的品牌，以此吸引更多消费者。

在农产品品牌塑造方面，当下农特产品最缺的就是文化，应注重将农产品与文化融合，挖掘、打造、提炼和传播与食品相关的文化价值，例如地方风俗习惯、消费习惯和饮食习惯、人文历史资源等，推进农业非物质文化遗产、历史文化、红色文化、饮食文化、节庆文化、乡风民俗等元素融入农产品，提升农产品文化内涵。对于一些地区的特色农产品，在品牌打造过程中，以地区文化特色为主，将地区特色作为宣传内容，并不断加大推广力度。

此外，可以设计富有识别度的品牌标识和形象，包括标志、口号、包装等，以便更好地传递品牌信息。例如将产地、历史等成分印刷在包装上，并选择橙色、红色等醒目的颜色和鲜明的形象设计，提升产品特色。

案例拓展阅读 7：丽水整合景宁惠明茶、庆元香菇、遂昌菊米等声名远播的生态精品农产品，创建了中国首个地级市区域公用品牌——“丽水山耕”。从此，丽水山耕，以“法自然 · 享淳真”为品牌口号，突出了丽水走生态农业的精品路线。近年来，丽水市积极推进农业区域公用品牌“丽水山耕”与丽水民宿区域公用品牌“丽水山居”这两山的融合发展，实现旅游地商品与民宿之间的完美融合。印着“丽水山耕”字样的山茶油、土蜂蜜等农副产品摆上了民宿的货架。从“小打小闹”卖土产山货，到做大做强“丽水山耕”区域品牌，“丽水山耕”打造出了一张丽水专属的生态农业“金名片”。

5. 提升品牌形象

在市场竞争激烈的情况下，构建良好的品牌形象对企业的成功起着至关重要的作用。一个积极的品牌形象有利于树立消费者的信任与忠诚度，扩大市场份额，增强对竞争的抵御力。

消费者对品牌的评价主要来源于他们与品牌的互动和体验。因此，企业需要投入足够的精力和资源在顾客服务和产品质量上，提升用户体验。这包括建立高效的售后服务体系、提供优质的产品和服务、及时解决消费者的问题和投诉等，通过不断提升顾客体验，企业可以有效地增强品牌形象，赢得消费者口碑的推广。品牌形象受损可能是由于产品质量问题、虚假宣传、消费者投诉等原因造成的。面对这些情况，企业应该迅速作出反应，及时回应消费者的诉求。首先，要妥善解决问题，对于产品质量问题，可以进行召回或者退换货；对于虚假宣传，要诚实道歉并改正错误。其次，积极采取措施修复受损的品牌形象，重新回归真实、诚信的核心价值观。

此外，消费者越来越关注企业的社会责任和可持续发展，他们更愿意选择那些承担社会责任、关注环境和社会问题的企业。因此，企业需要积极参与公益事业、关注员工福利、减少对环境的影响等，树立一个正面的企业形象，赢得消费者的认可和支持。

案例拓展阅读8：乔府大院，是五常市当地一个具有25年历史的大米老品牌。1月8日，尔滨五常乔府大院开展了一场从哈尔滨到广西跨越千里的公益行动。这场“南北互动”收获全网曝光量超10亿＋，累计播放量超1亿＋，通过社交媒体的广泛传播，实现了品牌故事的快速扩散，成功地将流量、产品口碑和社会价值相结合，不仅在短期内实现了品牌声量和影响力的跃升，更成为一个跨区域文化交流的标杆案例，留下了良好的长尾效应。

（三）过程透明，支持产品溯源

农产品溯源是指通过一系列的数据采集、信息记录及追溯技术，对农产品的生产、加工、运输等环节进行全程追溯，以确保农产品的质量安全。随着人们对健康食品和食品安全的关注不断增加，农产品溯源成为当下重要的话题之一。为了保障消费者权益，提升企业形象和信誉，建立完善的农产品溯源体系成为当务之急。

为了建立有效的农产品溯源体系，首先需要收集农产品生产数据。在产品生产过程中，实时收集和存储相关数据，包括原材料来源、生产线信息、生产日期、工艺参数、质检记录等，确保数据的准确性和完整性，使产品、原材料追踪成为可能，并提供数据库查询，向消费者公布产品的原材料信息，随时应对质疑，保证有效溯源的控制和召回。

其次，应选择高效、智能的溯源方式。高效、智能的追溯方式有利于提升产品产地和生产过程的透明度，减少信息不对称，提升消费者对品牌的信任度，主要的溯源方式有物理溯源、技术溯源及数字溯源。物理溯源主要是通过对物品的物理特性等进行溯源，如产品的包装、标签、条码等，它基于物品的表征信息，可以追溯物品的来源、生产流程等，物理溯源方式具有直观、简单、易操作的特点，广泛应用于食品安全、产品质量追溯等领域，例如，采用二维码、条形码等技术，消费者通过扫码查看产品的溯源信息，实现信息可追溯；技术溯源通常指的是利用特定的技术手段来实现对产品的溯源，这些技术手段包括RFID无线射频技术、物联网技术等，技术溯源方式能够实现对产品全生命周期的自动化、智能化追踪，提高溯源的准确性和效率，主要应用有：通过传感器、无线网络等设备将农产品与互联网连接起来，实时监测农产品的生长环境、加工过程等信息，提高追溯的准确性和及时性；数字溯源是指通过记录和追踪产品的数字化信息，实现对产品的溯源，它主要基于计算机技术和网络技术，通过对电子文档、数据库、网络日志等数字化信息的记录和分析，了解信息的来源和传播路径，数字溯源方式在网络安全、版权保护、产品质量追溯等领域发挥着重要作用。这三种不同的溯源方式，各有特点和应用场景。在实际应用中，需要根据具体需求和场景选择合适的溯源方式。同时，随着科技的不断发展，溯源技术也将不断创新和完善，为产品质量追溯和消费者权益保护提供更加有力的支持。

农产品溯源的核心是信息的采集、存储和分析，因此，在建设农产品追溯体系时，需要建立一个统一的数据管理系统。该数据管理系统记录了从产品的生产、流通到销售各个环节的数据，利用互联网技术，将资料上传至云端服务器，并创建相应的在线检索平台，以方便消费者查询。同时，通过记录农产品的生产、加工、流通等环节的信息于数据库中，有助于更为有效地追踪农产品的来源和去向，及时发现和处理品质问题，确保农产品的安全。

（四）改进技术，培养专业人才

虽然电商营销已发展多年，但即便在头部企业，因人才素养不足引发的“翻车”事件也屡见不鲜。电商平台的出现，特别是直播电商的出现打破了传统“人与物”的交易范式，其本质是一种“人对人”的云服务，因此，优质的人才和先进的技术是农村电商健康、有序、持续发展的前提。人才培养和技术改进是一个漫长而持续的过程，需要多渠道、多方面探索。

在技术方面，为提升竞争力，实现农村电商的可持续发展，企业应积极改进营销技术。在有一定成本积累和需求的基础上，企业可以利用大数据与AI技术优化引擎，通过收集和分析消费者行为数据，更精准地了解市场需求，实现个性化营销，通过分析用户的搜索习惯，选择与农产品相关的热门关键词，并将它们应用于网站标题、内容和元标签等位置，有利于优化网站的搜索，提高产品在搜索结果中的曝光度。同时，重复性较高的工作占用了企业员工的精力和时间，且这些简单重复的工作对员工个人发展贡献较低，针对这种情况，采用CRM系统、营销自动化工具等数字化手段，自动化处理营销活动中的重复性工作，释放人力资源，专注于策略制定和创意策划。

在人才培养方面，须培养农产品网络营销专业人才。优秀的网络营销不仅包括屏幕前简单的操作和话术，在营销背后，从产品选择、剧本创作到过程管理，从文案、图片、短视频制作到社群推广、粉丝管理，每个环节都日趋专业化，因此，培养农产品网络营销专业人才重要性日益提升。作为农产品营销工作人员，需要了解农产品的特点及市场价格等，通过培训、讲座等方式，加强员工对产品知识的研究。同时，优质的服务能够吸引消费者，可以通过模拟客户服务等方式，培养销售人员的服务意识。

第三节　农村电商物流配送体系建设

加快完善县乡村电子商务和快递物流配送体系，建设县域集采集配中心，推动农村客货邮融合发展，大力发展共同配送、即时零售等新模式，推动冷链物流服务网络向乡村下沉。

——《中共中央　国务院关于做好2023年全面推进乡村振兴重点工作的意见》

一、农村电商物流配送模式

（一）自建物流团队模式（见图7－5）

自建物流团队模式是指企业自行建立自己的物流体系，全面负责物流环节的实施和管理。该模式多用于大型农村电商企业，一些大型的农村电商企业会选择建立自己的物流系统，包括物流分拣中心和配送车队。此模式的优势在于可以更好地掌握物流环节，降低对第三方物流公司的依赖，企业自主决定运输方式、运输路线和运输成本等，有利于更好地控制物流质量和服务水平，提高配送效率，也易于通过内部优化和管理，提高效率，降低成本。但此模式也存在一些弊端，例如对团队的物流管理和协调能力要求较高，需要专业的运营团队及巨大的成本支撑，因此需要投入大量的资金和资源来建设和维护。

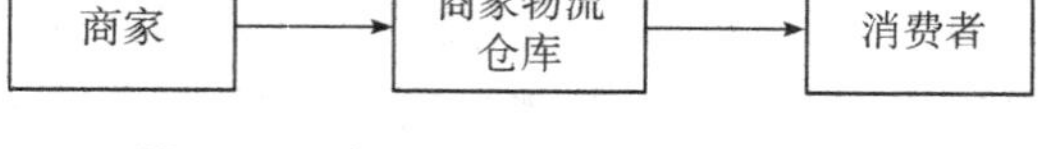

图7－5　自建物流团队模式物流流程

（二）合作物流公司模式（见图7－6）

合作物流公司模式是指企业将物流业务委托给第三方物流公司进行管理

和实施。此模式具有专业性、灵活性和降低成本等优势，专业性是指由第三方物流公司提供专业的物流设施设备和技术支持，能够提供全面的物流服务，提升农村电商企业的抗风险能力，因此，该模式也适用于规模较小的农村电商企业。灵活性在于第三方物流公司可以根据市场需求和业务变化，灵活调整物流方案和服务内容，适应市场变化。同时，这种模式能够减少物流成本，提高配送服务的覆盖范围和效率。但在此模式下，企业对于第三方物流公司依赖性强，第三方公司的物流能力直接影响企业的品牌形象和口碑，存在一定风险，并且企业与第三方物流公司之间存在信息不对称等问题，难以获取业务信息，对企业发展产生隐患。

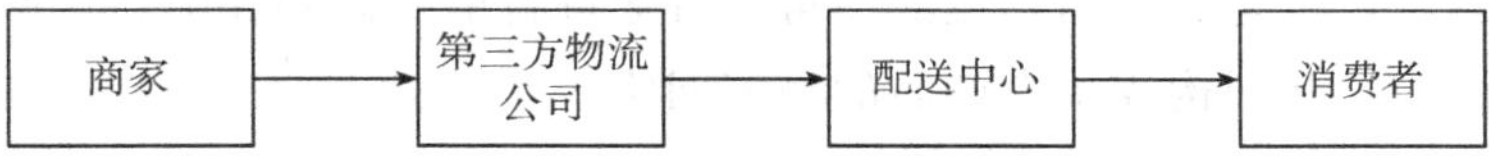

图 7-6　合作物流公司物流流程图

(三) 农民合作社模式（见图 7-7）

农民合作社模式是指农民合作社在农产品生产、加工、储存、运输、销售等环节中，通过整合资源、优化流程，实现农产品高效流通的一种物流组织方式。该模式的要点在于电商平台与农民合作社合作，通过共同配送农产品，降低物流成本。农民合作社模式旨在通过资源整合、合作协同，提高效率和服务质量。但此模式在一定程度上加大了合作协调难度，因此，在合作协同过程中，如何以信息共享优化物流调度成为农民合作社模式的一大难题。

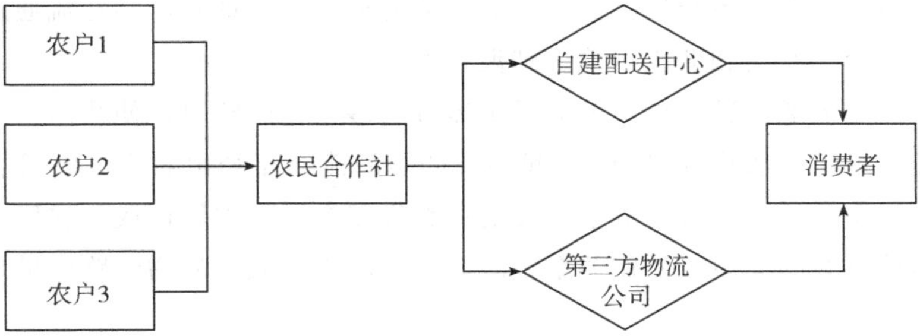

图 7-7　农民合作社模式物流流程图

案例拓展阅读：蒙阴县地处山区，蜜桃产业发达，但由于地理位置偏远，物流配送一直是当地蜜桃产业发展的瓶颈。蒙阴蜜桃合作社与当地快递公司合作，建立了“电商＋快递”的物流配送模式。合作社负责将蜜桃统一包装、装箱，并提供给快递公司进行配送。快递公司则利用自身的物流网络和信息技术优势，确保蜜桃能够准时、安全地送达消费者手中。这种物流配送模式大大降低了蜜桃的运输成本和时间，提高了蜜桃的市场竞争力。同时，合作社还通过电商平台拓宽了销售渠道，实现了蜜桃的产销对接。

二、农村电商物流配送体系要素

（一）农产品物流主体

农产品物流主体包括以农户为主的生产者、农民合作组织、农产品加工企业、第三方物流企业及各种中间商和零售终端，是农产品物流活动的组织者和协调者，也是农产品物流活动得以有效进行的基础和保障，这些物流主体相互协作，共同构成了农产品的物流网络。

农产品物流主体呈现多元化发展特点。随着电商经济的发展，农产品流通已经不再局限于小范围的对接，许多个人经营者的产品也能通过互联网平台在全国乃至全球范围内销售，但个人经营者的力量有限，因此，涌现了农民合作社、专业协会等组织帮助弱势经营者发展，成为流通过程中的新兴主体，这些主体参与其中，构建起多元化的农产品流通体系格局。农产品流通主体的多元化结构不仅对整体流通环境产生深远影响，同时也导致我国农产品物流主体呈现出多元化特征。

（二）农产品物流通道

农产品物流通道是指为了实现农产品从生产地到消费地的有效流通而构建的物流网络和系统。这一系统包括了农产品的收集、运输、储存、加工、配送及信息管理等各个环节，农产品物流通道旨在保证农产品在流通过程中高效、安全、及时和低成本地送到消费者手中。

农产品流通渠道的放开及流通主体日趋多元化的状况，使我国农产品流通路径呈现出分散化的格局。[10]我国农产品的流通路径由农户、农民合作组织、加工企业、第三方物流组织及消费者等多个流通主体构成，它们之间存在着错综复杂的交易或协作关系。因此，我国现行农产品物流路径呈现出分散化的特点。

（三）功能性物流业务

功能性物流业务，它主要涉及承担和完成一项或几项特定的物流功能，包括运输、仓储、加工、配送和信息处理等。目前物流业务主要有以下几个发展趋势：

一是数字化转型与智能化升级。随着电子商务模式的快速发展，物流行业对数字化转型的需求日益增长。数字化转型能够打破资源信息孤岛，实现多方协同，从而打破合作物流模式面临的信息不对称等问题。物流企业通过采用数字化技术，如物联网、大数据、云计算等，可以实时监控物流过程，优化物流网络，提高物流效率。二是绿色化与可持续化。在全球气候变化和资源环境约束日益加剧的背景下，绿色物流成为物流行业的重要发展方向。物流企业通过采用环保包装材料、优化运输路线、推广新能源运输工具等措施，减少物流活动对环境的影响。三是专业化与定制化。随着市场竞争的加剧和客户需求的多样化，物流企业提供个性化、专业化服务成为必然趋势。例如，冷链物流、生鲜物流等细分领域对物流企业的专业要求越来越高。物流企业需要不断提升自身专业能力和消费者心理分析能力，为客户提供更加专业、特别的物流服务，提高客户满意度和忠诚度。四是协同化与一体化。通过协同化、一体化发展，物流行业可以更加高效地优化资源配置，降低运营成本，提高整体效率。例如，建设区域物流中心、推动多式联运发展等，有助于实现物流资源的共享和互补。

三、农村电商物流配送体系建设流程

（一）现状分析与目标设定

现状分析与目标设定是进行农村电商物流体系建设的首要环节。创业者首先要了解当地农产品生产、销售情况及物流设施基础建设情况，并对此进行全面分析，发现其问题与优势，在此基础上，结合发展战略和消费者需求，确定物流配送体系的覆盖范围、服务标准、运营模式等关键因素，设定明确目标和定位，例如通过优化配送布局、提高信息化程度等措施，提高配送效率，降低运营成本，从而提升消费者满意度，增加农产品附加值。

（二）基础设施规划与建设

基础设施规划与建设是农村电商物流配送体系建设的重要保障。随着农村电商市场的蓬勃发展，物流基础设施的完善成为制约农村电商进一步发展的关键因素。针对农村现有物流配送设施短板，创业者需要制订详细的规划和建设方案。在仓库选址、布局优化、设备更新等方面，应充分考虑交通便利性、周边产业分布及环境保护要求。例如在物流中心周边建设农产品仓储设施并对其进行存储、保鲜，保障农产品新鲜度和质量安全。在资金筹措方面，通过政府拨款、企业投资、社会融资等方式筹措资金，争取相关政策支持。

同时，要注重基础设施的可持续性和可扩展性，尽可能采用节能环保材料和技术，以减少风险、提升效率。例如采用新能源汽车，减少碳排放，降低环境污染。

（三）运输方式选择与优化

运输方式的选择与优化是农村电商物流配送体系建设的关键。据统计，农产品物流过程中产品损失率高达30%，尤其是水果、蔬菜等产品，极易腐烂变质。因此，在农产品的运输、储存、加工和装卸过程中，须充分考虑其形态、腐变性、串味性、抗震耐压性、通风透气性和吸潮吸湿性等特性，[11]并采取有效的技术和管理措施确保这些农产品在流通过程中不变质、不污染。创业者可根据农产品类别、物流储运条件等因素，选择合适的运输方式和运输组合。

1. 根据农产品类别不同选择

（1）粮食产品物流

粮食产品分为谷物产品、豆类产品和薯类产品，如水稻、玉米、大豆等产品，具有量大、易潮、易发霉等特点，因此在运输过程中要注意防虫、防潮等问题，根据实际情况选择合适的运输方式。

（2）经济作物物流

经济作物，例如油料植物、糖料植物、纤维植物等，是轻纺、食品、医药等工业的主要原材料来源，商品化水平和经济效益远远高于粮食作物，具有物流需求量大、种类繁多、加工方式多样等特点，在运输过程中要注意选择防止细菌污染的运输方式。

（3）林木产品物流

林产品是以林木及林地资源为基础，生产木材和以木材为原料的各种产品，范围涵盖原木、锯材、木质人造板、各类木质和纸质制品，以及林化产品等，还包括苗木、花卉、种子、林区土特产品及林果类产品等。林产品物流覆盖了林产品的生产、采购、运输、存储、装卸、搬运、包装、配送、流通加工、分销和信息传递等方面的环节。林木产品具有资源分散性、季节性、体积大、易燃易腐等特点，可以选择防火、防腐性好的运输方式，同时需要考虑运输工具的载重量和路况适应性，避免事故发生。[12]

（4）畜牧产品物流

畜牧产品主要包括生鲜肉、鲜奶、禽蛋等。近年来，我国城市居民对肉、蛋、奶的消费量不断增长，畜牧产品物流的发展迅速。由于畜牧产品易腐败的特性，在选择运输方式时最好选择冷链物流，保持产品的温度、湿度和微生物等其他因素的稳定。

（5）水产品物流

水产品的需求主要来源于居民家庭消费、水产品加工和出口等方面。一般来说，淡水水产品的销售较为分散，需要具备较强的灵活性以应对短程物流需求；而海洋水产品则通常需要经过加工处理，对物流技术的要求较高。当前，消费者趋向于购买品种多、数量少、质量高、运输快的水产品，因此，在选择运输方式时，要选择支持冷藏、冷冻和冰鲜技术的运输方式，加强温度控制和卫生管理，提升水产品的附加值。

2. 根据运输工具选择

（1）公路运输

公路运输的优点是灵活性强，可以实现点对点的快速配送，适用于短距离、成本低、小批量的农产品运输，如城市周边地区的农产品配送。

（2）铁路运输

铁路运输的优点在于运输量大、成本低、稳定性高，适用于中等距离、大批量，对时间要求相对较低的农产品的运输，如粮食、棉花等产品的运输。

（3）水路运输

水路运输的优点为运输成本低、载货量大，适用于长距离、大批量、对时间要求不高的农产品的运输，如油料等农产品的运输。

（4）航空运输

优点在于速度快、时间短，但其成本较高，适用于价值较高、易腐烂、市场需求紧急的农产品运输，如高档水果、海鲜等。

（5）冷链运输

冷链运输的特点是在整个运输过程中保持低温环境，以确保农产品的新鲜度和质量。适用于易腐产品，如肉类、果蔬、乳制品等的长途运输。这种运输方式对设备和运营要求较高，但能有效延长农产品的保鲜期，提升产品质量。

3. 根据物流活动承接主体选择

（1）自营农产品物流

自营农产品物流是指农产品生产者或经营者根据自身的经营经验和经营条件，自行开展物流业务的模式。这种模式具有中间环节少、交易成本低等优点，但这种模式需要大量的投资，农产品经营者需要自行承担物流风险。

(2) 第三方物流

第三方物流是一种由专业的物流服务提供商来承担物流活动的物流模式，该模式通过契约形式来规范物流经营者和物流消费者之间的关系。[13]其优点在于第三方物流公司能够根据物流消费者的物流服务要求，提供具有个性化和针对性的物流服务和增值服务，风险分散，专业性强。该模式是当前农村电商物流配送的主要模式。

(四) 仓储管理与信息化

在当今农村电商发展的背景下，仓储管理作为物流配送体系建设的重要环节，扮演着至关重要的角色。

首先，构建一个合理且完善的仓储管理体系能够有效保障商品的安全存储及实现高效精准的出库作业。细化农产品从入库到出库的每一流程，并实施详尽的登记制度，不仅能显著增强管理者对库存的控制力与监管水平，而且为后续的数据分析与统计工作奠定了坚实基础，有效降低了因人为失误导致的库存损耗与遗漏风险。

同时，随着信息技术的飞速发展，其在现代仓储管理领域的重要价值日益凸显，通过融合信息化技术与管理实践，能够实现仓储活动的全链条监控与精细化管理。具体而言，应用无线射频识别（RFID）技术可实现实时追踪货物位置，显著提升了物流环节中的数据收集与信息记录速度，增强了供应链的透明度与响应能力。

此外，大数据分析技术的运用，通过对仓储运营大数据的深度剖析，能够揭示运营模式的潜在优化空间，指导仓库布局与物流调度策略的智能调整，从而最大限度地优化资源配置，提升仓储系统的整体效能与灵活性。这一系列技术集成与管理创新，共同推动了农村电商仓储管理向智能化、高效化的方向迈进。

总之，在当今信息时代，电子商务与物流行业融合发展，通过建立完善的仓储管理制度及应用信息化技术手段实现数字化、智能化水平提升，可以有效推动农村电商物流配送体系更加科学、高效地运行，并由此促进乡村经济发展和生活质量改善。

(五) 装卸与包装标准制定

在物流运输过程中，装卸与包装规定对货物的安全和运输效率具有直接的影响。因此，制定详细的装卸与包装规定尤为重要。这些规定不仅能够明确操作规范，提高操作人员的执行效率，更重要的是有利于确保货物在整个运输过程中的安全性。通过严格执行这些规定，可以有效减少货物在装卸、运输过程中发生意外事故的可能性。

此外，除操作规范外，还应该注重包装材料的环保性和可回收性。随着绿色物流理念的兴起，发展符合环保要求的包装材料已成为当今物流行业发展的趋势之一。[14]选择环保材料进行包装不仅有助于减少对自然资源的消耗，更能够降低对环境造成的污染。同时，在国家低碳发展战略指导下，积极推动绿色物流发展也是当前各行业共同努力的方向之一。因此，不仅需要关注相关标准制定对货物运输安全和效率带来的影响，还需要深入探讨如何结合当下国家低碳发展战略，制定更加符合环保要求和可持续发展方向的标准，并进一步研究这些标准实施后所带来的具体效果和影响。

（六）配送网络布局与拓展

配送网络布局是农村电商物流配送体系建设的核心，在当前市场环境下具有重要意义。随着农村电商的迅猛发展，合理规划配送网络已成为提升物流效率和满足消费者需求的关键。根据市场需求和发展战略，对配送网络进行科学规划，不仅可以提升覆盖范围和配送时效，还能够优化资源配置、降低运营成本，并实现可持续发展。

首先，在配送网络布局上，需要充分考虑农产品的特点和季节性变化，合理划分区域并确定服务节点。通过对目标客户群体、订单量及距离等因素进行精准分析，以确保物流运输路径最优化。同时，针对不同地域的特殊情况，采取个性化策略进行调整和定制。

其次，在积极拓展新的配送渠道和合作伙伴方面，则需要加强与各地区政府、物流企业及第三方快递公司等多方面的沟通合作。通过建立稳定而高效的合作关系，在一定程度上可以降低运营风险，并且更好地利用各种资源共同推动物流系统不断完善与升级。

此外，在提升农产品配送的覆盖面和影响力上，则应当注重品牌宣传及市场推广工作。通过开展定期活动、赞助社会公益事业等方式扩大品牌知名度，并进一步增强用户黏性与忠诚度。同时也可结合现代科技手段，如大数据分析、人工智能等，深入挖掘潜在客户需求，从而提高销售额及用户满意度。

（七）信息系统构建与整合

信息系统构建与整合是农村电商物流配送体系发展的关键环节，它是连接各个环节的大脑。信息系统负责收集、处理、储存和传递物流配送过程中产生的各种信息，包括商品库存情况、订单状态、运输路线等内容。通过构建完善的信息系统，可以实现各个环节间信息的实时共享和协同，从而提高运营效率和服务质量。

在农产品物流中，物流信息是对反映农产品相关活动内容的知识、资料、图像、数据和文件的总称。这些信息涵盖了农产品物流活动的内容、形式、过程及发展变化等方面。通过整合这些丰富多样的信息资源并应用于信息系统中，可以更好地把握市场需求变化趋势，优化供应链管理，并且提高农产品配送效率，信息系统构建的具体内容可以参照图 7 - 8 进行设置。

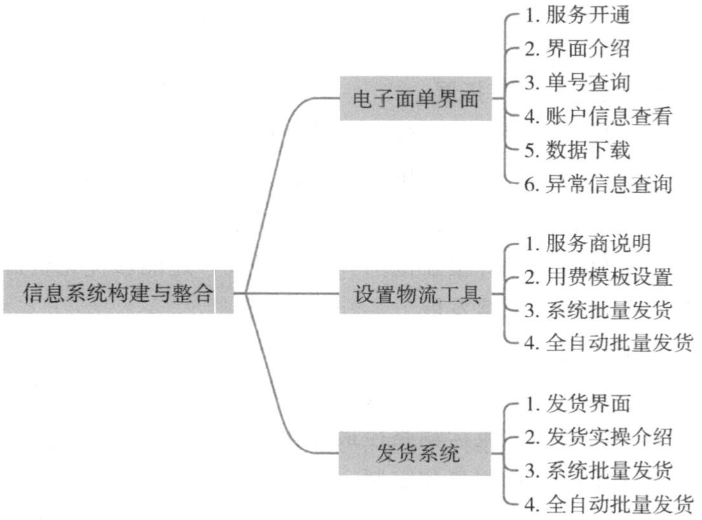

图 7 - 8　信息系统构建主要内容

(八) 持续改进与风险控制

农村电商物流配送体系的建设是一个持续改进的过程。为了实现高效、稳定、绿色的物流配送体系，需要持续改进和风险控制相结合，只有不断完善和优化现有体系，并且及时识别并应对各类潜在风险，才能构建起高效、稳定、绿色的物流配送体系来满足日益增长的市场需求。持续改进意味着不断给予投入并优化，使得物流配送体系能够更好地满足市场需求和客户期望。与此同时，在持续改进的过程中，需要警惕各种潜在风险，并通过合理规划和管理来进行风险控制。比如，在建设绿色物流方面需要避免环境污染等潜在风险，并通过科学技术手段建立清洁、低碳的配送网络。

此外，持续改进的内涵在于通过不断完善和优化物流配送体系，以适应市场变化和需求增长的挑战。在这个过程中，定期对物流配送体系进行评估和调整至关重要。通过评估，可以及时发现物流体系运行中的问题，并采取相应措施加以解决。同时，也可以利用评估结果来识别潜在的风险因素，并采取预防措施进行风险控制。

本章综合练习：

1. 你认为农村电商创业中最关键、最必不可少的因素是什么？

2. 对于个人而言，学习农村电商创业对你有哪些帮助？

3. 如果你是一名农村电商创业者，你将如何选择电商平台、开展产品营销及建设物流体系？

本章参考文献：

[1] 王宝义. 中国电子商务网络零售产业演进、竞争态势及发展趋势 [J]. 中国流通经济，2017，31（4）：25－34.

[2] 车久菊. B2C电子商务模式下电商企业经营模式变革 [J]. 中外企业家，2020（11）：88－89.

[3] 谢代国. 新媒体视角下农产品网络营销思路及策略研究 [J]. 商场现代化，2024（9）：20－22.

[4] 陈银凤. 电子商务中的虚拟现实技术刍议 [J]. 电脑与信息技术，2020，28（1）：51－53.

[5] 吴双. 电子商务环境下中小企业发展策略研究 [J]. 中国市场，2022（34）：193－195.

[6] Kotler, Philip. Marketing Management: Analysis, Planning, Implementation and Contral [M]. Prentice-hall, 1994.

[7] 徐保良. 提升农业生产“三品一标”推进农业绿色发展 [J]. 农业知识，2021（15）：55－58.

[8] 尉强. 避免同质化趋向积极探索内蒙古差异化农产品发展之路 [J]. 内蒙古统计，2018（1）：26－28.

[9] 黄建辉. 云浮农产品区域公用品牌竞争力分析及对策 [J]. 广东农工商职业技术学院学报，2020，36（2）：60－65.

[10] 李晓锦. 基于物流中心发展专业化农产品物流体系 [J]. 中国农业科技导报，2006（6）：76－80.

[11] 孟凡胜. 中国农产品现代物流发展问题研究 [D]. 哈尔滨：东北农业大学，2005.

[12] 陈诚，邱荣祖. 林产品物流系统研究现状与展望 [J]. 森林工程，

2015，31（5）：139－144.

［13］周正祥，陈艳．第三方物流与第四方物流协同发展的路径探析［J］．公路与汽运，2013（1）：80－83.

［14］陈勤飞．物流的绿色包装——以顺丰物流为例［J］．商场现代化，2019（8）：8－9.

第八章 农村金融篇：农村金融服务与政策支持

【学习目的】

1. 掌握农村金融体系的概念、特点、主体构成；
2. 了解各类农村金融机构的职能特点和业务范围；
3. 熟悉创业担保贷款的相关政策和申请流程；
4. 了解各类融资渠道和融资有关政策；
5. 熟悉税收优惠政策的享受主体、优惠内容、享受条件；
6. 熟悉创业补贴政策的补贴对象、补贴标准、申领流程、受理机构。

【学习重点】

1. 农村金融体系各个主体的含义和特征；
2. 主要农村金融机构的业务范围；
3. 贷款和融资政策的具体条款；
4. 税收优惠和补贴政策的具体条款。

概　述

本章介绍了农村金融服务体系、创业贷款与融资政策、税收优惠政策与创业补贴这三大内容。通过本章的学习，能够了解我国农村金融体系的现状，熟悉我国现行的推动乡村振兴、青年创业的贷款、融资、税收、补贴等优惠政策，从而在开展创业实践的时候能够灵活从各类金融机构、政府部门等寻求资金和政策上的支持与帮助。

第一节　农村金融服务体系

> 完善农业支持保护制度，健全农村金融服务体系。
>
> ——党的二十大报告

一、农村金融服务体系概述

（一）农村金融概念

金融，也称资金融通，是货币流通和信用活动及与之相联系的经济活动的总称。农村金融即农村货币资金的融通，是指在农村区域及与农业生产有密切关系的各个领域中，为农民、农业和农村经济服务而组织和调剂农村资金的活动。

（二）农村金融体系概念

农村金融体系是一国金融体系的重要组成部分，是金融体系在农村地区的运行和发展。农村金融体系通常是指农村各种金融机构及其活动所构成的有机整体，即在县及县以下由若干银行业金融机构或活动组成的为农村经济发展融通资金的金融组织体系。经过农村金融体制改革，迄今为止形成了包括商业性、政策性、合作性金融机构在内的，以正规金融机构为主导、以农村信用合作社为核心的农村金融体系。[1]（见图 8－1）

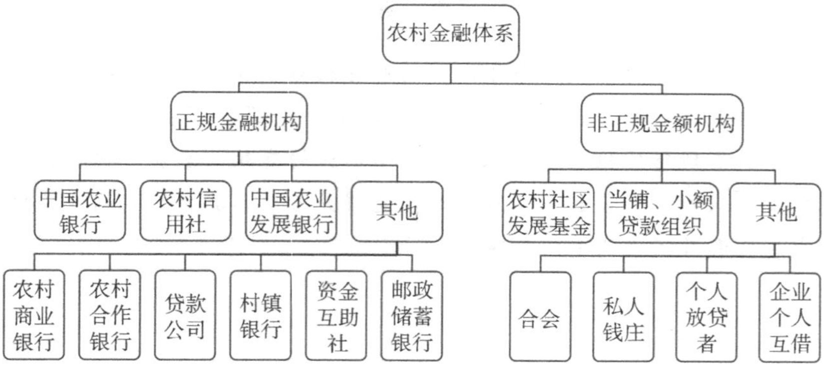

图 8－1　农村金融体系

来源：胡苗忠，叶梦琪《农村金融实务》[2]

(三) 农村金融体系特点

1. 机构的多样性

我国农村经济受农业生产的特殊性和地缘性的影响，发展不平衡，呈现多样性的特征，这就要求农村金融机构要能满足不同的农村经济发展的需要，为其提供“合身”的金融服务。从现行的农村金融体系上看，农村金融机构包括中国农业银行、中国农业发展银行等银行机构和农村信用合作社和农业保险公司等非银行机构。同时还存在一些村镇银行、资金互助社、资产管理公司、小额贷款公司等新型农村金融机构。

2. 体系的二元性

我们国家还处于发展中国家的发展阶段，我们的金融体系受抑制呈现典型的二元结构特点。我国的农村金融也存在着正规金融机构和非正规金融机构两个部分的划分，正规金融机构包括银行金融机构和非银行金融机构。非正规金融机构包括农村合作基金会、民间私人借贷组织等。

3. 发展的渐进性

我国农村金融市场是在初级阶段商品经济中发育起来的，整个社会物质还不丰富，农村金融市场发展存在农民收入水平低、农村信贷资金短缺、利率机制不健全、融资工具少等制约因素。另外，我国各地农村经济发展很不平衡，这使农村金融市场的发展有先有后、有快有慢。农村金融先是民间借贷，再是正规银行信用和国家信用；农村金融机构的金融产品也是由低级到高级，由单项到多项，由短期到长期。

4. 面临的风险性

首先，金融机构的内部原因、农村金融环境的外部原因，以及农业经营难度大、灾害风险高等问题，决定了农村金融机构面临着较高的流动性风险。其次，农村市场发育不健全，而农村金融机构的主要服务对象农户，缺乏较强的金融意识，因此农村金融机构具有较高的信用风险。最后，由于农村金融机构还未成为真正的金融企业，它既是政府管理农村经济发展的中介，又是独立经营的金融企业，其内部自我调节机制不完善，利益信息扭曲，责任信息淡漠，实行真正企业化经营的困难较多，动力不足，这些使其既要承受计划经济体制风险、市场经济体制风险，又要承受计划经济体制和市场经济体制摩擦的风险。

二、农村金融服务体系主体构成

我国农村金融组织体系的主体是中国农业发展银行、中国农业银行、农村信用合作社三大金融机构，作为主要面向我国农业、农村和农民的金融机构，它们共同形成了一种政策性金融、商业金融与合作金融分工协作的农村金融格局。政府对农业的资金供给和信贷支持政策，主要是通过这三个金融机构实施的。

（一）农业政策性金融

1. 政策性金融的含义

农业政策性金融是指为贯彻政府社会经济政策或意图，不以商业性标准为原则，以国家信用为基础，在农业及相关领域从事资金融通，支持、保护农业生产，促进国民经济协调发展和农业收入稳定增加的一种特殊金融活动。

2. 政策性金融的特征

（1）经营方向的政策性

农业政策性金融要配合政府不同时期农业政策意图及重点，发挥政策性金融对宏观经济的调节作用，实现政府经济和社会发展目标。

（2）经营目标的非营利性

它的资金来源除了国拨资本外，主要通过发行债券、借款和吸收长期性存款获得，是高成本负债，而它的资金运用则主要是长期低息贷款。这样的负债和资产结构安排是通过由国家进行利息补贴、承担部分不良债权或相关风险等来实现的。

（3）具有特定的业务领域

政策性金融机构不与商业性金融机构进行市场竞争，它的服务领域或服务对象是那些受国家经济和社会发展政策重点或优先保护，需要以巨额、长期和低息贷款支持的项目或企业。

（二）农村合作金融

1. 合作金融的含义

合作金融是指按照国际通行的合作原则，以股金为资本，以入股者为服务对象，以基本金融业务为经营内容而形成的金融活动和金融合作组织。合作原则包括自愿开放的原则；民主管理、一人一票的原则；社员入股、按交易量分配的原则；自主经营、自担风险的原则；教育、培训的原则；合作社间的合作原则；关心社区发展的原则。

2. 合作金融的特征

（1）三个以上成员的自愿组合

农民或农村中小企业经营者等经济上的弱势群体，按合作制原则，组织信用合作社或者合作银行等自己的金融机构，把分散的资金集中起来，用以发展生产、改善生活。

（2）平等互利的成员关系，不以营利为目的

合作金融组织是要利用团体互助的方法为其成员解决个人力量所不能解决的经济问题，通过互助互利原则，调剂资金余缺。

（3）以业务交易量作为社员权、责、利的标准

“对社员提供金融服务”是信用社的宗旨，服务主要通过社员与信用社的资金业务往来体现，存贷款往来量大说明其得到的服务多。接受服务多的社员自然应该对提供资金负有较多的责任和义务。

（4）能得到政府的政策优惠

为实现国家的经济发展目标，保护弱小企业，政府往往给予为弱小企业提供融资服务的合作金融组织许多政策上的优惠。

（三）农村商业金融

商业金融的核心是按市场机制运行，以追求经营利润为目标。在我国农村，四大国有银行曾经在县城和规模较大的乡镇设立过支行和营业点。在不同时期，因我国经济体制、金融管理机制的变更，它们在经营规模和经营方式上存在很大差异。

小任务 1： 指出当前我国农村主要的商业金融机构有哪些？

三、农村金融机构

（一）中国农业发展银行（见图 8－2）

1. 机构简介

中国农业发展银行是直属国务院领导的中国唯一的一家农业政策性银行，1994 年 11 月挂牌成立。主要职责是按照国家的法律法规和方针政策，以国家信用为基础筹集资金，承担农业政策性金融业务，代理财政支农资金的拨付，为农业和农村经济发展服务。建行以来，中国农业发展银行坚决服从和服务于国家宏观调控，全面落实国家各项强农惠农政策，把实现良好的社会效益作为最重要的价值追求。形成了以支持国家粮棉购销储业务为主体、以支持农业产业化经营和农业农村基础设施建设为两翼的业务发展格局，初

图 8－2 农发行行徽

步建立现代银行框架，经营业绩实现重大跨越，有效发挥了在农村金融中的骨干和支柱作用。

2. 业务范围

中国农业发展银行目前的主要涉农贷款业务有：中央储备粮贷款业务、地方储备粮贷款业务、粮食调控贷款业务、粮食收购贷款业务、油料收购贷款业务、粮食调销贷款业务、粮食加工企业贷款业务、油脂加工企业贷款业务、粮油流转贷款业务、粮食合同收购贷款业务、粮食仓储设施贷款业务、棉花流转贷款业务、棉花调销贷款业务、储备棉贷款业务、棉花收购贷款业务、棉花预购贷款业务、棉花良种贷款业务、棉花企业技术设备改造贷款业务、商业储备贷款业务、国家储备贷款业务、农业生产资料贷款业务、农业产业化龙头企业贷款业务、农业小企业贷款业务、农业科技贷款业务、农村基础设施建设和农业综合开发贷款业务、农村流通体系建设贷款业务

案例拓展阅读 1：农发行浙江分行以“农村增美、农民增收、农业增效”为目标，在湖州南浔创新推出“强村共富贷”模式，协助当地村级强村公司进行集团化改革，支持当地新建万只羊场，发展特色湖羊产业，并在屋顶建成 4.4 兆瓦分布式光伏，实现“羊阳结合、上光下羊、光畜互补”。项目落地后，当地农民实现了股金、租金、薪金的“三金”收入，村集体每年可获得 600 万元集体收益。同时，引进先进的养殖和光伏发电技术，在村庄打造了新型现代农业产业聚集带，真正将改变送到家门口，将实惠送到农民手中，是“千万工程”项目打造共同富裕基本单元、谱写“普惠金融”这篇大文章的生动写照。

(二) 中国农业银行（见图 8－3）

1. 机构简介

中国农业银行的前身最早可追溯至 1951 年成立的农业合作银行。20 世纪 70 年代末以来，该行相继经历了国家专业银行、国有独资商业银行和国有控股商业银行等不同发展阶段。2009 年 1 月，该行整体改制为股份有限公司。2010 年 7 月，该行分别在上海证券交易所和香港联合交易所挂牌上市。中国农业银行是中国主要的综合性金融服务提供商之一，致力于建设经营特色明显、服务高效便捷、功能齐全协同、价值创造能力突出的国际一流商业银行集团。该行凭借全面的业务组

图 8－3　农行行徽

合、庞大的分销网络和领先的技术平台，向广大客户提供各种公司银行和零售银行产品和服务，同时开展金融市场业务及资产管理业务，业务范围还涵盖投资银行、基金管理、金融租赁、人寿保险等领域。

2. 业务范围

中国农业银行网点遍布中国城乡，成为中国网点最多、业务辐射范围最广的大型现代化商业银行。业务领域已由最初的农业信贷、结算业务，发展成为品种齐全，本外币结合，能够办理国际、国内通行的各类金融业务。主要包括：存款服务、综合贷款服务、外汇理财、人民币理财、代客境外理财、银行卡、汇款及外汇结算、保管箱租赁、缴费服务、代发薪服务、出国金融服务、电子银行服务、私人银行、融资业务、国内支付结算、国际结算、基金相关业务、企业理财服务、金融机构服务。

案例拓展阅读2：2024年以来，中国农业银行山西省分行积极落实国家关于做好“土特产”的相关要求，因地制宜支持特优农业。围绕山西省“南果、中粮、北肉、东药材、西干果”5大平台优化升级、农产品“三品一标”行动，聚焦专业镇、产业园、产业强县等特优农业集聚区，制定“晋品”全产业链服务方案，加大“晋品e贷”推广力度。围绕“培优晋粮、叫响晋菜、提升晋果、做强晋肉、振兴晋药、擦亮晋酿”的服务目标，农行山西分行持续加大金融服务力度。截至5月底，全行“晋品e贷”余额102.23亿元，较年初增加15.11亿元，贷款增长率17.34%，高于全行贷款8.74%的增长率。

（三）农村信用合作社（见图8－4）

1. 机构简介

农村信用合作社（农村信用社、农信社）指经中国人民银行批准设立、由社员入股组成、实行民主管理、主要为社员提供金融服务的农村合作金融机构。农村信用社是独立的企业法人，以其全部资产对农村信用社债务承担责任，依法享有民事权利。其财产、合法权益和依法开展的业务活动受国家法律保护。其主要任务是筹集农村闲散资金，为农业、农民和农村经济发展提供金融服务。依照国家法律和金融政策规定，组织和调节农村基金，支持农业生产和农村综合发展，支持各种形式的合作经济和社员家庭经济，限制和打击高利贷。

图8－4　中国信合标志

2. 业务范围

农村信用社的主要业务有传统的存款、放款、汇兑等，近年来，随着我国农村经济的迅速发展，农村信用社在立足、服务“三农”的基础上，积极拓展服务领域，创新服务品种，增加服务手段，服务功能进一步增强。部分地区的农村信用社先后开办了代理、担保、信用卡等中间业务，尝试开办了票据贴现、外汇交易、电话银行、网上银行等新业务，为社员、客户提供了更加优质、便捷的金融服务。

案例拓展阅读3：甘肃省农村信用社联合社坚持“把服务乡村振兴作为价值坐标和行动遵循”，带领各行社回归服务“三农”本源、专注支农支小主业、深化体制机制改革、创新金融产品、优化金融服务，推动各项业务稳健发展，形成了线上线下相融合、银政企良性互动的普惠金融生态，成为名副其实的农村金融主力军、乡村振兴排头兵和普惠金融领跑者。截至3月末，甘肃农信各项存款余额6330.35亿元，各项贷款余额4267.7亿元；其中，涉农贷款余额2665.9亿元，占全省金融机构的30.3%；农户贷款余额1904.7亿元，占全省金融机构的65%；服务普惠型小微企业户数75019户，小微企业贷款余额641.1亿元，占全省银行机构普惠型小微企业贷款的35%，位居全省第一。

小任务2：了解你所在地的农村信用社的组织架构、经营规模、业务开展等情况。

（四）中国邮政储蓄银行（见图8－5）

1. 机构简介

中国邮政储蓄可追溯至1919年开办的邮政储金业务，至今已有百年历史。2007年3月，在改革原邮政储蓄管理体制基础上，中国邮政储蓄银行有限责任公司挂牌成立。2012年1月，本行整体改制为股份有限公司。2016年9月本行在香港联交所挂牌上市，2019年12月在上交所挂牌上市。

图8－5　邮储银行行徽

中国邮政储蓄银行拥有近4万个营业网点，服务个人客户超6.6亿户，定位于服务“三农”、城乡居民和中小企业，依托“自营＋代理”的独特模式和资源禀赋，致力于为中国经济转型中最具活力的客户群体提供服务，加速向数据驱动、渠道协同、批零联动、运营高效的新零售银行转型，是中国领先的大型零售银行。

2. 小额贷款

小额贷款是指中国邮政储蓄银行向单一借款人发放的金额较小的贷款。农户小额贷款是指向农户发放的用于满足其农业种植、养殖或者其他与农村经济发展有关的生产经营活动资金需求的贷款。商户小额贷款是指向城乡地区从事生产、贸易等活动的私营企业主（包括个人独资企业主、合伙企业个人合伙人、有限责任公司个人股东等）、个体工商户和城镇个体经营者等微小企业主发放的用于满足其生产经营资金需求的贷款。

案例拓展阅读4：近年来，邮储银行庆阳市分行积极响应国家政策号召，结合地域实际，先后推出支持青年群体返乡创业的“个人产业链贷款”“极速贷”“邮享贷”“创业担保贷款”等信贷产品，在返乡创业阶段做好融资服务，给予创业项目融资支持。据悉，今年以来截至3月26日，该行已为创业青年发放创业类贷款2289万元，支持有志青年创业创新，追逐梦想。

小任务3：了解中国邮政储蓄银行小额贷款的业务品种、办理流程、还款方式。

（五）小额贷款公司

小额贷款公司是由自然人、企业法人与社会组织投资设立，不吸收公众存款，经营小额贷款业务的有限责任公司或股份有限公司。与银行相比，小额贷款公司更为便捷、迅速，适合中小企业、个体工商户的资金需求；与民间借贷相比，小额贷款更加规范、贷款利息可双方协商。小额贷款公司是企业法人，有独立的法人财产，享有法人财产权，以全部财产对其债务承担民事责任。小额贷款公司股东依法享有资产收益、参与重大决策和选择管理者等权利，以其认缴的出资额或认购的股份为限对公司承担责任。小额贷款公司应遵守国家法律、行政法规，执行国家金融方针和政策，执行金融企业财务准则和会计制度，依法接受各级政府及相关部门的监督管理。

案例拓展阅读5：按照中国人民银行现行规定，小额贷款公司贷款利率上限为基准利率的4倍。小额贷款公司贷款利率制定基准：按照市场原则自主确定；上限放开，但不得超过同期银行贷款利率的四倍；下限为中国人民银行公布的贷款基准利率0.9倍。

（六）村镇银行

1. 机构简介

村镇银行是指经中国银行业监督管理委员会依据有关法律、法规批准，由境内外金融机构、境内非金融机构企业法人、境内自然人出资，在农村地区设立的主要为当地农民、农业和农村经济发展提供金融服务的银行业金融机构，

2. 业务范围

村镇银行可经营吸收公众存款，发放短期、中期和长期贷款，办理国内结算，办理票据承兑与贴现，从事同业拆借，从事银行卡业务，代理发行、代理兑付、承销政府债券，代理收付款项及代理保险业务，以及经银行业监督管理机构批准的其他业务。按照国家有关规定，村镇银行还可代理政策性银行、商业银行和保险公司、证券公司等金融机构的业务。村镇银行应建立适合自身业务发展的授信工作机制，合理确定不同借款人的授信额度。在授信额度以内，村镇银行可以采取一次授信、分次使用、循环放贷的方式发放贷款。村镇银行发放贷款应坚持小额、分散的原则，提高贷款覆盖面，防止贷款过度集中。村镇银行对同一借款人的贷款余额不得超过资本净额的5%，对单一集团企业客户的授信余额不得超过资本净额的10%。

案例拓展阅读6：春耕不辍，全力助农扶农。3月正值春耕生产的关键时期，太湖江淮村镇银行各网点走到田间地头，走访种植大户，充分了解普惠金融主体的金融需求，主动提供多元化、适合农户需求的最新银行金融产品。截至3月末，太湖江淮村镇银行共发放种植户贷款150余笔、1700余万元。

小任务4：了解村镇银行和农村信用社的概念，指出两个机构的不同之处。

（七）农村资金互助社

农村资金互助社，指的是一种由农民和农村小企业按照自愿原则发起设立的为入股社员服务、实行社员民主管理的新型农村银行业金融机构、农村资金互助社是由乡镇、行政村农民、农村小企业自愿入股组成，由10名以上符合银行业监管部门规定要求的社员发起设立，注册资本、营业场所、管理制度等达到监管部门规定要求，银行业监管部门批准成立的新型农村金融服务机构。

农村资金互助社实行社员民主管理，以服务社员为宗旨，谋求社员共同利益。农村资金互助社是独立的法人，对社员股金、积累及合法取得的其他资产所形成的法人财产，享有占有、使用、收益和处分的权利，并以上述财产对债务承担责任。农村资金互助社的合法权益和依法开展经营活动受法律

保护，任何单位和个人不得侵犯。农村资金互助社社员以其社员股金和在本社的社员积累为限对该社承担责任。农村资金互助社从事经营活动，应遵守有关法律法规和国家金融方针政策，诚实守信，审慎经营，依法接受银行业监督管理机构的监管。

案例拓展阅读 7：位于瓯海的侨乡花卉专业合作社资金互助会是温州地区规模最大的资金互助会。在花卉资金互助会办公室里，前来申请贷款的人络绎不绝。目前已经吸收会员 858 名，入会资金 1108 万元，存款 3870 万。开业近两年来，除了留有 10%的存款准备金外，其余资金已经全部贷出，目前已累计发放 1.2 亿元贷款。总经理戴绍旺介绍说，银行通常不受理农户贷款需求，尤其额度小、还无抵押物。但通常，这样的农户更需要金融的支持。因此互助会对 2 万元以下的贷款，基本上采取信用贷款，而且年息仅 4.2%，这也是对农民极大的扶持。

第二节　创业贷款与融资政策

> 为落实就业优先政策，支持重点群体就业创业，引导金融机构加大创业担保贷款投放。
>
> ——财政部《普惠金融发展专项资金管理办法》

一、创业贷款

（一）创业担保贷款政策

（1）创业担保贷款，是指以符合规定条件的创业者个人或小微企业为借款人，由创业担保贷款担保基金或政府性融资担保机构提供担保，由经办银行发放，由财政部门给予贴息，用于支持个人创业或小微企业吸纳就业的贷款业务。创业担保贷款担保基金，是指由地方政府出资设立的，用于为创业担保贷款提供担保的基金。创业担保贷款担保基金由政府指定的公共服务机构或其委托的政府性融资担保机构负责运营管理。政府性融资担保机构，是指依法设立，由政府及其授权机构出资并实际控股，以服务小微企业和“三农”主体为主要经营目标的融资担保机构。经办银行，是指综合考虑贷款便利度、贷款利率、服务评价等因素，按程序择优选取，为符合条件的个人或小微企业发放创业担保贷款的银行业金融机构。

（2）为落实就业优先政策，支持重点群体就业创业，引导金融机构加大创业担保贷款投放，专项资金安排支出用于对财政贴息支持的创业担保贷款给予一定奖补。

（3）符合以下条件的个人可申请创业担保贷款和财政贴息支持：

①属于重点就业群体。包括城镇登记失业人员、就业困难人员（含残疾人）、退伍军人、刑满释放人员、高校毕业生（含大学生村干部和留学回国学生）、化解过剩产能企业职工和失业人员、返乡创业农民工、网络商户、脱贫人口、农村自主创业农民；

②除助学贷款、脱贫人口小额信贷、住房贷款、购车贷款、5 万元以下小额消费贷款（含信用卡消费）以外，申请人提交创业担保贷款申请时，本人及其配偶无其他贷款。

（4）符合以下条件的小微企业可申请创业担保贷款和财政贴息支持：

①属于现行中小企业划型标准规定的小型、微型企业；

②小微企业在申请创业担保贷款前 1 年内新招用符合创业担保贷款申请条件的人数达到企业现有在职职工人数 10%（超过 100 人的企业达到 5%），并与其签订 1 年以上劳动合同；

③无拖欠职工工资、欠缴社会保险费等违法违规信用记录。

（5）对符合条件的创业担保贷款，财政部门给予贷款实际利率 50% 的财政贴息。对展期、逾期的创业担保贷款，财政部门原则上不予贴息，国务院另有规定的除外。

（6）鼓励有条件的地方对创业担保贷款逐步降低或免除反担保要求。符合以下条件之一的创业担保贷款，原则上取消反担保：

①个人申请的 10 万元以下的创业担保贷款；

②全国创业孵化示范基地或信用社区（乡村）推荐的创业项目；

③获得市（设区市）级以上荣誉称号的创业人员、创业项目、创业企业申请的创业担保贷款；

④经金融机构评估认定、符合信用贷款发放条件的创业者个人或小微企业申请的创业担保贷款；

⑤经营稳定守信的二次创业者等特定群体申请的创业担保贷款。

（7）申请创业担保贷款贴息支持的个人或小微企业应向当地人力资源和社会保障部门申请资格审核，通过资格审核的个人或小微企业，向当地创业担保贷款担保基金运营管理机构或政府性融资担保机构提交担保申请，向经办银行提交贷款申请，符合相关担保和贷款条件的，与经办银行签订创业担保贷款合同。

（8）经办银行按照国家财务会计制度和创业担保贷款政策有关规定，计算创业担保贷款应贴息金额，按季度或月度向地市级财政部门申请贴息资金。地市级财政部门应当在1个月内完成审核并向经办银行拨付贴息资金。对实行省直管县的省份，经省级财政部门同意，可由县级财政部门负责相关贴息资金审核拨付工作。

（9）对于符合本办法第五条至第八条有关规定，并符合以下条件的创业担保贷款，可纳入专项资金奖补支持范围：

①个人创业担保贷款额度不超过30万元，贷款期限不超过3年。对符合个人创业担保贷款条件的借款人合伙创业的，可根据合伙创业人数适当提高贷款额度，最高不超过符合条件的个人创业担保贷款额度上限之和的110%且不超过小微企业创业担保贷款额度上限；

②小微企业创业担保贷款额度不超过400万元，贷款期限不超过2年；

③创业担保贷款利率由借款人、经办银行、创业担保贷款担保基金运营管理机构或政府性融资担保机构协商确定，奖补支持的东部地区贷款利率上限为LPR＋50BPs、中部地区和西部地区贷款利率上限为LPR＋150BPs、脱贫地区贷款利率上限为LPR＋250BPs。其中，LPR为1年期贷款市场报价利率。

（10）对还款积极、带动就业能力强、创业项目好的借款个人或小微企业，创业担保贷款到期后可继续申请贷款及贴息支持，累计次数不超过3次。

（11）经省级人民政府同意，各地可结合实际扩大创业担保贷款贴息支持范围、提高贷款额度上限、贷款利率上限和贴息比例。

（12）对于超出本办法规定创业担保贷款额度上限的部分，专项资金不予奖补支持。对于突破本办法规定创业担保贷款贴息支持范围、贷款利率上限或贴息比例的贷款，专项资金不予奖补支持。奖补资金可统筹用于创业担保贷款贴息、创业担保贷款担保基金补充、创业担保贷款风险补偿、提升个人或小微企业申领创业担保贷款便利度信息化支持等相关工作。

（二）创业担保贷款申请流程（见图8-6）

（1）申请

符合条件的申请人向创业担保贷款经办机构申请创业担保贷款，并提供以下材料：

①《创业担保贷款申请审批表》；

②户口本和身份证原件及复印件；

③《就业创业证》原件及复印件；

④营业执照或网上创业认定证明原件及复印件；

⑤在校大学生提供全日制普通高等学校在读证明；高校毕业生提供毕业证书原件及复印件；退伍军人提供《退伍证》原件及复印件；就业困难人员提供相应证明材料原件及复印件；

⑥已婚人员须提供婚姻证明原件及复印件；

⑦网上创业人员须提供网店主页截图、近 12 个月网上交易明细截图；

⑧需要提供的其他材料。

（2）审核

创业担保贷款经办机构收到创业担保贷款申请资料后，及时组织对申请人资格和创业项目审核，核定贷款额度和期限，出具《创业担保贷款贴息资格认定表》。

（3）担保

一类贷款申请人持《认定表》到指定的担保机构申请担保。担保机构按创业担保业务相关规定进行调查审核，对符合条件的，签订担保合同。

（4）放贷

一类贷款申请人持有效担保合同及相关资料到承办银行申请放贷。二类贷款申请人可凭《认定表》直接向银行申请放贷。

（5）备案

申请人获得贷款后，应在 20 天内携带银行贷款协议到创业担保贷款经办机构进行备案登记。

（6）贴息

申请人归还贷款本息后，可到创业担保贷款经办机构申请贴息。

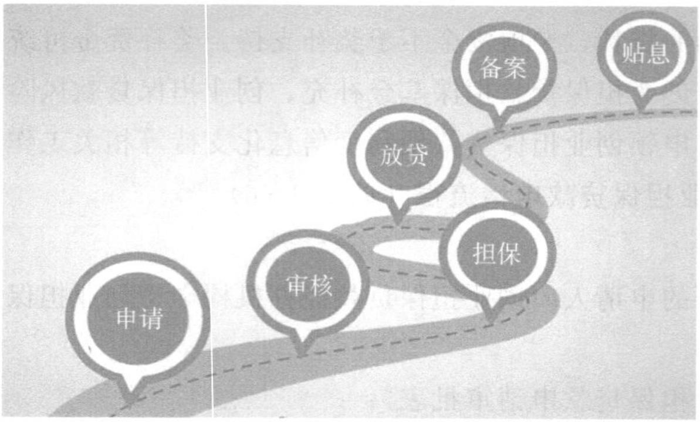

图 8－6　创业担保贷款申请流程

二、创业融资

（一）创业融资渠道

1. 银行贷款

（1）个人创业贷款

创业贷款是指具有一定生产经营能力或已经从事生产经营活动的个人，因创业或再创业提出资金需求申请，经银行认可有效担保后而发放的一种专项贷款。符合条件的借款人，根据个人的资源状况和偿还能力，最高可获得单笔 50 万元的贷款支持；对创业达一定规模或成为再就业明星的人员，还可提出更高额度的贷款申请。创业贷款的期限一般为 1 年，最长不超过 3 年。

（2）商业抵押贷款

银行对外办理的许多个人贷款，只要抵押手续符合要求，银行就会不问贷款用途。需要创业的人，可以灵活地将个人消费贷款用于创业。抵押贷款金额一般不超过抵押物评估价的 70%，贷款最高限额为 30 万元。如果创业需要购置沿街商业房，可以用拟购房子作抵押，向银行申请商用房贷款，贷款金额一般不超过拟购商业用房评估价值的 60%，贷款期限最长不超过 10 年。

（3）保证贷款

保证贷款是担保人以其自有的资金和合法资产保证借款人按期归还贷款本息的一种贷款形式。如借款人到期不能偿还债务即由担保人履行保证义务。保证贷款为客户生产经营活动提供信贷资金支持。贷款期限最长不得超过 7 年，其中贷款宽限期不得超过 3 年。如果你没有存单、国债，也没有保单，但你的家人或亲朋好友有一份稳定的收入，那么这也能成为绝好的信贷资源。

2. 典当贷款

典当是以实物为抵押，以实物所有权转移的形式取得临时性贷款的一种融资方式。典当物品的范围包括：金银珠宝、古玩字画、有价证券、家用电器、汽车、服装等私人财物。典当行一般按照抵押商品现时市场零售价的 50%～80%估价，到期不能办理赎回的可以办理续当手续。典当贷款也是一条简便、快捷、安全、可靠的融资渠道。

3. 贷款担保

贷款担保是指银行在发放贷款时，要求借款人提供担保，以保障贷款债权实现的法律行为。在贷款中风险控制方面，银行不愿在小额贷款上投放，有一个重要的原因是银行此类贷款的管理成本较高。而收益并不明显，对于这类贷款，担保机构可以通过优化贷中管理流程，形成对于小额贷后管理的个性化服务，分担银行的管理成本，免去银行后顾之忧。中文名贷款担保方式有保证、抵押和质押。

4. 合伙入股

合伙创业不但可以有效筹集到资金，还可以充分发挥人才的作用，并且有利于对各种资源的利用与整合。合伙投资要特别注意以下问题：一是要明晰投资份额；二是要加强信息沟通；三是要事先确立章程。

5. 特许加盟

特许经营是指特许者将自己所拥有的商标、商号、产品、专利和专有技术、经营模式等以合同的形式授予被特许者使用，被特许者按合同规定，在特许者统一的业务模式下从事经营活动，并向特许经营者支付相应的费用，现阶段连锁经营已成为一种带领市场潮流的营销模式。

小任务：思考以上几种融资渠道各有什么优劣？

（二）融资政策

1. 加大贷款支持

各地要加强与相关金融机构合作，创新金融产品和服务，加大对返乡、入乡创业企业金融支持。推动城市商业银行、农村商业银行、农村信用社业务逐步回归本源，县域吸收的存款优先用于返乡入乡创业。鼓励和支持国有商业银行合理赋予县域支行信贷业务审批权限，激发县域支行支持返乡入乡创业融资积极性。支持相关银行对暂时存在流动资金贷款偿还困难且符合相关条件的返乡入乡创业企业给予展期。适当提高对返乡、入乡创业企业贷款不良率的容忍度。（人民银行、财政部、银保监会等按职责分工负责）

2. 引导直接融资

切实发挥国家中小企业发展基金、国家新兴产业创业投资引导基金及各地的产业引导基金、创业投资基金等作用，撬动更多社会资本支持返乡入乡创业。进一步放开资本市场，积极利用上市、发行债券等方式拓宽融资渠道。支持私募股权投资基金加大对返乡、入乡创业支持力度。加大债券产品创新，支持返乡入乡创业企业通过发行创新创业公司债券等进行融资。（工业和信息化部、财政部、发展改革委、证监会、人民银行、银保监会等按职

责分工负责）

3. 创新担保方式

探索实施返乡入乡创业信用贷款政策，鼓励在返乡创业试点地区拓展返乡入乡创业企业信用贷款业务。完善创业担保贷款政策，放宽小微企业创业担保贷款申请条件。加快完善政府性融资担保体系，充分发挥国家融资担保基金等作用，积极为符合条件的返乡入乡创业市场主体实施融资担保。推广“银行保险＋政策性担保”合作融资模式，鼓励保险公司为返乡、入乡创业人员提供贷款保证保险产品。（银保监会、财政部、人民银行、人力资源和社会保障部、发展改革委等按职责分工负责）

4. 扩大抵押物范围

加快宅基地、集体建设用地及农房等农村不动产确权登记，完善集体经营性建设用地抵押制度。在宅基地制度改革试点框架下，有条件的地区按照风险可控原则，稳妥探索宅基地使用权抵押贷款业务。探索实施利用大型农机具、股权、商标、应收账款等抵（质）押贷款，不断拓展抵（质）押物范围。（自然资源部、农业农村部、人民银行、银保监会等按职责分工负责）

案例拓展阅读：存入“绿水青山”，取出“金山银山”！2023 年 7 月 1 日，由浙江省发改委等六部门联合印发的《关于两山合作社建设运营的指导意见》（以下简称《指导意见》）正式施行。到 2025 年，浙江省将基本健全“两山合作社”的建设机制，推动生态产品价值实现的体制机制和政策框架基本建立，形成一批可复制可推广的成功经验。这意味着，此前在安吉、常山等地零星探索的“两山合作社”，步入在浙江省域层面推进的快车道。“绿水青山就是金山银山”，是习近平总书记在浙江省工作时提出的科学论断，也是习近平生态文明思想的重要内容。从“绿水青山”到“金山银山”，创新转化通道是关键，而“两山合作社”正是一种有效路径。“两山合作社”通过将山、水、林、房等碎片化的生态资源规模化收储、专业化整合、市场化运作，让分散的资源聚起来，让沉睡的资产活起来，最终实现生态资源变成资产、资本的高效转化，让群众的口袋鼓起来。根据《指导意见》，浙江省县级“两山合作社”由县级人民政府授权的国有企业依法牵头成立，也可以利用现有的国有企业承接“两山合作社”的职能。同时，也可成立市级和乡镇级的“两山合作社”，构建市、县、乡三级运营体系。

第三节　税收优惠政策与创业补贴

> 要加强对大学生创新创业的财税扶持和金融政策支持。加大中央高校教育教学改革专项资金支持力度。落实落细减税降费政策，做好纳税服务，强化精准支持。
>
> ——国务院办公厅《关于进一步支持大学生创新创业的指导意见》

一、乡村创业税收优惠政策

（一）小微企业税费优惠

（1）小规模纳税人阶段性免征增值税

【享受主体】

增值税小规模纳税人。

【优惠内容】

自 2022 年 4 月 1 日至 2022 年 12 月 31 日，增值税小规模纳税人适用 3%征收率的应税销售收入，免征增值税；适用 3%预征率的预缴增值税项目，暂停预缴增值税。

【享受条件】

小规模纳税人适用 3%征收率的应税收入，免征增值税。

【政策依据】

①《财政部税务总局关于对增值税小规模纳税人免征增值税的公告》（2022 年第 15 号）

②《国家税务总局关于小规模纳税人免征增值税等征收管理事项的公告》（2022 年第 6 号）

（2）小型微利企业减免企业所得税

【享受主体】

小型微利企业

【优惠内容】

①自 2021 年 1 月 1 日至 2022 年 12 月 31 日，对小型微利企业年应纳税所得额不超过 100 万元的部分，减按 12.5%计入应纳税所得额，按 20%的税率缴纳企业所得税。

②自2022年1月1日至2024年12月31日，对小型微利企业年应纳税所得额超过100万元但不超过300万元的部分，减按25%计入应纳税所得额，按20%的税率缴纳企业所得税。

【享受条件】

小型微利企业是指从事国家非限制和禁止行业，且同时符合年度应纳税所得额不超过300万元、从业人数不超过300人、资产总额不超过5000万元等三个条件的企业。

从业人数，包括与企业建立劳动关系的职工人数和企业接受的劳务派遣用工人数。所称从业人数和资产总额指标，应按企业全年的季度平均值确定。具体计算公式如下：

季度平均值＝(季初值＋季末值)÷2

全年季度平均值＝全年各季度平均值之和÷4

年度中间开业或者终止经营活动的，以其实际经营期作为一个纳税年度确定上述相关指标。

【政策依据】

①《财政部税务总局关于实施小微企业和个体工商户所得税优惠政策的公告》(2021年第12号）第一条

②《国家税务总局关于落实支持小型微利企业和个体工商户发展所得税优惠政策有关事项的公告》(2021年第8号）第一条

③《财政部税务总局关于进一步实施小微企业所得税优惠政策的公告》(2022年第13号)

④《国家税务总局关于小型微利企业所得税优惠政策征管问题的公告》(2022年第5号)

(3）增值税小规模纳税人、小微企业和个体工商户减免地方“六税两费”

【享受主体】

增值税小规模纳税人、小型微利企业和个体工商户。

【优惠内容】

①自2022年1月1日至2024年12月31日，由省、自治区、直辖市人民政府根据本地区实际情况，以及宏观调控需要确定，对增值税小规模纳税人、小型微利企业和个体工商户可以在50%的税额幅度内减征资源税、城市维护建设税、房产税、城镇土地使用税、印花税（不含证券交易印花税)、耕地占用税和教育费附加、地方教育附加。

②增值税小规模纳税人、小型微利企业和个体工商户已依法享受资源

税、城市维护建设税、房产税、城镇土地使用税、印花税、耕地占用税、教育费附加、地方教育附加等其他优惠政策的，可叠加享受本公告第一条规定的优惠政策。

【享受条件】

①本政策适用于增值税小规模纳税人、小微企业、个体工商户。

②本政策中的小型微利企业，是指从事国家非限制和禁止行业，且同时符合年度应纳税所得额不超过300万元、从业人数不超过300人、资产总额不超过5000万元等三个条件的企业。

从业人数，包括与企业建立劳动关系的职工人数和企业接受的劳务派遣用工人数。所称从业人数和资产总额指标，应按企业全年的季度平均值确定。具体计算公式如下：

季度平均值＝（季初值＋季末值）÷2

全年季度平均值＝全年各季度平均值之和÷4

年度中间开业或者终止经营活动的，以其实际经营期作为一个纳税年度确定上述相关指标。小型微利企业的判定以企业所得税年度汇算清缴结果为准。登记为增值税一般纳税人的新设立的企业，从事国家非限制和禁止行业，且同时符合申报期上月末从业人数不超过300人、资产总额不超过5000万元等两个条件的，可在首次办理汇算清缴前按照小型微利企业申报享受第一条规定的优惠政策。

③由省、自治区、直辖市人民政府根据本地区实际情况，以及宏观调控需要在50%的税额幅度内确定减征。

【政策依据】

①《财政部税务总局关于进一步实施小微企业“六税两费”减免政策的公告》（2022年第10号）

②《国家税务总局关于进一步实施小微企业“六税两费”减免政策有关征管问题的公告》（2022年第3号）

（4）符合条件的缴纳义务人免征有关政府性基金

【享受主体】

符合条件的缴纳义务人。

【优惠内容】

免征教育费附加、地方教育附加、水利建设基金。

【享受条件】

按月纳税的月销售额不超过10万元，以及按季度纳税的季度销售额不超过 30 万元的缴纳义务人免征教育费附加、地方教育附加、水利建设基金。

【政策依据】

《财政部国家税务总局关于扩大有关政府性基金免征范围的通知》（财税〔2016〕12 号）

（5）符合条件的增值税小规模纳税人免征文化事业建设费

【享受主体】

符合条件的增值税小规模纳税人。

【优惠内容】

增值税小规模纳税人中月销售额不超过 2 万元（按季纳税 6 万元）的企业和非企业性单位提供的应税服务，免征文化事业建设费。

【享受条件】

月销售额不超过 2 万元（按季纳税 6 万元）的增值税小规模纳税人，免征文化事业建设费。

【政策依据】

《财政部国家税务总局关于营业税改征增值税试点有关文化事业建设费政策及征收管理问题的通知》（财税〔2016〕25 号）

（6）符合条件的缴纳义务人减征文化事业建设费

【享受主体】

符合条件的缴纳义务人。

【优惠内容】

对归属中央收入的文化事业建设费，按照缴纳义务人应缴费额的 50%减征；对归属地方收入的文化事业建设费，各省（区、市）财政、党委宣传部门可以结合当地经济发展水平、宣传思想文化事业发展等因素，在应缴费额 50%的幅度内减征。

【享受条件】

自 2019 年 7 月 1 日至 2024 年 12 月 31 日，对归属中央收入的文化事业建设费，按照缴纳义务人应缴费额的 50%减征；对归属地方收入的文化事业建设费，各省（区、市）财政、党委宣传部门可以结合当地经济发展水平、宣传思想文化事业发展等因素，在应缴费额 50%的幅度内减征。各省（区、市）财政、党委宣传部门应当将本地区制定的减征政策文件抄送财政部、中共中央宣传部。

【政策依据】

《财政部关于调整部分政府性基金有关政策的通知》（财税〔2019〕

46 号）

（二）重点群体创业就业税收优惠

（1）重点群体创业税收扣减

【享受主体】

①纳入全国扶贫开发信息系统的建档立卡贫困人口。

②在人力资源和社会保障部门公共就业服务机构登记失业半年以上的人员。

③零就业家庭、享受城市居民最低生活保障家庭劳动年龄内的登记失业人员。

④毕业年度内高校毕业生。

【优惠内容】

2019 年 1 月 1 日至 2025 年 12 月 31 日，从事个体经营的，自办理个体工商户登记当月起，在 3 年（36 个月）内按每户每年 12000 元为限额依次扣减其当年实际应缴纳的增值税、城市维护建设税、教育费附加、地方教育附加和个人所得税。限额标准最高可上浮 20%，各省、自治区、直辖市人民政府可根据本地区实际情况在此幅度内确定具体限额标准。

【享受条件】

①从事个体经营。

②建档立卡贫困人口、持《就业创业证》（注明“自主创业税收政策”或“毕业年度内自主创业税收政策”）或《就业失业登记证》（注明“自主创业税收政策”）的人员。

【政策依据】

①《财政部税务总局人力资源和社会保障部国务院扶贫办关于进一步支持和促进重点群体创业就业有关税收政策的通知》（财税〔2019〕22 号）第一条、第五条

②《国家税务总局人力资源和社会保障部国务院扶贫办教育部关于实施支持和促进重点群体创业就业有关税收政策具体操作问题的公告》（2019 年第 10 号）第一条

③《财政部税务总局人力资源和社会保障部国家乡村振兴关于延长部分扶贫税收优惠政策执行期限的公告》（2021 年第 18 号）

（2）残疾人创业免征增值税

【享受主体】

残疾人个人。

【优惠内容】

残疾人个人提供的加工、修理修配劳务，为社会提供的应税服务，免征增值税。

【享受条件】

残疾人，是指在法定劳动年龄内，持有《中华人民共和国残疾人证》或者《中华人民共和国残疾军人证（1 至 8 级）》的自然人，包括具有劳动条件和劳动意愿的精神残疾人。

【政策依据】

①《财政部国家税务总局关于全面推开营业税改征增值税试点的通知》（财税〔2016〕36 号）附件 3《营业税改征增值税试点过渡政策的规定》第一条第（六）项

②《财政部国家税务总局关于促进残疾人就业增值税优惠政策的通知》（财税〔2016〕52 号）第八条

二、乡村创业补贴

（一）职业培训补贴政策

【补贴对象】

对参加就业技能培训和创业培训的毕业年度高校毕业生。

【补贴标准】

培训后取得符合规定证书的（包括职业资格证书、职业技能等级证书、专项职业能力证书、培训合格证书），给予一定标准的职业培训补贴。

【申领流程】

向当地人社部门提供基本身份类证明原件或复印件、培训机构开具的税务发票（或行政事业性收费票据）等材料。人社部门审核后，将培训补贴支付到申请者本人社会保障卡银行账户（或其他银行账户，由申请者自主选择）或个人信用账户。

【受理机构】

当地人力资源和社会保障部门。

【政策依据】

①《人力资源和社会保障部办公厅财政部办公厅关于发布就业补贴类政策清单及首批地方线上申领平台的通知》（人社厅发〔2020〕44 号）

②《财政部人力资源和社会保障部关于印发〈就业补助资金管理办法〉的通知》（2023 年 12 月 20 日）

（二）职业技能评价补贴政策

【补贴对象】

对通过初次职业技能评价并取得符合规定证书（包括职业资格证书、职业技能等级证书、专项职业能力证书，不含培训合格证）的毕业年度高校毕业生。

【补贴标准】

由当地人力资源和社会保障、财政部门确定。

【申领流程】

高校毕业生向当地人社部门提供基本身份类证明原件或复印件、职业技能评价机构开具的税务发票（或行政事业性收费票据）等材料。人社部门审核后，将补贴资金支付到申请者本人社会保障卡银行账户。

【受理机构】

当地人力资源和社会保障部门。

【政策依据】

①《人力资源和社会保障部办公厅财政部办公厅关于发布就业补贴类政策清单及首批地方线上申领平台的通知》（人社厅发〔2020〕44 号）

②《财政部人力资源和社会保障部关于印发〈就业补助资金管理办法〉的通知》（2023 年 12 月 20 日）

（三）社会保险补贴政策

【补贴对象】

对离校 2 年内未就业的高校毕业生灵活就业后缴纳的社会保险费，给予一定数额的社会保险补贴。

【补贴标准】

原则上不超过其实际缴费的 2/3，补贴期限最长不超过 2 年。

【申领流程】

灵活就业的高校毕业生，向当地人社部门提供基本身份类证明原件或复印件、灵活就业证明材料等。人社部门审核后，将补贴资金支付到申请者本人社会保障卡银行账户。

【受理机构】

当地人力资源和社会保障部门。

【政策依据】

①《国务院办公厅关于优化调整稳就业政策措施全力促发展惠民生的通知》（国办发〔2023〕11 号）

②《人力资源社会保障部办公厅财政部办公厅关于发布就业补贴类政策

清单及首批地方线上申领平台的通知》(人社厅发〔2020〕44 号)

③《人力资源社会保障部教育部公安部财政部中国人民银行关于做好当前形势下高校毕业生就业创业工作的通知》(人社部发〔2019〕72 号)

④《财政部人力资源和社会保障部关于印发〈就业补助资金管理办法〉的通知》(2023 年 12 月 20 日)

(四) 一次性求职补贴政策

【补贴对象】

对在毕业学年积极求职创业的低保家庭、零就业家庭、防止返贫监测对象家庭和特困人员中的高校毕业生，残疾及获得国家助学贷款的高校毕业生，给予一次性求职补贴。

【补贴标准】

由省级人力资源和社会保障、财政部门确定。

【办理流程】

符合条件的毕业生所在学校申请求职创业补贴，向当地人社部门提供毕业生获得国家助学贷款(或享受低保、身有残疾、原建档立卡贫困家庭、贫困残疾人家庭、特困救助供养)证明材料、学籍证明复印件等。申请材料经毕业生所在学校初审和公示，报当地人社部门审核后，将补贴资金支付到毕业生本人社会保障卡银行账户。

【受理机构】

当地人力资源和社会保障部门。

【政策依据】

①《关于优化调整稳就业政策措施全力促发展惠民生的通知》(国办发〔2023〕11 号)

②《财政部人力资源和社会保障部关于印发〈就业补助资金管理办法〉的通知》(2023 年 12 月 20 日)

(五) 创业担保贷款及贴息政策

【补助对象】

符合条件的高校毕业生可申请最高 30 万元的个人创业担保贷款，由财政给予贴息。合伙创业的，可根据符合贷款条件的合伙创业人数适当提高贷款额度。

【申领流程】

当地人力资源和社会保障部门确定。

【受理机构】

当地人力资源和社会保障部门。

【政策依据】

①《国务院办公厅关于进一步做好高校毕业生等青年就业创业工作的通知》（国办发〔2022〕13号）

②《关于印发〈普惠金融发展专项资金管理办法〉的通知》（财金〔2023〕75号）

（六）一次性创业补贴政策

【补贴对象】

首次创办小微企业或从事个体经营，且所创办企业或个体工商户自工商登记注册之日起正常运营1年以上的离校2年内高校毕业生。

【补贴标准】

由省级人力资源和社会保障、财政部门确定。

【申领流程】

由省级人力资源和社会保障、财政部门确定。

【受理机构】

当地人力资源和社会保障部门。

【政策依据】

①《关于优化调整稳就业政策措施全力促发展惠民生的通知》（国办发〔2023〕11号）

②《财政部人力资源和社会保障部关于印发〈就业补助资金管理办法〉的通知》（2023年12月20日）

（七）税收优惠政策

【补贴对象】

毕业年度内从事个体经营的高校毕业生、登记失业半年以上的高校毕业生，持《就业创业证》（注明“自主创业税收政策”或“毕业年度内自主创业税收政策”）或《就业失业登记证》（注明“自主创业税收政策”）

【补贴标准】

自办理个体工商户登记当月起，在3年内按每户每年20000元为限额依次扣减其当年实际应缴纳的增值税、城市维护建设税、教育费附加、地方教育附加和个人所得税。限额标准最高可上浮20%，各省、自治区、直辖市人民政府可根据本地区实际情况在此幅度内确定具体限额标准。

【申领流程】

由当地人力资源和社会保障、税务部门确定。

【受理机构】

当地人力资源和社会保障、税务部门。

【政策依据】

①《国务院办公厅关于进一步做好高校毕业生等青年就业创业工作的通知》(国办发〔2022〕13号)

②《财政部税务总局人力资源和社会保障部农业农村部关于进一步支持重点群体创业就业有关税收政策的公告》(2023年第15号)

③《关于延长部分扶贫税收优惠政策执行期限的公告》(财政部税务总局人力资源和社会保障部国家乡村振兴局公告2021年第18号)

(八) 学费补偿和助学贷款代偿、学费减免政策

【资助范围】

①对应征入伍服义务兵役、招收为军士(原士官)、退伍后复学或入学的高等学校学生实行学费补偿、国家助学贷款代偿、学费减免。

②对到中西部地区、艰苦边远地区和老工业基地县以下基层单位就业、履行一定服务期限的中央高校应届毕业生补偿学费或代偿用于学费的国家助学贷款。

【资助标准】

本专科学生每人每年最高不超过16000元，研究生每人每年最高不超过20000元。

【申领流程】

符合条件的高校毕业生可向高校学生资助管理部门申请。

【受理机构】

高校学生资助管理部门。

【政策依据】

①《教育部等四部门关于调整完善助学贷款有关政策的通知》(教财〔2023〕4号)

②《财政部　教育部　人力资源和社会保障部　退役军人部　中央军委国防动员部关于印发〈学生资助资金管理办法〉的通知》(财教〔2021〕310号)

(九) 国家助学贷款免息及本金延期偿还政策

【资助对象】

2024年及以前年度毕业、在2024年内应偿还本金或利息的贷款学生。

通知印发前已经结清国家助学贷款的毕业生，不在此次政策资助范围内。

【覆盖范围】

免除的利息，是贷款学生 2024 年内个人应支付的国家助学贷款利息，包括以前年度逾期贷款在 2024 年内产生的罚息。可申请延期偿还的本金，是贷款学生 2024 年内应偿还的国家助学贷款本金。

【办理流程】

本次免除利息，贷款学生不需申请，由承办银行直接办理。对于以前年度毕业的贷款学生，在通知印发前已偿还的 2024 年利息，如果承办银行尚未扣款，则相应资金不再扣除；如果已扣款，则由承办银行退还贷款学生。对处于还本宽限期的贷款学生，因 2024 年不需偿还贷款本金，故无需申请延期偿还贷款本金政策。对处于贷款偿还本金期的贷款学生，如需延期偿还本金，本人可提出申请，并按承办银行要求履行相关手续；如本人未提交申请，则默认按原合同约定偿还贷款本金。在《通知》印发前，贷款学生已部分偿还或全部偿还的本金，不可再申请延期偿还。

【政策依据】

《关于做好 2024 年国家助学贷款免息及本金延期偿还工作的通知》（财教〔2024〕2 号）

本章综合练习：

1. 你最熟悉的农村金融机构有哪些？你在这些机构都办理过什么业务？

2. 如果你在创业时面临融资困境，你会选择什么渠道来融资？理由是什么？

3. 如果你现在正在创业或有计划创业，结合自身情况，你可以享受哪些政策优惠？

4. 针对创业过程中的困难，你希望得到哪些方面的政策支持？

本章参考文献：

[1] 周阳，查静．农村金融实务 [M]．北京：中国经济出版社，2014.

[2] 胡苗忠，叶梦琪．农村金融实务 [M]．杭州：浙江工商大学出版社，2015.

第九章　实战案例与经验分享

【学习目的】

1. 激发读者对乡村创业的兴趣，深入了解乡村地区的创业机遇和挑战；

2. 提升读者的分析和解决问题的能力，加强创新创业实践；

3. 增进对乡村振兴政策实施及其在实际项目中应用的理解，为未来的创业决策提供参考。

【学习重点】

1. 理解乡村创业的动机和背景，以及在创业过程中面临的挑战与应对策略；

2. 分析案例的运营模式和成功经验，探索其如何利用地方资源吸引游客；

3. 探讨乡村振兴政策对年轻创业者提供的支持和影响，以及政府在项目发展中的角色。

概　述

本章将深入探讨和分析中国乡村创业中的成功案例，重点关注“肆时有意小院”“小春的茶事”“乐田市民农场”这三个创业项目。通过对这些项目的剖析，我们将了解创业者如何在乡村地区发挥自己的创新精神和文化理念，以及如何将传统文化与现代生活方式相结合，从而成功打造一个具有文化特色的休闲空间。通过三位创业者的实战案例与经验分享，总结出乡村振兴创业者应当具备的关键特质和能力，从而在创业过程中确保项目的持续发展和成功运营。这不仅是对个体创业者的启发，也是对乡村振兴战略的实际探索与贡献。

第一节　成功创业案例的深度剖析

新时代中国青年要树立对马克思主义的信仰、对中国特色社会主义的信念、对中华民族伟大复兴中国梦的信心，到人民群众中去，到新时代新天地中去，让理想信念在创业奋斗中升华，让青春在创新创造中闪光！

——2019 年 4 月 30 日习近平总书记在纪念五四运动 100 周年大会上的讲话

一、初创案例——“肆时有意小院”

（一）主理人的基本情况

孙先生是龙门镇的一名居民，作为龙门人的后代，他对家乡有着深厚的情感。孙先生拥有丰富的创业经验和创意头脑，深谙文化与现代元素的结合之道。他决定放弃城市的繁忙生活，回到家乡，致力于将传统文化与现代生活方式相结合，打造一个具有文化特色的休闲空间。

（二）项目的基本情况（见图 9－1）

“肆时有意小院”位于浙江省杭州市富阳区的龙门镇，这里是孙权后裔的最大聚居地，素有“江南宗族文化活化石”之称。龙门镇历史悠久，文化底蕴深厚，2008 年被授予“第四批中国历史文化名镇”称号。小院坐落在龙门山杏梅尖的一段斜坡上，面积约 24 平方公里，环境优美，风景如画。龙门山是国家级风景名胜区“两江一湖”风景区中的一级景区，杏梅尖是富阳境内的第一高峰，山上林木葱茏，绿水萦绕。

图 9－1　肆时有意小院

(三) 目前的经营状况

“肆时有意小院”自成立以来，凭借其独特的主题和优质的服务，迅速吸引了大量游客和顾客。小院主打国风和露营主题，提供下午茶、露营和烧烤等多样化体验。最初依靠咖啡销售盈利，随着顾客需求的变化，小院逐步引入了手工面食等新的服务和产品。孙先生注重产品质量，精选进口咖啡豆与本地咖啡豆混合烘焙，确保了顾客的高度满意度。(见图 9-2)

小院地理位置优越，位于杏梅尖下山的必经之路，充分利用了周边自然景观和龙门古镇的品牌效应。通过在社交平台上的巧妙宣传，如小红书上的高浏览量，小院进一步提升了知名度和吸引力。

图 9-2 “肆时有意小院”露营活动

(四) 未来展望

未来，孙先生计划扩展建立采摘园，为当地经济和就业市场注入新的活力，展示了对乡村旅游和经济发展的深远眼光和承诺。

“肆时有意小院”的成功不仅体现了孙先生的经营智慧，也为龙门镇的文化旅游注入了新活力。通过传统与现代的巧妙结合，小院不仅为游客提供了一个休闲放松的场所，更成为传播龙门镇文化的重要窗口。(见图 9-3)

图 9-3 肆时有意小院

（五）访谈调研记录

问题1～2　青年与乡村振兴的共舞

（1）您可以介绍一下您是如何开始创业的？是什么原因让您选择在乡村地区创业？

答：开始创业的想法可以追溯到大学时期。那时，我已经有了创业的意愿，并与他人合伙开了一家小店。然而，由于经营不善，我们不得不关闭这家店。这次失败在我心里留下了一些阴影。大学毕业后，我选择了就业。然而，经过几年的工作，我意识到我并不喜欢这种一成不变的生活方式，我更想在家乡发展。

去年三月的一个周末，我开车回到了家乡。在院子里泡了一壶茶，看到我们家门口突然多了许多下山的游客。经过了解，我发现我们附近的一座山已经成为徒步胜地。于是，我的脑海中萌生了回乡创业的想法，于是我就在我们家宅基地附近通过和政府租赁土地来发展事业。

（2）在创业过程中，您遇到的最大挑战是什么？您是如何克服这些挑战的？

答：最大的挑战在于对开店意识的不足。具体来说，这家店的运营完全是我亲力亲为。这种做法的好处是能够掌握每一个细节，但其弊端也显而易见：后期进行调整时，往往会打破前期的设想。在经历了一两次这样的情况后，我开始制订计划。尽管这些计划并不十分完善，但与以前相比已经有了显著的改善，逐渐掌握了整体和部分的协调管理。

问题3～4　乡村振兴的宏观视野

（3）您认为乡村振兴战略为青年创业提供了哪些具体的机会和平台？

答：我认为这一战略在某些方面还可以进一步完善。尤其是在乡村地区，信息传播还存在一定的不足，很多人，包括负责相关事务的人员，对具体的战略内容还不够了解。因此，我建议政府进一步落实相关政策，并为基层干部提供专门的培训，以确保他们在面对创业青年的咨询时，能够准确地传达本村的具体政策。

（4）政府在支持您创业方面提供了哪些帮助和政策支持？这些政策对您的创业有什么具体的影响？

答：在创业初期，我主要依靠自身的努力来建设项目。然而，随着项目的成型，政府也提供了宣传支持。特别是镇党委书记，他对我的设计非常感兴趣，经常带记者朋友来参观，这实际上也反映了政策的支持。后来，我了解到龙门古镇主打古镇文化，对于在古镇内部创业的人，无论是本地人还是外地人，政府都会提供房租减免优惠。我在祖宅基础上进行改建，并在扩建时从村里租赁了一部分土地，这些租金相对较低，因此也受益于这一政策。

问题 5～7　青年创业者的自我修炼

（5）您认为创业者应该具备哪些核心素质和能力？您是如何培养这些素质和能力的？

答：首先，吃苦耐劳的精神是必不可少的。例如，我院子里的每一块砖几乎都经过我的亲手处理，这体现了亲力亲为的态度。其次，创业者需要能够忍受孤独。我曾经预想到开店后的半年时间内可能没有生意，因此能够耐得住寂寞是很重要的。最后，良好的心态也是关键，必须不断提醒自己，遇到的所有困难都是人生的财富。

为了培养这些素质和能力，我在创业过程中坚持亲身参与每一个细节，培养了吃苦耐劳的精神。同时，我通过设定长远目标和预期困难，锻炼了自己的耐心和毅力。面对挫折时，我学会了调整心态，将每一次挑战视为成长的机会，从而不断提高自身的素质和能力。

（6）在创业过程中，您是如何保持积极心态和应对压力的？

答：在遇到挫折时，我的第一反应通常是感到苦恼和暴躁。然而，我冷静下来的速度也很快。我会告诉自己，事情既然已经发生，继续苦恼无济于事，不如专注于如何解决问题或将损失降到最低。此外，我会选择每隔一段时间回到城市休息，作为一种补偿和调节。这种方法不仅帮助我缓解压力，也让我能够更好地保持积极心态，继续面对创业中的挑战。

（7）您认为您的创业项目有哪些创新点？这些创新点是否带来了效益？

答：我的创业项目虽然谈不上有多么显著的创新点，但确实有一些独特之处。我的院子之所以开起来，原因有很多：一方面是我之前提到的看到这里人流量大；另一方面是因为我一直以来都有创业的心愿，正好这些因素结合在一起，促成了我的项目。

我的院子主要有两个主题：一个是国风主题，另一个是露营主题。主要经营下午茶、露营和烧烤等项目。如果要说创新点，可能是这里的风景优美，非常适合拍照。然而，真正的创新点是在实际运营过程中由顾客提出的建议。例如，有游客建议我在这里提供面食，起初我没有考虑这个建议，因为我将这里定位为咖啡店。但随着提出这个建议的顾客越来越多，我决定让我的母亲尝试制作面食。结果，我母亲做的面食比我的咖啡还受欢迎。

这种顾客驱动的创新不仅提升了顾客满意度，还显著提高了我们的营业收入。这些创新点在项目的成功中发挥了重要作用。

问题8～10　寻找并确定创业机会

（8）在选择创业项目时，您是如何进行市场分析和项目定位的？

答：在选择创业项目时，我首先注意到这里有较大的游客流量，结合我一直以来的创业愿望，便决定在此开店。我认为做生意需要具备换位思考的能力。为了深入了解下山游客的需求，我会亲自进行登山体验，以便掌握他们的饮食和休闲偏好。因此，经营生意的关键在于深入了解顾客的需求，成为顾客的一员，甚至超越他们的期望。通过这种方式，我能够更准确地进行市场分析和项目定位，确保创业项目的成功。

（9）您是如何设计您的商业模式和盈利模式的？能否分享一些具体的方法和策略？

答：虽然我不是商业领域的专业人士，但我的商业模式和盈利模式主要是基于顾客反馈不断调整和改进的。起初，我的院子主要依靠销售咖啡盈利，但随着顾客的需求不断变化，我开始增加新的服务和产品。例如，有许多顾客建议我们提供面食，最终我母亲制作的面食成了一个受欢迎的项目，甚至比咖啡还要受欢迎。

这种灵活应对顾客需求的方法极大地提高了我们的盈利能力。通过不断倾听顾客的意见并迅速作出相应的调整，我们的商业模式逐渐成型，盈利模式也随之完善。这不仅帮助我们提高了客户满意度，还使我们在竞争中保持了优势。

此外，我们还通过与当地面店建立联系，确保原材料的稳定供应，同时提升了我们在镇上的知名度。这样，灵活的经营策略和对顾客需求的敏锐把握成为我们商业模式和盈利模式成功的关键。

（10）您在创业过程中是如何管理资金和控制风险的？

答：在资金管理方面，我主要侧重于控制成本和确保盈利。成本控制是关键所在，我尽量通过优化食材采购和使用，确保在保证质量的前提下控制成本。此外，我也注重通过与顾客的互动建立长期关系，前期的盈利并不是主要追求，而是希望通过推广店铺或自己来吸引顾客，从而增加回头客和口碑传播。

在风险管理方面，我意识到一些自然风险是无法完全控制的，例如最近的梅雨导致我这边因靠山而发生的塌方问题。然而，资金风险相对较低，因为我初始投入的成本是一次性的，没有额外的租金等杂费。这种经营策略帮助我有效管理资金，同时减少了经营过程中的财务风险。

问题 11～13　创业实施与运营策略

(11) 您是如何制订和执行创业计划的？

答：在制订创业计划时，我注重提前规划和专业执行。例如，在解决水电问题时，我会提前规划每个区域的需求，并确保相关设施在草坪铺设之前就已埋设完毕，以避免后续不必要的重复工作和成本增加。我意识到在面对专业问题时，需要专业人士的帮助，因此，尽管一开始可能考虑节约成本，但后来我意识到委托给专业人士执行会更加高效和经济。这种策略不仅帮助我避免了后期成本的增加，还确保了创业计划的顺利执行和高质量完成。

(12) 您是如何进行产品和品牌的市场营销和推广的？哪些渠道和方法效果最好？

答：在产品和品牌的市场营销方面，我注重产品的质量和竞争力。例如，我主打的咖啡产品，我会选择进口的咖啡豆，并与云南产的咖啡豆进行混合烘焙。这种产品质量的保证使得顾客们反馈良好，口口相传。类似地，我还推出了柠檬茶，只有在我自己确认口感良好后才会推广销售。在市场宣传方面，我并未投入大量资金，主要依靠口碑传播和朋友间的推荐。这种方法虽然渠道有限，但效果却显著，朋友们在享受我产品的同时也会自发地推荐给他们的朋友。

尽管我尝试过一些其他渠道，如社交媒体和电话宣传，但效果并不明显。现在，平民化的市场营销策略越来越难以实现，因此我更专注于通过产品质量和口碑来吸引更多的顾客和支持者。

(13) 您是如何建立和管理您的创业团队的？如何培养团队的协作和领导力？

答：目前，我的创业团队主要由我和我的母亲组成，需要时会召集村里的阿姨来帮忙。这些工作主要是端茶倒水等简单活动，因此阿姨们都能够胜任。由于村里的老年人较多且有闲暇时间，这种安排既有利于服务团队的组建，也符合他们的个人利益。

虽然目前团队规模较小且主要由家人和村民组成，但我仍努力培养团队成员的协作精神和领导力。通过赋予团队成员适当的职责和任务，我希望能够激励他们在服务中发挥更大的作用，并建立更紧密的协作关系。未来，随着业务的扩展，我计划逐步引入更多专业能力和团队领导力培养措施，以提升团队的整体效能和协作能力。

问题 14～15　农业创业实战

(14) 您的创业项目是如何利用乡村的自然资源和人文资源的？

答：我的店位于杏梅尖全程下山的必经之路，可以说是充分利用了这一自然资源。同时，我还依托龙门古镇这一地方品牌，龙门古镇曾举办过旅游推广大会，确定了三条旅游线路，将我的店铺纳入其中。杏梅尖和龙门瀑布在社交平台小红书上的浏览量已经达到了数百万次，这进一步增强了我的店铺的知名度和吸引力。

通过充分利用乡村的自然景观和地方文化资源，我成功地将我的创业项目与当地的旅游资源紧密结合，吸引了大量游客和顾客的关注和光顾。这种策略不仅提升了我的店铺的市场地位，还为当地经济和旅游业的发展作出了积极贡献。

（15）您是如何应用农业科技提升生产效率和竞争力的？

由于本项目定位为乡村庭院改造设计，目前未生产农产品，故暂不回答。

问题16～17　乡村旅游与文创产业的创业实践

（16）您的创业项目对当地的农村经济和社区生活带来了哪些改变？

答：尽管目前项目规模较小，难以显著影响当地经济，但未来，我计划在项目中增设一个采摘园，预期将为当地创造多个就业岗位。此外，我也欢迎有志之士共同参与合作，共同探索更多创新想法。

（17）您是如何将乡村文化元素转化为具有市场价值的创意产品的？

答：转化乡村文化元素为市场价值的创意产品是一项具有挑战性的任务。最初，我考虑利用我家拼配的咖啡豆作为产品推广的方式，但每次带回的豆子数量有限，成本也较高。随后，我思考到可以开设自烘咖啡豆的体验服务，让顾客亲自参与制作一杯咖啡，从而增加产品的互动性和体验感。

文化元素的推广确实面临诸多挑战，不仅限于我个人的情况，镇上许多产品也在自主研发和创新。然而，龙门古镇在这方面仍有改进的空间，目前主要以竞价销售为主，缺乏固定的产品标准。政府完全可以通过设立统一的产品标准来推动市场的规范化发展。比如龙门面筋作为我们的当地特色，品质良莠不齐，价格也参差不齐。这种情况导致了市场上龙门面筋口碑不一，有些便宜的产品甚至被市场压价，影响了整体的消费者体验和产品认知。

问题18～19　农村电商创业实战

（18）您的项目是如何利用农村电商平台或网络平台来拓展销售渠道的？

由于本项目定位为乡村庭院改造设计，目前未生产农产品，故暂不回答。

(19) 您是如何建设高效的物流配送体系，确保农产品及时送达消费者手中的?

由于本项目定位为乡村庭院改造设计，目前未生产农产品，故暂不回答。

问题 20　乡村金融服务与政策支持

(20) 您在创业过程中有遇到过资金短缺的问题吗? 您是如何解决融资问题的?

答：在创业过程中，我比较幸运地避免了资金短缺的问题。由于家庭背景是商业型的，我的投资人大多来自家人，他们给予我大力支持，这使我能够顺利解决融资问题并开展我的创业计划。

问题 21　经验分享与建议忠告

(21) 您对其他有意向在乡村创业的青年有什么建议和忠告?

答：当你计划在乡村创业时，建议首先做好全局规划。在开始任何事情之前，确保详细了解当地的政府政策，如果您对当地政策不熟悉，可以向上级政府部门寻求帮助和建议。同时，保持平常心很重要，创业不仅仅是追求利润，还要有承受亏损的准备，要有长远的发展眼光。

至于忠告，我觉得我资历还不够，更多的是基于我个人的经验。农村创业实际上是一个很好的选择，特别是对于那些厌倦城市生活的人来说。如果你有创业的想法，不妨考虑回乡创业，我真的很建议有想法的年轻人回到乡村创业。

二、成功案例——“小春的茶事”

(一) 主理人基本情况 (见图 9-4)

阎春迪，室内设计专业毕业，拥有多年的设计工作经验。他毕业于杭州，心怀家乡情怀，回到慈溪观海卫镇，从事家装设计多年，最终开创了自己的设计公司。在设计工作中，阎春迪不仅关注客户的当前需求，更注重引导客户接受新理念，打造具有审美价值和未来发展的设计。他常常翻阅西方经典建筑学和中国传统诗词集，认为设计应如同写诗、画画一样，讲究虚实相生、起承转合。

阎春迪对自然和茶文化有着深厚的热爱，这种热爱深深植根于他的设计理念中。他总觉得作为一名设计师，应该把最新的理念引导给客户，要有一种引领性，要有审美的空间，而不仅仅是满足客户的当前所需，设计更应该考虑到未来的发展。正是这种美学理念，让他在双湖村创建了“小春的茶事”，一个结合传统与现代、自然与人文的茶文化体验馆。

图 9－4　主理人阎春迪

图 9－5　小春茶室

（二）项目基本情况（见图 9－5）

“小春的茶事”位于浙江省慈溪市观海卫镇双湖村瓦窑头，这里环境幽静，与自然融为一体，提供了一个兼具美学意境和多样化风格的人文茶空间。项目由阎春迪主理，他是一位室内设计专业毕业的创业者，对茶文化有着深厚的热爱与理解，希望通过自己的茶室，将传统品茶的文化价值与现代审美理念相结合。茶室分为两栋建筑，设有自有小院，背靠杜湖和五磊山，景观优美，环境幽静。阎春迪在装修和园艺设计上倾注了大量心血，旨在保留小城市的独特气息，同时营造出一种放松和自在的氛围。

三年前，阎春迪偶然来到双湖村，被这里的自然美景深深吸引。他在瓦窑头独自一人漫步，春雨潇潇中，张岱笔下的湖光山色在他的眼前徐徐展开。这一景象勾起了他年少时的梦想——他不止一次地在画纸上勾勒出《湖心亭看雪》课文上方的空白处，用淡墨画出一叶小舟，轻刷出远山如黛，越过茫茫的湖面。这一叶小舟仿佛预示着他的梦想和未来。

阎春迪在双湖村找到了实现梦想的契机，他决定在这里打造一个属于自己的茶室。双湖村是一个典型的江南村落，东靠杜湖，南临白洋湖，旧时的弄堂诉说着岁月的故事，沿湖而建的村落经历着风霜。阎春迪看中了这里的一间老旧房屋，他似乎看见了这幅画卷里铺展开的小院四季美景：春日草长平湖白鹭飞，夏时雨打芭蕉闲听雨，秋来蒹葭苍苍在水一方，冬日煮茶观雪，邀友共赏山水之美。

图 9－6 “小春的茶事”改造前

（三）目前经营状况

“小春的茶事”通过提供高质量的茶文化体验，吸引了众多茶客的关注和喜爱。游客和当地居民纷纷前来品茶、休闲或举办小型聚会，茶客们在这里不仅享受茶香与花香的交融，还可以在自然环境中感受时间的流逝，体验生活中美学的愉悦。茶室临湖而栖，湖光山色尽收眼底，环境雅致，成为当地的网红打卡点。

阎春迪在茶室的设计上融入了他对空间的独特理解，摒弃了华而不实的大客厅设计，打造了温馨而具有凝聚性的多功能区，让家人们可以一起休息玩耍、一起看书学习，即便无法置身于大自然中，也能拥有放松身心的状态。他认为，合理的空间是能让人处于舒适而又相聚的状态，一个“聚”字让他豁然开朗，从家装设计到会所设计，阎春迪总觉得一些属于自己的理念不能完全落到实处，而“小春的茶事”正是他实现自己理念的地方。（见图 9－6、9－7）

图 9－7 “小春的茶事”改造后

得益于党建引领下的片区组团，美丽而古老的双湖村走上了文艺赋能的发展之路。阎春迪积极参与乡村振兴建设，通过他的努力，双湖村不仅保留了原有的风貌，还焕发出新的生机。湖水依旧轻轻拍打着河埠头，老墙根的青苔依旧无言地攀爬上旧时的砖墙，小弄堂的转角处栀子花的香味是故乡的味道，一切都在阎春迪的精心设计下得到了完美的展现。

(四) 未来展望

目前阎春迪正在进一步开发大河口艺术部落，建立起“飞鸟集”“春·咖”“兔舍里”等多个空间，希望继续通过他的努力，将更多的美学理念和艺术生活点缀乡村，让更多的人感受自然与人文的交融。他期待在这条道路上越走越远，与新农村一起发芽成长，谱写出更多精彩的篇章。他希望通过“小春的茶事”和大河口艺术部落，吸引更多的城里人和年轻人来到双湖村，体验乡村的美好，赋予乡村更多的活力。(见图 9－8)

图 9－8 “春·咖”“兔舍里”

未来，阎春迪计划打造更多独特的文化体验项目。他希望通过与更多文艺工作者的合作，让双湖村成为一个充满创意和活力的艺术村落。阎春迪相信，只要坚持自己的理念，保持对自然和美学的热爱，双湖村的未来将会越来越美好。他期待在这片土地上继续书写属于他的美丽故事，让每一个来到双湖村的人都能感受到那份宁静与美好。

(五) 调研访谈记录

问题 1～2 青年与乡村振兴的共舞

(1) 您可以介绍一下您是如何开始创业的？是什么原因让您选择在乡村地区创业？

答：我开始考虑创业的那段时间里，我意识到需要静心思考未来的方向。我选择在乡村创业，是因为这里的宁静环境能够提供我一个重新出发的机会，同时也为城里人提供了一个能够沉下心来的地方。

(2) 在创业过程中，您遇到的最大的挑战是什么？您是如何克服这些挑战的？

答：在创业的过程中，我遇到的最大挑战是如何与当地居民建立良好的共处关系。由于我是在自己的家乡创业，但之前在城市生活，这使我面临城乡差异的挑战。在农村经营的过程中，城市人的想法和期待与当地居民的传统习惯有时不完全匹配，这是一个关键问题。我意识到，吸引城市人来到农村，促进乡村振兴，是至关重要的。因此，我们必须创造出能够吸引城市人的产品和体验，而不仅仅是迎合当地居民的需求，例如改造闲置的房屋，以及提供符合现代生活需求的服务和设施。

为了解决这些问题，我采取了一些策略。首先，我与政府合作，利用政府资源和支持，进行农村环境的改善和基础设施建设，以吸引更多的城市人前来。其次，我积极参与社区活动，与当地居民建立起良好的交流和合作关系。我每天都会和他们一起聊天、乘凉，了解他们的生活和需求，这有助于建立相互理解和尊重的关系。通过这些努力，我逐渐克服了与当地居民之间的沟通障碍，使我们能够共同推动乡村发展，让农村地区焕发新的生机和活力。

大河口艺术部落这个地方相对更为独特，因为那里原来大部分是一些废弃的房屋。我已经将所有这些闲置的房屋转租并进行了彻底的改造，引入了宋代美学的衣服、瓷器、古琴等艺术品，还有绘画作品，形成了一个艺术创意的空间。我们的目标是通过这些改造，不仅让原本衰败的房屋焕发新生，还要为周围的居民提供一个美好的生活环境和幸福感。从过去在垃圾堆中居住，到现在在一个充满宋代美学理念的庭院村落中生活，这种转变对当地居民来说是一种深刻的感受和改变。

所以，与居民之间的良好关系对我来说是非常关键的。我认为首先要让他们感受到这种改变，并确保他们对此满意。只有当居民们感到满意和开心时，我才能长期与他们共同生活和发展。因此，我将继续努力改善和维护与居民之间的关系，这是我当前投入精力最大的方面。

问题 3～4　乡村振兴的宏观视野

(3) 您认为乡村振兴战略为青年创业提供了哪些具体的机会和平台？

答：乡村振兴对我们这些年轻人来说，特别是像我们这样已经有了自己主业的人来说，是一种新的机遇。为什么会选择从事乡村振兴？因为它为年轻人提供了更多的机会，可以发掘农村的各种资源。现在的经济发展到了一定程度，人们开始关注内在的需求和价值。对我们这一代人来说，回顾我们小时候的事，我们的农村是什么样子？我们的村落又是怎样的？这些回忆激发了我们想要回到那个时候并且作出改变的愿望。

(4) 政府在支持您创业方面提供了哪些帮助和政策支持？这些政策对您的创业有什么具体的影响？

答：政府在支持我的创业方面提供了重要的帮助和政策支持。我们始终按照政策导向进行操作，尤其是在乡村振兴方面。我第一个项目位于湖边，积极响应并实施了乡村振兴政策。即使当时政府尚未全面执行相关政策，我已经在实施乡村改造工作了，并在政府推出乡村征信政策时已经取得了显著成效。这些努力使我的项目成为乡村振兴的一个典范。

例如，大河口地区，去年政府提出减少城中村大规模拆迁，我及时抓住了这一政策导向，并在项目中获得了政府的支持和认可。浙江省提出的城中村改造统筹推进计划，虽然项目尚未全面推动，但已经在大河口地区开始了实施，成为地区的先行者和标杆项目。

政府的政策支持不仅仅是理论上的指导，更包括了实际行动上的支持。我最近邀请了许多市里的退休领导来参观我的改造项目，并获得了他们的认同和支持。虽然我有时开玩笑说自己只是一个清洁工，清理城市角落里的垃圾，但他们充分肯定了我对城市环境改善所作的贡献。

这个项目不仅仅是商业活动，更是一项具有深远社会意义的事业。我清理了城市中被忽视的区域，改善了卫生状况，提升了居民的生活质量。政府的全力支持和政策指导使我更有信心，坚定了我继续推动项目的决心。我选择这项事业，是因为看到了政府不断出台的相关政策，我相信这些政策将为我未来的发展提供持续动力和支持。

问题 5～7　青年创业者的自我修炼

(5) 您认为创业者应该具备哪些核心素质和能力？您是如何培养这些素质和能力的？

答：这是一个关键问题。首先，坚韧不拔和持久的耐力是至关重要的，需要在面对困难和挑战时保持毅力和决心。这种坚持不懈的精神，我通过长期的辛勤努力和苦苦熬煎来培养。我曾经对朋友说过“三十年河东，三十年河西”，但现在我认为这个时间可能只有十年，甚至可能只有五年。这意味着，当我确信某件事是正确的时候，我会咬紧牙关，努力拼搏，坚定不移地追求我的目标。

创业者还要善于抓住时机和风口，我相信总会有一个适合自己的时机到来。最关键的是，不要因为困难而半途而废或频繁换道。如果在坚持过程中遇到挑战，我会努力克服，而不是选择放弃或改变方向。

这些经历让我明白，生活的变迁和世界的变动并未动摇我的信念和行动力，反而激励我更加专注和努力地追求自己的梦想和目标。

（6）在创业过程中，您是如何保持积极心态和应对压力的？

答：在创业过程中，我保持积极心态和应对压力的方法主要是坚持自己的信念和不懈的努力。我始终相信，只要咬紧牙关，无论遇到什么困难都要继续前行。这并非轻松的事，这些年来，有时晚上我默默流下眼泪，因为面对各种挑战，每一天都像是在摸索和应对中度过。

（7）您认为您的创业项目有哪些创新点？这些创新点是否带来了效益？

答：我的创业项目的创新点主要体现在提供一种放空自己的空间和时间。在这个忙碌和紧张的时代，我认为人们需要一个地方，可以安静地放松自己，减轻压力，重新调整状态。这种空间不仅是物理上的，更是精神上的放松和恢复。我所提供的环境和服务，特别是在乡村振兴和文旅改造方面，为人们提供了一个自然舒适的环境，让他们可以真正体验放空和放松的感觉。这种理念不同于传统意义上的“躺平”，而是在放松之后，能够重新充满活力地回到日常生活中，继续面对挑战和奋斗。

如同走楼梯一样，每一段台阶都是人生的一步，有时候我们需要在平台上稍作休息，调整呼吸，为下一步的攀登做准备。这种平台不仅是休息的地方，更是我们思考和准备未来的平台。当我们在面对困难时，有了这些休息的机会，我们可以更有信心和力量，一步一步向上攀登，实现自己的目标和梦想。

问题 8～10　寻找并确定创业机会

（8）在选择创业项目时，您是如何进行市场分析和项目定位的？

答：我选择这个创业项目的起因其实是一种内在需求的觉察。原先，我只是单纯地喜欢某些事情，但市场并没有相应的机会。

当物质生活达到一定程度时，像宋代一样，文化成为人们追求的重点。在文化和艺术的讨论中，社会变得更加平静和安宁。这种环境让人们沉淀心灵，追求更高层次的精神满足。我创造的空间旨在提供这样的平台，让人们能够静心思考，享受宁静与文化的结合。

当人们听说有一个地方，可以放松、交流、体验舒适和文化时，他们会来吗？这不仅是提升修养和审美，更是需要时间培养的。因此，我认为我选择的赛道，是我在过去几十年中不断积累资源的结果。我的空间里的物品，甚至是十多年前收藏的，都可以被重新利用。这种积累和资源使我能够抓住现在的机会，继续努力打造和完善我的创业项目。

（9）您是如何设计您的商业模式和盈利模式的？能否分享一些具体的方法和策略？

答：在商业模式的设计上，我相对采取了一种简单直接的策略。我专注于打造一个舒适和宁静的空间，通过吸引人们来体验和享受这个空间，从而获取收益。与传统的商业模式不同，我并不卖产品或服务，而是将我的空间本身作为商品出售。这意味着，我把我的空间设计得非常精致和令人愉悦，可以容纳团队建设活动或者让个人来放松聊天。我的盈利模式主要依赖于这种轻松和舒适的环境，吸引了许多喜欢这种氛围的人们。

例如，许多访客来到我的空间后感到非常愉快和放松，就像去理发店洗头一样，他们享受这种舒适的体验。如果我像理发店那样，一有机会就向客人推销产品，比如说："老板，你要不要试试我们的优质茶叶？"这样的做法可能会打破放松的氛围，让人感到不自在。因此，我坚持不贩卖产品，而是专注于提供一个放松和舒适的环境。

总之，我的商业模式是基于我对空间的打造和管理，通过这个特定的环境来实现盈利。这种独特的理念使我能够在市场中找到一席之地，吸引那些寻求放松和文化体验的顾客。

（10）您在创业过程中是如何管理资金和控制风险的？

答：在资金管理方面，我面对着多个点位和不同的开支，刚开始的时候确实非常艰难，我甚至不得不卖掉房子来支持我的创业事业。虽然现在我对这个赛道的前景感到乐观，但我仍然需要逐步打造其他店铺的营收，并确保风险控制在可控范围内。这是我一直在思考和衡量的问题，虽然我目前还在探索中，但我努力将风险降至最低。

我现在的经营收入比较稳定，持续投入和收益再投资也在进行中。然而，这几年让我意识到市场环境的不确定性和挑战，有时候我也会在忙碌之余稍作停顿，反思和调整我的发展策略。如果到了今年十月份我还未完成大河口的项目，我可能会暂时停顿下来，重新思考项目的发展方向和程度。

对于风险控制的问题，我无法给出一个明确的答案，因为我始终在努力探索如何有效控制风险。我的决策往往依赖于直觉和对市场的感觉，这在某种程度上像一种艺术。我相信我的直觉和决策是正确的，同时也感谢社会发展给予我的机会和支持，使我能够在这个领域中不断成长和创新。

问题 11～13　创业实施与运营策略

（11）您是如何制订和执行创业计划的？

答：对于我的创业计划，核心始终是依据我多年的个人经验和累积打造的空间。我并不是根据市场需求去随波逐流，而是将自己的理念和品味融入每一个细节之中。我坚持自己的直觉和审美标准，确信只有这样才能真正吸引喜欢我的客人，从而实现空间的营利。

我不轻易迎合市场，不论是大老板还是普通顾客的需求，我都坚守自己的设计理念和经营模式。我不愿意服务于某个特定的客户或者市场细分，而是希望通过做好自己的东西，吸引客人。我所打造的空间，如同我个人的艺术品，经过精心雕琢和时间的积累，成为客人心目中的理想场所。

在选择家具和设计风格上，我也坚持用心挑选老门板等复古材料，这些年轻人可能并不看重的设计元素，却是我所钟爱的。我的客人更倾向于享受舒适和温馨感，而不是传统的红木家具或者正式的桌椅设置。因此，我努力保持空间的独特性和原创性，让客人在这里感受与众不同的体验。

我走的是一条狭窄而独特的创业道路，专注于打造符合自己审美标准的空间，让客人沉浸其中。这种模式并非为了迎合市场的瞬时需求，而是通过细腻的设计和个性化的服务，赢得了客人的喜爱和信任。

（12）您是如何进行产品和品牌的市场营销和推广的？哪些渠道和方法效果最好？

答：我认为，客户是我最有效的推广渠道。我的策略是通过打造令客人喜爱的空间来获得口碑推广，客人来了之后会自发在朋友圈分享他们的体验。他们不仅是我的顾客，更是我最好的营销人员。市里各方面也给予了我很大的支持。

我相信，客户的朋友圈分享不仅是对我工作的认可，也是一种非常有效的市场宣传手段。我尽力让我的空间开放且充满公共性，不设门槛，例如我在乡村振兴项目中的做法，即使是在大河口的公共区域，我也让它保持开放。这样，更多的人可以走进村庄，走进我改造的村落，他们的朋友圈分享不经意间成为我的推广渠道。

我在美团、自媒体等平台上发布信息，让更多潜在客户能找到我的联系方式。我并不依赖大规模的平台广告投放，例如在抖音上的浏览量也有500多万次，这种成就得益于客户的口碑传播，而非我个人的推广力量。从零开始到如今，我获得了将近600万的流量，这在一个农村地区尤为难得。

我成功的关键在于，让客户不断地分享和传播我的工作，通过打造受年轻人欢迎的拍照胜地来实现。我尊重服装设计师和摄影师的意见，学习他们的色彩理念和审美标准，以此来引导年轻人拍摄照片的趋势。

在市场推广方面，我注重长期性和中国传统美学的结合，而非盲目追随时尚潮流。我相信，打造年轻人喜爱的空间，是长期经营和市场稳定的关键。

我的工作不仅仅是为了迎合市场需求，而是试图引领市场趋势。我相信，通过提升人们的审美标准和市场需求的契合度，可以在市场上占据一席之地。

（13）您是如何建立和管理您的创业团队的？如何培养团队的协作和领导力？

答：建立和管理创业团队涉及个人魅力和团队管理能力的结合。作为创业者，我将面临管理方面的挑战，因此选择了一条简单的发展道路，着重在团队协作和领导力的培养上。我鼓励团队成员专注于微小但重要的服务细节，对于做得不好的地方，我强调开放和接纳错误的态度，认为错误是正常现象，但重要的是要以微笑和诚实面对，并接受客户的批评。我相信，只有接受并改进才能使团队进步，维持客户的信任和支持，这对我们的持续发展至关重要。

问题 14～15　农业创业实战

（14）您的创业项目是如何利用乡村的自然资源和人文资源的？

答：在我们的创业项目中，我们充分利用了乡村的自然和人文资源。首先，我们尊重并保留了乡村原有的自然景观和文化遗产，不进行大规模的拆建，而是在原有基础上进行微创新。例如，在乡村的空旷院落内，我们通过设计和布置，利用自然风光作为背景，或通过窗户取景，使自然风光融入客户的体验之中。在我们的湖边茶室里，顾客可以享受湖光山色的美景，这也成为我们推广和展示的一部分。

此外，我们的项目通过借鉴和整合农村的原始生态资源和人文景观，如老百姓留下的传统建筑、文化元素等，来丰富和完善我们的空间体验。我们致力于打造一个开放的空间，不仅仅是为了外来客户，也让当地居民能够参与和分享，这种开放性不仅体现在空间设计上，也包括对当地经济和社区生活的积极影响。

（15）您是如何应用农业科技提升生产效率和竞争力的？

由于本项目定位为乡村空间改造设计，目前未生产农产品，故暂不回答。

问题 16～17　乡村旅游与文创产业的创业实践

（16）您的创业项目对当地的农村经济和社区生活带来了哪些改变？

答：我们的项目不仅带动了乡村振兴的发展，还促进了政府资金的注入，停车场和道路公园等基础设施的改善。通过增加流量和吸引更多游客到访，我们也为当地居民创造了更多的机会和社区互动的平台。我们的目标是通过这些举措，让更多的人能够体验和分享乡村的美好，从而实现经济和文化的双赢发展。

(17) 您是如何将乡村文化元素转化为具有市场价值的创意产品的?

答：作为美院毕业生，我将乡村的传统文化元素转化为市场上受欢迎的创意产品，这是我的优势所在。我致力于用艺术的手法赋予乡村景物新的审美价值，例如，在保留历史痕迹的基础上，通过种植花草或其他艺术手法，使乡村原有的建筑和景观焕发出独特的魅力，让这些地方不仅令城里人亲切感满满，同时又保持了地方特色。

重要的是，我将艺术与乡村文化有机结合，通过艺术赋能乡村的方式，使乡村文化不仅仅停留在传统的历史纪念上，而是真正能够为现代市场所接受和欢迎的创意产品。我提出的艺术赋能乡村的理念，不仅仅是让美观可见，更是要让人们通过艺术的角度去重新认识和体验乡村的文化价值，这对于促进乡村振兴和文化传承具有重要意义。

问题 18～19　农村电商创业实战

(18) 您的项目是如何利用农村电商平台或网络平台来拓展销售渠道的?

由于本项目定位为乡村空间改造设计，目前未生产农产品，故暂不回答。

(19) 您是如何建设高效的物流配送体系，确保农产品及时送达消费者手中的?

由于本项目定位为乡村空间改造设计，目前未生产农产品，故暂不回答。

问题 20　乡村金融服务与政策支持

(20) 您在创业过程中有遇到过资金短缺的问题吗? 您是如何解决融资问题的?

答：在创业过程中，我们曾经面临资金短缺的问题，这时我们不得不暂停项目进展，比如去年停顿了将近半年。我们创业者更需要的是政府的支持和政策引导，而不仅仅是财政资助。我们相信市场决定企业的成败，因此政府的角色在于制定支持政策，帮助年轻人在乡村振兴和城中村改造的道路上生存和发展。政府的政策支持和引导对于我们能够在市场竞争中持续生存至关重要。只要政府能够提供方便和实质性支持，我们有信心在市场上继续发展并作出更多的实质贡献。

在我看来，保持市场的灵活性和反应能力非常重要，这对于我们在竞争激烈的环境中保持竞争力至关重要。

总的来说，我在创业过程中更倾向于自由发展的空间，同时希望政府能够提供良好的政策环境和支持。这样我能够在合法合规的框架内自由地开展业务，全力以赴做好我的事情。

问题 21　经验分享与建议忠告

（21）您对其他有意向在乡村创业的青年有什么建议和忠告？

答：我认为，如果没有坚定的初心和热血，不建议来到农村创业。在乡村创业需要将青春和激情投入事业中，坚定自己的决心。面对困难和挑战时，也许正是迎来曙光的时刻，只有坚持不懈，才能抓住机遇。

此外，创业者需要保持热血和坚定的信念，咬紧牙关在乡村大地上奋斗。回想起我创业初期的艰苦经历，每天只能靠一盘简单的酱油拌面度日，不禁感慨万分。农村的老人曾对我说，你在这里花了这么多钱，却每天只吃面条拌酱油，你肯定撑不下去。然而，我坚持了下来，并且活得越来越好。

因此，我希望那些打算在乡村创业的青年能够坚定信心，敢于面对困难，保持初心和热血，勇敢追求自己的梦想。在这个过程中，不仅要有勇气面对挑战，还要学会从挫折中成长，相信自己的选择，并为之努力奋斗。

三、成熟案例——“乐田市民农场”

（一）主理人的基本情况（见图 9－9）

潘涛博士是乐田农场的创始人和主理人。在德国攻读博士期间，他专注于研究低碳社区建设，受到德国社区农园（Schrebergarten）的启发。回国后，潘涛与妻子决定在上海创建一个类似的家庭农场，旨在为城市居民提供农耕和休闲的空间。

图 9－9　乐田市民家庭农场创始人潘涛

乐田农场位于上海，潘涛博士与妻子在找到超过 100 亩的土地后签订了长达 48 年的租赁合同。尽管最初面临商业计划的挑战，但他毅然决定推进这一项目。乐田农场以其模块化管理方式吸引了超过 400 名会员，每位会员拥有自己的 8 米乘 8 米的土地，符合德国社区农园的传统布局。

潘涛致力于将德国的农园模式与上海的生活方式结合，打造了一个集耕种、休闲和教育于一体的多功能空间。他积极推广“城五农二”生活方式，鼓励城市居民在周末来到农场，体验农耕生活并享受自然环境。除了农业生产外，乐田农场还注重生态修复和社区互动，通过组织各种活动如家庭日、农艺课程和自然观察，促进了农场成为社区的重要聚集地。

（二）项目的基本情况

乐田农场是上海市内首家引入施莱伯农园（Schrebergarten）概念的市民家庭农场，由潘涛博士创立。潘涛在德国留学期间的生活体验深深影响了他，回国后决定在上海建立这样一个家庭农场，为城市居民提供远离喧嚣、亲近自然的空间。（见图 9－10）

图 9－10　乐田市民农场

农场采用会员制运营模式，目前有 400 多名会员，每位会员可以租赁一块 8 米乘 8 米的标准单元地块，并享有旁边的小木屋作为休息场所。乐田农场不仅仅是种植蔬菜的地方，还积极推动生态农业和城市农业的结合。引入了环保设施如沼气池和太阳能设备，用于废弃物处理和能源回收，以提高农场的可持续性和环保性。

农场也是一个亲子互动社区，致力于为孩子们提供自然教育的平台。通过各种户外活动和农事体验，孩子们能更好地了解和尊重大自然。乐田农场不仅仅是一个农业产业，更是一种健康、简单、自然生活方式的倡导者，为城市繁忙的生活带来一丝宁静与清新。（见图 9－11）

图 9－11　自然教育孩子的平台

（三）目前的经营状况

随着乡村振兴战略的深入实施推进，近年来，许多地方积极探索和培育打造现代乡村产业新业态、新体系。2024 年中央一号文件指出：“加快构建粮经饲统筹、农林牧渔并举、产加销贯通、农文旅融合的现代乡村产业体系，把农业建成现代化大产业。”农文旅融合作为一种现代乡村产业发展新模式，是农业、农村、多元主体与文旅的融合，也是城乡要素互动的桥梁和纽带，实现了“乡村产业＋城乡空间＋多元主体”的深度融合，成为促消费、扩内需、拉动经济增长和乡村全面振兴的重要力量。

乐田市民农场正是符合乡村振兴新业态的家庭农场，融合了耕种和休闲功能。农场采用会员制管理，目前拥有 400 多名会员，每位会员拥有一块或多块标准单元地块，以及配套的德式小木屋。潘涛博士在德国留学期间受到小型农场的启发，决定在上海建设类似的家庭农场，旨在为城市居民提供一个回归自然、体验农耕乐趣的场所。农场不仅提供种植有机蔬菜的机会，还举办各种教育活动和亲子互动，如自然观察、DIY 课程等，吸引了大量家庭和学校组织来访。此外，农场还在生态修复和可持续发展方面进行了积极探索，如光伏发电、沼气回收等项目，以降低对环境的影响并提升农场的经济效益。（见图 9－12）

图 9－12　德式小木屋

(四) 未来展望

乐田农场未来将继续推动其多功能化发展和社区互动。首先，农场将扩展会员制度，吸引更多城市居民参与到农业生产和休闲活动中来，预计会员人数将进一步增加。其次，乐田计划通过生态修复和新技术应用，提升农场的生产效率和可持续性，包括扩展有机种植、引入更先进的农业技术和可再生能源设施。此外，农场将继续丰富社区活动，如亲子互动、教育课程和文化活动，以增强其在城市生活中的社交和教育功能。通过这些努力，乐田农场将继续成为上海市民体验自然、享受健康生活的理想去处，同时为农业生产和城市社区发展注入新的动力和活力。

(五) 调研访谈记录

问题 1～2　青年与乡村振兴的共舞

(1) 您可以介绍一下您是如何开始创业的，是什么原因让您选择在乡村地区创业？

答：我的创业旅程并非从一开始就明确定位为创业。起初，我回国后在国际合作机构中担任专家和咨询顾问，主要从事生态城市和低碳项目的咨询工作。

促使我选择乡村创业的主要原因有两个。首先是为了家庭和孩子。2005年，我的第一个孩子出生后，我们每周末都会驱车前往浙江和江苏等地寻找绿色环境，因为上海市区缺乏适合家庭休闲的自然场所。我们逐渐意识到，找到一个离上海不远的地方定居，并拥有一个自己的基地会更为理想。

其次，是机缘巧合。我在美国的前老板来上海访问时提议在上海附近开设一个有机农场。作为一个学环境保护出身的人，我对这个想法非常感兴趣，并且在与许多年轻人交流时发现大家对有机农场的概念都非常认同和支持。因此，我萌生了创业的想法。

当时，我仍在德国技术合作公司担任全职顾问，这是一家专门从事国际合作项目的德国国有咨询公司。因此，我并未全身心投入乡村创业，而是以副业的形式开始尝试。我们在 2009 年开始寻找合适的土地，并于年底签约，2010 年正式开始农场建设，到现在已经有 14 年的时间了。

综上所述，我选择在乡村地区创业，既是为了满足家庭的需求，也是由于对环保和有机农业的热爱和兴趣，同时也得益于一个偶然的机遇。

（2）在创业过程中，您遇到的最大的挑战是什么？您是如何克服这些挑战的？

答：在创业过程中，我遇到了两个挑战。首先，第一个挑战是我们刚开始经营农场时，我并没有农业经验，对具体的经营模式也不清楚。当时，我们与奉贤区的庄行镇合作，领导为我们介绍了一个没有工业污染的干净地方。然而，我们制订的商业计划却没有成功获得投资。特别是在 2010 年初，我意识到自己的计划在商业上不可行，感到非常彷徨，因为农场的运营仅靠家庭储蓄维持。

为了应对这个挑战，我与德国的朋友讨论了我的困境，他们建议我借鉴德国的“市民小花园”模式。这种模式在德国已有百年历史，允许城市居民在郊区拥有小块土地进行农业活动。回国后，我决定实施这一模式，将 128 亩地中的部分转租给当地农民，集中精力开发 40 亩地，划分为小块菜园，并通过篱笆网平台推广这一概念。通过这样的推广和活动，我们在 2010 年 11 月迎来了第一个会员，并逐渐扩大到现在的规模，拥有约 200 多个家庭。

第二个挑战是政策变化带来的不确定性。在德国的模式中，小木屋是农业活动的一部分，政策允许建设。然而，随着中国耕地保护政策的收紧，这些小木屋被视为违规建筑，给我们带来了很大的困扰。尽管我们与当地政府进行协商，试图解决这一问题，但政策的变动使我们的模式无法大规模复制，同时经营上也面临持续的压力。我们只能勉强维持现有的木屋，面对不断的检查和不确定性，这个问题至今仍未完全解决。

总体来说，创业初期的困难我们已经克服，但政策变化带来的挑战依然存在。这些经历让我深刻认识到，创业不仅需要找到适合自己的模式，更需要在政策环境中灵活应对，以持续推动业务发展。

问题 3～4 乡村振兴的宏观视野

(3) 您认为乡村振兴战略为青年创业提供了哪些具体的机会和平台?

答：首先，这一战略的实施使村集体受益良多，主要体现在集体资产的壮大和基础设施的改善。自中国取消农业税以来，村集体面临财政困境，难以维持基层运营。而乡村振兴战略通过投入资金、重点发展和提升村集体的资产和基础设施，从而为村集体带来了巨大的收益。

对于青年创业者来说，乡村振兴战略虽然并未直接向个人提供财政支持，但通过改善基础设施，间接为创业提供了有利条件。道路的修建和标准化设施的完善，大大提升了乡村的创业环境。创业者可以利用这些改进的基础设施，更方便地开展业务。例如，便利的交通和完善的公共设施使创业者能够更高效地进行生产和销售活动。

然而，需要明确的是，这些基础设施和资产仍然属于村集体，创业者以租户或承租农地的身份使用这些资源。这种关系表明，尽管创业者能够从中受益，但其本质上并不拥有这些资产。国家对乡村基础设施的投资，实际上是对村集体的资产进行增值，而创业者则通过使用这些设施，享受了政策带来的红利。

这种模式类似于经济发展的逻辑，即先修路、后发展经济。基础设施的完善为经济发展奠定了基础，同样地，乡村振兴战略通过提升基础设施，为青年创业提供了更好的发展平台。因此，虽然资金不会直接投入创业者手中，但他们在这一过程中仍能受益于政策带来的便利和条件。

总的来说，乡村振兴战略通过改善村集体资产和基础设施，为青年创业创造了有利条件和平台。尽管创业者不直接拥有这些资产，但他们能够通过利用这些改善的条件，推动自身事业的发展。

(4) 政府在支持您创业方面提供了哪些帮助和政策支持? 这些政策对您的创业有什么具体的影响?

答：在创业过程中，我认为政府在支持方面的政策主要体现在不干预和给予自由发展的空间上。尽管没有直接的财政补贴或其他具体支持，但政府的不干预本身就是一种重要的支持形式。

首先，在创业初期和经营过程中，我们并未依赖政府的具体补贴或特殊政策。对于小型农场而言，很难为政府带来显著的税收贡献，因此让政府给予特别关注或支持是不现实的。相反，政府允许我们在政策框架内自由发展，避免过多的行政干预，这为我们提供了稳定的经营环境。

其次，对于创业者而言，花费大量时间和精力与政府沟通，以争取特殊政策或补贴，往往并不是最佳选择。与其如此，不如利用已有资源和市场条件，探索符合自身情况的可持续发展模式。

总的来说，政府在支持创业方面，提供的不干预和自由发展的空间，是我们能够顺利运营的重要因素。尽管没有直接的财政支持或特殊政策，这种稳定的经营环境使我们能够在政策框架内灵活应对，持续推动业务发展。

问题5～7　青年创业者的自我修炼

（5）您认为创业者应该具备哪些核心素质和能力？您是如何培养这些素质和能力的？

答：创业者应具备乐观的态度和以客户为中心的思维能力。乐观的态度有助于面对挑战时保持积极，坚信问题总能找到解决方案，这对于处理成本、时间等重要问题至关重要。其次，以客户为中心的思维意味着创业者应将自己的活动视为解决自身需求和痛点的过程，而不是简单地关注他人的需求。这种方法是所有产品开发和经营活动的基础，必须围绕着创业者自身的中心展开。

成功的关键在于首先追求个人利益，而后考虑如何扩展到更广泛的利他行为。虽然最终的结果可能是利他的，但必须从个人利益出发，然后才能有效地服务他人。

（6）在创业过程中，您是如何保持积极心态和应对压力的？

答：在创业过程中，我保持积极心态和应对压力的策略可以分为几个关键方面。首先，家人的支持对我至关重要。在创办农场的前三年，我并未能带回家多余的收入，而是完全依赖妻子承担家庭所有费用。尽管她从未明确要求任何回报，但她的默默支持对我的创业道路至关重要。这种家庭生活的稳定不受创业波动影响，为我提供了巨大的心理支持。

其次，顺应市场需求和趋势也是保持自信和积极心态的关键。当我选择农场这个领域时，我深信市场上存在着大量的需求，这为我带来了自信。然而，经济环境或政策变化可能会威胁到这种自信，此时我会进行必要的业务调整和经营模式的改进。例如，当政策限制出现时，我们转向租赁村民房屋，发展自然村作为农场的基地。尽管这带来了额外的成本，但合规性得到了保障，我们认为这是一个持续发展的道路。

总之，顺势而为的理念不仅帮助我避免逆势而行的风险，还使我能够有效地适应市场和政策变化。这种策略不仅保持了我创业过程中的积极心态，也确保了农场业务的持续稳健发展。

（7）您认为您的创业项目有哪些创新点？这些创新点是否带来了效益？

答：我们的创业项目在几个方面进行了创新。首先，我们借鉴了国外的模式，特别是关于农业生产服务的理念。我们创造了一个模式，为会员提供土地管理服务，这成为我们主要的收入来源。这种服务模式结合了国外自给自足的理念，针对中产家庭的需求，同时融入了亲子活动，这一点我们感到自豪。

其次，我们提出了“城五农二”的生活方式概念，即在城市生活五天，而在农村或乡村生活两天。这种生活方式的提出旨在为都市家庭提供一个自然与城市生活平衡的选择。尽管这种概念目前还未成为主流，主要受限于政策等因素，但我们将其作为长期愿景，并努力将其推广为一种健康、平衡的生活方式。

最后，我们的创新还体现在如何将农场会员制度作为都市家庭的标配。尽管实现这一目标仍然具有挑战性，但我们始终保持着对这一愿景的追求和探索。

总之，这些创新点不仅带来了新的商业模式和市场定位，也为我们的项目带来了一定的经济收益和社会影响。我们相信，通过持续的创新和市场适应，我们可以进一步巩固和扩展我们的创业成果。

问题 8～10　寻找并确定创业机会

（8）在选择创业项目时，您是如何进行市场分析和项目定位的？

答：在选择创业项目时，我们进行了市场分析和项目定位。首先，我们关注了自身的需求和兴趣，即提供一个每周可以带孩子出去玩的地方。基于这一需求，我们决定创建了一个农场，并逐步发展出会员制度，以增加孩子们的互动机会。随着项目的发展，我们进一步扩展了服务，如在周末提供自建小屋的活动，种植蔬菜，养殖鸡、鸭等，以满足会员的多样化需求。

总的来说，我们的市场分析和项目定位主要基于解决我们自身的需求，并根据这些需求来设计和调整项目内容，以确保项目的可持续发展和顾客满意度。

（9）您是如何设计您的商业模式和盈利模式的？能否分享一些具体的方法和策略？

答：在设计我们的商业模式和盈利模式时，我们首先考虑了几个关键因素。首先，我们确定了每块地的收费标准为 5000 块钱，而地块的标准尺寸为 8 米乘 8 米。这个尺寸选择基于将每块地划分为一分地的方便性，这在推广过程中非常简单明了。会员每年需要支付 5000 块钱的会员费，根据会员的选择，可以租用多块地，例如 2、3 或 4 块地，从而确保了我们的年收入预期。通过这种收费模式，我们能够清晰地了解收入基础，从而有效地管理成本和资源投入。

其次，我们的收费模式并非一开始就固定不变。最初阶段，我们将会员费逐步提高，从2000增加到3000、4000，最终稳定在5000块钱。这种渐进式的调整考虑了市场接受程度，以及对我们服务的需求，确保了我们在制定收费策略时的灵活性和可持续性。

在商业模式的设计过程中，我们强调了吸引会员和保持他们忠诚的重要性。我们通过提供符合主流人群需求的生活方式，例如提供标准化的地块选择和管理，以及便捷的在线预订系统，如自己开发的小程序。这些措施不仅增强了会员的体验感和便利性，也有助于确保我们的服务能够持续吸引新的会员并保持现有会员的忠诚度。

总之，我们的商业模式通过明晰的定价策略和服务优化，以及对市场需求的敏锐把握，为我们的创业项目提供了稳定的盈利模式基础，确保了项目的可持续发展和长期成功。

（10）您在创业过程中是如何管理资金和控制风险的？

答：在创业过程中，我非常重视资金管理和风险控制，主要采取了量入为出的原则。这意味着我努力确保每笔支出都能够对应相应的收入。尽管我不能说我的资金管理非常出色，但对于创业者来说，现金流通常是一个紧张的问题，因为我们所获得的收入几乎都被投入到了农场的运营中。

我的现金流情况并不宽裕，这是一个现实问题。因此，我深知如果没有稳定的额外收入支撑，单靠农场的收入可能无法维持生计。这些额外收入在很大程度上支持了我们的运作，确保了农场的稳定运转。

此外，随着业务的发展，我们通过新的农场和一些众筹项目来增加资金来源，这些举措有助于改善财务状况。总体而言，量入为出的策略对于我在创业过程中的资金管理和风险控制起到了关键作用，确保了项目的持续运营和发展。

问题 11～13　创业实施与运营策略

（11）您是如何制订和执行创业计划的？

答：首先，我深入研究并确立了创业模式，确保其符合市场需求和我个人的愿景。这一步包括对目标市场的彻底了解，以及对竞争环境和行业趋势的分析。

其次，我注重从会员和潜在用户那里获取反馈，并根据这些反馈不断调整和优化创业计划。这种持续的反馈机制帮助我及时调整业务策略，以更好地满足客户需求并提升用户体验。

（12）您是如何进行产品和品牌的市场营销和推广的？哪些渠道和方法效果最好？

答：在产品和品牌的市场营销和推广方面，我采用了一些有效的策略和渠道。首先，口碑传播在会员制农场这样的业务模式中显得尤为重要。我们通过提供优质的服务和体验，引发现有会员的口口相传，这种方式能够建立起信任和品牌忠诚度，吸引更多潜在客户。

其次，我们利用公司的公众号进行信息发布和品牌传播。尽管微信等社交媒体平台的影响力有所下降，但通过定期发布有价值的内容和活动信息，仍然能够吸引目标受众的关注，并促进品牌的知名度和认知度。

（13）您是如何建立和管理您的创业团队的？如何培养团队的协作和领导力？

答：在建立和管理团队的过程中，我们面临着一些挑战和反思。团队的稳定性对于农场这样的业务模式尤为关键。目前，我们正在努力改进管理方式，特别是在团队建设和领导力培养方面。

首先，我们意识到招聘和留住适合农场模式的团队成员的重要性。传统的职业经理人模式可能不太适用于农场经营，因为农场的收入相对有限。因此，我们更倾向于寻找那些与我们有相同创业愿景，并愿意在经济上不完全依赖农场收入的团队成员。这种方式有助于减少团队成员对于经济收益的依赖，更专注于共同的事业目标和生活价值的实现。

其次，我们从2020年开始致力于团队建设，但目前效果尚不理想。这促使我们进行深入反思，意识到需要更加有效地激励和管理团队。在这个过程中，我们强调团队协作和领导力的培养，通过设立清晰的目标和角色责任，以及提供持续的反馈和发展机会，来促进团队成员之间的协作和成长。

总之，建立和管理团队是一个复杂且需要持续优化的过程。通过寻找共同愿景的团队成员，并致力于实现非经济回报的生活和事业目标，我们希望能够进一步加强团队的稳定性和协作能力，推动农场的可持续发展和成功。

问题14～15　农业创业实战

（14）您的创业项目是如何利用乡村的自然资源和人文资源的？

答：在我们的创业项目中，我们充分利用乡村的自然资源和人文资源是一个重要考量。特别是在利用自然资源方面，我们着重于实施循环利用的原则，确保农场内部的生态系统能够持续运作。这包括保证土壤和水源的清洁和健康，这些是农业生产不可或缺的基础。

在生态系统的管理中，我们注重促进自然的生长过程，认识到农业本身是人工干预的生态系统。我们通过种植和管理作物来最大化人工干预的效果，同时尊重和支持自然生态系统的本身自我调节和生长能力。因此，我们强调让自然目标自然生长的理念，认为这是实现最佳生态状态的方法之一。

(15) 您是如何应用农业科技提升生产效率和竞争力的？

答：在我们的农业生产中，尽管我们偏向非技术手段，但我们也采用了一些先进技术来解决特定的生产挑战。

首先，我们采用物理杀虫的方法来控制虫害，避免使用化学农药和化肥，以保持土壤的健康和生产环境的生态平衡。这种绿色防护方法在我们的农场中得到了应用，并且被证明是有效的。

另外，我们依赖外部技术设施来改善农场的基础设施，比如解决地势低洼易于积水的问题。上海市通过改善水利条件，如排水系统的优化，使我们成功减少了农场淹水的频率和影响。这些技术手段的引入显著提升了我们对自然灾害的抵御能力，保障了农业生产的稳定性和可持续性。

总的来说，我们的农业科技应用不仅提升了生产效率，还加强了农场的环境友好性和资源利用效率，使我们能够在竞争激烈的市场中保持竞争力。

问题 16～17　乡村旅游与文创产业的创业实践

(16) 您的创业项目对当地的农村经济和社区生活带来了哪些改变？

答：我们的创业项目对当地的农业经济和社区生活带来了显著的影响。首先，通过我们的会员制农场，吸引了大量城市居民来乡村消费，促进了乡村经济的活跃化。这些消费不仅提升了当地服务业的需求，也增加了乡村的商业活力。

其次，我们雇用了当地农民来协助会员管理土地，这不仅改善了农民的经济状况，还提升了他们的收入水平。通过租用农民的宅基地，我们为他们提供了比传统农业更为有利的经济收益，例如租金从原来的一倍增长至三倍。

尽管农业部门通常不直接缴纳税金，这可能对税收贡献有所影响，但我们的项目在社会和经济层面上都带来了正面效应。通过增加当地农民的收入和提高社区服务需求，我们促进了社区的整体发展，增强了乡村社区的经济和社会活力，这些都是项目带来的积极变化。

(17) 您是如何将乡村文化元素转化为具有市场价值的创意产品的？

答：我们将乡村文化元素转化为市场价值的创意产品时，注重保持自然的本质。我们并未过多涉足文化创意领域，除非与教育结合，例如通过建造树屋或制作手工艺品等方式。这些项目始终强调与自然的结合，避免过度雕琢或人为痕迹的添加。

问题 18～19 农村电商创业实战

(18) 您的项目是如何利用农村电商平台或网络平台来拓展销售渠道的？

答：目前，我们的项目尚未在农村电商平台或网络平台上销售产品。我们的农场拥有数十亩自留地，包括大棚用于育苗等活动，以及水塘和池塘用于养鱼和鸭子等集体土地资源。特别是我们约十亩的水稻田，满足了每位会员对大米的需求。通常，我们的销售模式是一年一次的订购，例如每年订购100斤大米，并分次在线下取走。

(19) 您是如何建设高效的物流配送体系，确保农产品及时送达消费者手中的？

答：我们建设了一套高效的物流配送体系，以确保农产品能够及时送达消费者手中。会员通常在承包的土地上种植并自行收获农产品。对于那些没有时间亲自到场的会员，我们提供了物流配送服务。消费者可以通过我们的小程序下单，选择本周配送服务，我们负责采摘并通过快递送达他们的家庭。我们对此服务收取30元的配送费用。为了进一步提升效率，我们与顺丰合作，利用其便捷的物流网络进行配送。此外，每周末我们还配备自己的商务车辆，专门用于农产品的送货服务，特别是在周日。

问题 20 乡村金融服务与政策支持

(20) 您在创业过程中有遇到过资金短缺的问题吗？您是如何解决融资问题的？

答：在创业过程中，我们确实遇到过资金短缺的问题，特别是在新的农场开发阶段。面对资金短缺，我们通常会暂缓支付，并寻找解决方案。为了解决融资问题，我们采取了众筹的方式。在运营过程中，如果遇到现金流问题或经营困难，我们会通过延缓步伐等策略来应对。

问题 21 经验分享与建议忠告

(21) 您对其他有意向在乡村创业的青年有什么建议和忠告？

答：对于有意在乡村创业的青年，我的建议是首先要找到自己的市场需求，并确定最适合自己的商业模式。接着，建议与可信赖的资源合作，形成团队或合作伙伴关系。

当前的创业环境并不比十几年前更为优越，因为各类成本都在上升，整体社会也越来越浮躁。因此，建议创业者选择做一些小而精的事情。在当前情况下，采用轻资产的方式进行创业可能更为明智。

第二节　青年创业者的心路历程与经验交流

> 创业就像是在大海中航行，需要不断调整方向，才能抵达成功的彼岸。
>
> ——小米科技有限责任公司创始人雷军

一、初创案例——“肆时有意小院”

（一）心路历程

青年创业者的创业之路始于大学时期，那时的小院主理人孙先生与他人合伙开了一家小店，尽管最终由于经营不善关闭了，但这段经历点燃了他的创业热情。大学毕业后，他在城市工作了几年，却始终对一成不变的生活感到不满。一次回乡的经历让他注意到家乡的旅游潜力，尤其是家门口突然多了许多下山的游客，这使他萌生了回乡创业的念头，最终通过租赁土地开始了自己的事业。在创业过程中，他面临着对开店意识和经验的不足这一巨大挑战，但通过不断学习和实践，他逐渐掌握了整体和部分的协调管理，并学会了制订计划和应对挑战。尽管创业初期主要依靠自身努力，但随着项目的发展，政府提供了宣传支持，增强了项目的知名度和影响力。此外，他通过亲身参与每一个细节和设定长远目标，培养了吃苦耐劳、忍受孤独和保持良好心态的核心素质，并在面对挫折时调整心态，将每一次挑战视为成长的机会。

（二）经验总结

在市场分析和项目定位方面，创业者通过观察当地游客流量和深入体验游客需求，准确地进行了市场分析和项目定位，确保了项目的成功。孙先生根据顾客反馈不断调整商业模式和盈利模式，起初主要依靠销售咖啡盈利，后来增加了面食项目以满足顾客需求，从而提高了盈利能力。在资金管理方面，他通过优化食材采购和与顾客互动建立长期关系，有效地控制了成本，并减少了资金风险。在市场营销和推广策略上，他主要依靠产品质量和口碑传播，通过选择进口咖啡豆进行混合烘焙和朋友推荐等方式取得了显著效果。在团队建设方面，尽管目前团队主要由家人和村民组成，但他注重培养团队成员的协作精神和领导力，并计划在未来引入更多专业能力。此外，他充分利用了当地的自然资源和地方文化，通过将项目与旅游资源紧密结合，吸引了大量游客和顾客。尽管项目规模较小，他计划通过新增采摘园等方式为当地经济和社区生活带来积极影响，进一步扩大业务规模。这些经验不仅分享了他的创业心得，也为其他有意在乡村创业的青年提供了宝贵的参考和指导。

二、成功案例——“小春的茶事”

（一）心路历程

主理人阎春迪选择在乡村创业，并非偶然，而是看中乡村的宁静环境为重新出发提供了理想的机会。这里不仅仅是一个商业空间，更是一个可以让城里人放下心来的避风港。然而，创业的初期并非一帆风顺。面对城乡差异的挑战，特别是如何与当地居民建立良好的共处关系，成为他创业过程中的首要问题。

通过与政府合作改善农村环境、积极参与社区活动，阎春迪逐步打破了与当地居民之间的沟通障碍。透过共同的努力和理解，他们渐渐建立起了互信和合作的基础，为乡村的发展注入新的活力和希望。这种过程不仅加深了他对乡村振兴战略的理解，也使他更深刻地体会社会的复杂性和多样性。

（二）经验总结

青年创业者在经验总结中强调了坚韧不拔和持久的耐力的重要性。阎春迪深信，创业者在面对各种困难和挑战时，必须保持积极的心态和坚定的决心。他认为，只要咬紧牙关，无论遇到什么困难，都要坚持前行。此外，他还强调创业者要善于抓住时机和风口，而不是轻言放弃或频繁改变方向。他的创业项目不仅提供了一个放空自己的空间和时间，还创新地满足了人们在忙碌生活中的精神需求。这种创新理念不仅为他的项目带来了积极的效益和市场回应，也在实践中得到了验证。

三、成熟案例——“乐田市民农场”

（一）心路历程

潘涛博士的创业之旅始于对家庭和孩子的深切关怀。在德国攻读博士期间，他深受当地社区农园（Schrebergarten）的启发，回国后，他与妻子决定在上海创建一个类似的家庭农场，旨在为城市居民提供农耕和休闲的空间。这个决定不仅是对个人家庭需求的回应，也是对环保和有机农业的热爱的体现。

创业初期，潘涛面临着商业计划的挑战，但他毅然决定推进这一项目。乐田农场以其模块化管理方式吸引了超过400名会员，每位会员拥有自己的8米乘8米的土地和小木屋，符合德国社区农园的传统布局。潘涛致力于将德国的农园模式与上海的生活方式结合，打造了一个集耕种、休闲和教育于一体的多功能空间。

在创业过程中，潘涛遇到了资金短缺的挑战，尤其是在新的农场开发阶段。面对资金短缺，他采取了量入为出的原则，并寻找解决方案，如通过众筹的方式来解决融资问题。此外，他还面临着政策变化带来的不确定性，如小木屋被视为违规建筑的问题，这给农场的经营带来了持续的压力。尽管如此，潘涛通过与当地政府协商和调整经营模式，努力克服这些困难。

（二）经验总结

潘涛博士的乐田农场创业之路，是一部充满挑战与创新的励志故事。他的成功，离不开他那份对自然和健康生活的执着追求。在面对资金短缺和政策变化等重重困难时，潘涛始终保持着乐观的心态和坚定的信念，他相信只要心中有爱和梦想，就没有过不去的坎。他的坚持和创新，不仅为乐田农场带来了生机和活力，更为城市居民提供了一个回归自然、享受健康生活的理想场所。潘涛的故事，是对所有有志于乡村创业的年轻人的鼓舞和启示，让我们明白，只要有梦想和热情，我们就能够在这片土地上创造出属于自己的精彩篇章。

四、青年创业者应当具备的关键特质和能力

（一）创新精神与前瞻性思维

创业者的创新精神不仅仅是指能够想出新点子或设计新产品，更重要的是能够在市场变化中保持领先地位。青年创业者应当敢于挑战传统观念，尝试与时俱进的商业模式和服务理念。在乡村创业中，这意味着他们需要对市场趋势和消费者需求进行深入分析，并以此为基础进行产品创新。例如，通过结合乡村特有的自然资源和历史文化，开发出符合现代人生活方式的休闲体验项目，不仅吸引了游客，也提升了当地居民的生活品质。

（二）对地方文化的深入理解与资源利用能力

在乡村创业中，了解和尊重当地的文化传统是取得成功的关键。青年创业者可以通过参与当地社区活动、与居民交流等方式，深入了解当地的历史、习俗和人文背景。这不仅有助于建立良好的社区关系，还能够为创业项目的定位和市场策略提供宝贵的信息。同时，善于利用当地的资源，如开发

农业产业、推广特色手工艺品等，不仅可以提升产品的独特性，还能够促进当地经济的发展，实现创业与社区共赢。

（三）灵活的市场营销与推广策略

在乡村地区，传统的市场营销策略可能不适用于现代消费者的需求。青年创业者能够根据目标市场的特点和消费者的喜好，制定灵活的营销策略。这包括利用互联网和社交媒体平台进行推广，同时也要充分利用地方传统节庆活动、民俗文化等进行品牌建设和宣传。例如，通过举办文化节庆活动或与当地旅游景点合作，将创业项目与地方特色深度融合，吸引更多游客和顾客的关注和参与。

（四）优秀的团队建设与管理能力

成功的创业项目离不开一个协作高效的团队。青年创业者应当具备招募、激励和管理团队成员的能力，以确保团队在面对挑战时能够团结一致、共同应对。他们需要建立开放的沟通机制，鼓励团队成员分享创意和建议，从而不断推动项目的创新和进步。同时，有效的时间管理和资源分配能力也是团队管理的重要组成部分，确保项目的高效运营和可持续发展。

（五）持续学习与适应能力

在竞争激烈的市场环境中，青年创业者需要保持学习的姿态，不断更新知识和技能。他们应当关注行业发展趋势、市场变化和消费者行为的变化，并及时调整自己的战略和计划。持续学习不仅帮助他们掌握最新的市场趋势和技术进展，还能够提升自己的决策能力和应对复杂环境的能力。通过不断学习和适应，青年创业者能够更好地应对未来的挑战和机遇，为自己的创业事业赢得持久的成功。

本章综合练习：

1. 如何平衡传统文化保护与现代市场需求之间的关系？
2. 政策支持在创业初期和发展过程中的真实影响如何体现？
3. 乡村创业如何促进地方经济多元化发展？
4. 创新创业如何在乡村社区中培养社会认同感与归属感？

附　录　乡村振兴主要相关政策汇编

	效力位阶	名称	发布日期
1	党内法规制度	中共科学技术部党组关于创新驱动乡村振兴发展的意见	2018年8月7日
2	党内法规制度	中共中央、国务院印发《乡村振兴战略规划(2018—2022年)》	2018年9月26日
3	党内法规制度	中共中央、国务院关于坚持农业农村优先发展做好“三农”工作的若干意见	2019年1月3日
4	党内法规制度	中共中央、国务院关于建立健全城乡融合发展体制机制和政策体系的意见	2019年4月15日
5	党内法规制度	中共中央办公厅、国务院办公厅印发《关于调整完善土地出让收入使用范围优先支持乡村振兴的意见》	2020年9月23日
6	党内法规制度	中共中央、国务院关于实现巩固拓展脱贫攻坚成果同乡村振兴有效衔接的意见	2020年12月16日
7	党内法规制度	中共中央、国务院关于全面推进乡村振兴加快农业农村现代化的意见	2021年1月4日
8	党内法规制度	中共中央、国务院关于做好二〇二二年全面推进乡村振兴重点工作的意见	2022年1月4日
9	党内法规制度	中共中央办公厅、国务院办公厅印发《乡村振兴责任制实施办法》	2022年11月28日
10	党内法规制度	中共中央、国务院关于做好二〇二三年全面推进乡村振兴重点工作的意见	2023年1月2日
11	法律	《中华人民共和国乡村振兴促进法》	2021年4月29日
12	国务院规范性文件	中共中央、国务院关于实施乡村振兴战略的意见	2018年1月2日
13	国务院规范性文件	国务院办公厅转发国家乡村振兴局、中央农办、财政部关于加强扶贫项目资产后续管理指导意见的通知	2021年5月22日
14	国务院规范性文件	国务院关于巩固拓展脱贫攻坚成果同乡村振兴有效衔接情况的报告	2022年6月21日

续表

	效力位阶	名称	发布日期
15	司法解释性质文件	最高人民法院关于认真学习贯彻《中共中央、国务院关于实施乡村振兴战略的意见》的通知	2018年2月24日
16	司法解释性质文件	最高人民法院关于认真学习贯彻《中共中央、国务院关于实施乡村振兴战略的意见》的通知	2018年2月24日
17	司法解释性质文件	最高人民法院印发《关于为实施乡村振兴战略提供司法服务和保障的意见》的通知	2018年10月23日
18	司法解释性质文件	最高人民检察院发布15件公益诉讼检察服务乡村振兴助力脱贫攻坚典型案例	2021年2月24日
19	司法解释性质文件	最高人民法院关于为全面推进乡村振兴 加快农业农村现代化提供司法服务和保障的意见	2021年7月14日
20	司法解释性质文件	最高人民检察院、国家乡村振兴局关于印发检察机关与乡村振兴部门加强司法救助协作典型案例的通知	2022年2月23日
21	司法解释性质文件	最高人民法院关于为做好2022年全面推进乡村振兴重点工作提供司法服务和保障的意见	2022年3月1日
22	司法解释性质文件	最高人民法院发布“打造枫桥式人民法庭 积极服务全面推进乡村振兴”典型案例——服务乡村产业振兴篇	2022年6月1日
23	司法解释性质文件	最高人民法院发布“打造枫桥式人民法庭 积极服务全面推进乡村振兴”典型案例——融入基层社会治理篇	2022年6月2日
24	司法解释性质文件	最高人民法院发布“打造枫桥式人民法庭 积极服务全面推进乡村振兴”典型案例——维护农民合法权益篇	2022年6月3日
25	司法解释性质文件	最高人民法院发布“打造枫桥式人民法庭 积极服务全面推进乡村振兴”典型案例——守护农村生态环境篇	2022年6月4日